실전! 스프링 부트와 리액트로 시작하는

모던 웹 애플리케이션 개발

스프링 부트와 리액트를 활용한 실습 중심의
풀스택 웹 애플리케이션 개발

실전! 스프링 부트와 리액트로 시작하는
모던 웹 애플리케이션 개발

스프링 부트와 리액트를 활용한 실습 중심의
풀스택 웹 애플리케이션 개발

지은이 주하 힌쿨라

옮긴이 최민석

펴낸이 박찬규 엮은이 이대엽 디자인 북누리 표지디자인 Arowa & Arowana

펴낸곳 위키북스 전화 031-955-3658, 3659 팩스 031-955-3660

주소 경기도 파주시 문발로 115 세종출판벤처타운 311호

가격 28,000 페이지 324 책규격 188 x 240mm

초판 발행 2022년 03월 15일
ISBN 979-11-5839-409-7 (93000)

등록번호 제406-2006-000036호 등록일자 2006년 05월 19일
홈페이지 wikibook.co.kr 전자우편 wikibook@wikibook.co.kr

실전! 스프링 부트와 리액트로 시작하는
모던 웹 애플리케이션 개발

스프링 부트와 리액트를 활용한 실습 중심의
풀스택 웹 애플리케이션 개발

주하 힌쿨라 지음 / 최민석 옮김

위키북스

책의 집필에 집중할 시간을 허락해주고 응원해준 아내 피에르(Pirre)와 딸 애니(Anni),
그리고 평생 학습의 여정을 계속할 영감을 주는 모든 학생들에게 감사한다.

– 주하 힌쿨라

저자 소개

주하 힌쿨라_{Juha Hinkula}는 핀란드 Haaga-Helia 대학교 응용과학부의 소프트웨어 개발 강사로서 헬싱키 대학교에서 컴퓨터공학 석사 학위를 받은 18년차 소프트웨어 개발자다. 최근 몇 년 동안에는 최신 풀스택 개발에 집중했다. 또한 안드로이드 네이티브 기술과 리액트 네이티브를 이용한 모바일 개발에도 관심이 많다.

검토자 소개

카이동 셴_{Kaidong Shen}은 노스이스턴 대학의 정보시스템 대학원생이다. JD Retail Group의 백엔드 개발에 참여했고 IoT 시스템의 백엔드 서비스를 개발하기도 했다.

콜라월 망가보_{Kolawole Mangabo}는 푸드테크와 핀테크 분야에서 테스트 주도 개발과 소프트웨어 품질 보증 개념으로 제품을 설계, 개발, 재설계하는 전문 풀스택 엔지니어다. 다른 전문 분야로는 파이썬, 자바스크립트, 타입스크립트, 장고, Node.js, 리액트, AWS, PostgreSQL, Sentry, 도커, CI/CD가 있다. 현재는 Quatro의 소프트웨어 엔지니어이며, Transfa에서 핀테크 제품을 개발하고 있다.

머리말

풀스택 개발을 처음 시작하려면 무엇부터 해야 할지 혼란스럽기 마련이다. 스프링 부트나 리액트 같은 최상의 툴을 잘 다루는 개발자라도 풀스택의 고급 요소에 통달하는 것은 고사하고 기본기를 제대로 갖추기도 어려울 수 있다. 다행히도 이 책을 선택했다면 풀스택 개발자가 될 모든 준비를 갖춘 것이다!

『실전! 스프링 부트와 리액트로 시작하는 모던 웹 애플리케이션 개발』은 초보 개발자를 광범위한 영역에서 능숙한 개발자로 만들어 줄 것이다. 이 책은 먼저 최신 스프링 부트 기능으로 강력한 백엔드를 만들기 위해 환경을 설정하는 것부터 시작해 의존성 주입과 보안, 테스트까지 알아보는 실용적인 접근법을 선택했다.

그다음에는 리액트로 프런트엔드 프로그래밍을 진행한다. 맞춤형 후크, 서드파티 컴포넌트, MUI 등에 관심 있는 독자를 위해 해당 요소도 자세히 다룬다. 스프링 부트, 리액트, 그리고 기타 최첨단 기술의 모든 최신 툴을 이용해 애플리케이션을 개발, 테스트, 보호, 배포하는 데 필요한 모든 것을 살펴본다.

이 책을 마치면 최신 풀스택 애플리케이션을 구축하기 위한 이론과 모든 환경에 유용한 기술을 터득할 수 있을 것이다.

이 책의 대상 독자

이 책은 스프링 부트에는 익숙하지만 풀스택 애플리케이션 개발을 어떻게 시작할지 방향을 잡기 어려운 자바 개발자를 위해 쓰였다. 또한 자바스크립트 기본 지식이 있는 프런트엔드 개발자가 풀스택 개발을 배울 때, 또는 다른 기술 스택 경험이 있고 새로운 스택을 배우려는 풀스택 개발자에게 도움이 된다.

이 책에서 다루는 내용

1장, 환경과 툴 설정 – 백엔드에서는 백엔드 개발에 필요한 소프트웨어를 설치하는 방법을 알아보고 첫 번째 스프링 부트 애플리케이션을 작성한다.

2장, 의존성 주입 이해하기에서는 의존성 주입의 기초를 알아본다.

3장, JPA를 이용한 데이터베이스 생성 및 접근에서는 JPA를 소개하고 스프링 부트로 데이터베이스를 생성하고 접근하는 방법을 설명한다.

4장, 스프링 부트로 RESTful 웹 서비스 만들기에서는 스프링 데이터 REST로 RESTful 웹 서비스를 만드는 방법을 알아본다.

5장, 백엔드 보호 및 테스트에서는 스프링 시큐리티와 JWT로 백엔드를 보호하는 방법을 설명한다.

6장, 환경과 툴 설정 – 프런트엔드에서는 프런트엔드 개발에 필요한 소프트웨어를 설치하는 방법을 알아본다.

7장, 리액트 시작하기에서는 리액트 라이브러리에 관한 기초를 소개한다.

8장, 리액트로 REST API 이용하기에서는 리액트와 Fetch API로 REST API를 이용하는 방법을 알아본다.

9장, 유용한 리액트용 서드파티 컴포넌트에서는 프런트엔드 개발에 사용할 몇 가지 유용한 컴포넌트를 소개한다.

10장, 스프링 부트 RESTful 웹 서비스를 위한 프런트엔드 설정에서는 프런트엔드 개발을 위해 리액트 앱과 스프링 부트 백엔드를 설정하는 방법을 설명한다.

11장, CRUD 기능 추가하기에서는 리액트 프런트엔드에서 CRUD 기능을 구현하는 방법을 배운다.

12장, 리액트 MUI로 프런트엔드 꾸미기에서는 리액트 MUI 컴포넌트 라이브러리로 사용자 인터페이스를 꾸미는 방법을 알아본다.

13장, 프런트엔드 테스트하기에서는 리액트 프런트엔드 테스트의 기초를 알아본다.

14장, 애플리케이션 보호하기에서는 JWT로 프런트엔드를 보호하는 방법을 배운다.

15장, 애플리케이션 배포하기에서는 헤로쿠에 애플리케이션을 배포하는 방법과 도커 컨테이너를 이용하는 방법을 알아본다.

16장, 모범 사례에서는 풀스택 개발자가 되기 위한 기본 기술을 설명하고 소프트웨어 개발의 몇 가지 기본적인 모범 사례를 다룬다.

준비물

이 책을 진행하려면 스프링 부트 버전 2.x가 필요하다. 스프링 부트 버전 3에는 몇 가지 주요 변경 사항이 예정되어 있으며 책에서도 이를 언급할 것이다. 모든 코드 예제는 윈도우에서 스프링 부트 2.7과 리액트 18로 테스트했다. 리액트 라이브러리를 설치할 때는 공식 문서에서 최신 설치 명령을 확인하고 이 책에서 사용된 버전과 비교해 주요 변경 사항이 있는지 확인해야 한다.

이 책에서 사용하는 소프트웨어/하드웨어	운영체제 요구 사항
자바 버전 8 이상	윈도우, macOS, 리눅스
스프링 부트 버전 2.x	윈도우, macOS, 리눅스
MariaDB	윈도우, macOS, 리눅스
리액트	윈도우, macOS, 리눅스

예제 코드

이 책의 예제 코드는 깃허브 리포지터리(https://github.com/wikibook/springboot-react)에서 다운로드할 수 있다. 코드가 업데이트되면 깃허브 리포지터리도 함께 업데이트된다.

코드 실습 영상

이 책의 코드 실습 영상은 다음 URL을 통해 확인할 수 있다.

- https://youtube.com/playlist?list=PLeLcvrwLe18734oYDDC9_iYYXNK4fUsqK [단축 URL: https://bit.ly/sbrvs]

편집 관례

이 책은 몇 가지 편집 관례를 따른다.

- 본문코드: 텍스트 내의 코드, 데이터베이스 테이블 이름, 폴더명, 파일명, 파일 확장자, 경로명, URL, 사용자 입력 및 트위터 아이디를 나타낸다.

```
Button을 AddCar.js 파일로 가져온다.
```

- 코드 블록: 코드 블록은 다음과 같이 표기한다.

```
<dependency>
    <groupId>org.springframework.boot</groupId>
    <artifactId>spring-boot-starter-web</artifactId>
</dependency>
```

코드 블록에서 특정 부분을 강조해야 할 때는 다음과 같이 관련 행이나 항목을 굵게 표시한다.

```
public class Car {
    @Id
    @GeneratedValue(strategy=GenerationType.AUTO)
    private long id;
    private String brand, model, color, registerNumber;
    private int year, price;
}
```

- 명령줄 입력이나 출력 결과

```
npm install component_name
```

- 볼드체: 볼드체는 용어, 중요한 단어, 화면에 나오는 단어를 나타낸다. 예를 들어, 메뉴나 대화상자의 단어는 굵게 표시한다.

  Run 메뉴를 실행하고 Run as | Java Application을 누른다.

- 팁이나 참고

  참고

  > 이클립스 IDE에서 Ctrl + Shift + O 단축키를 누르면 누락된 패키지를 자동으로 가져올 수 있다.

피드백

독자의 의견은 항상 환영한다.

- **일반적인 의견**: 이 책의 내용에 관한 질문이 있다면 이메일 제목에 책 제목을 언급하고 wikibook@wikibook.co.kr로 보내주시기 바란다.

- **정오표**: 책 내용의 정확성을 기하기 위해 최선을 다했지만 실수가 있을 수 있다. 이 책에서 잘못된 부분을 발견했다면 출판사에 알려주기 바란다. https://wikibook.co.kr/support/contact/를 방문하고 폼에 입력하면 된다.

- **불법 복제**: 인터넷에서 어떤 형태로든 불법 복제물을 발견했다면 해당 위치나 웹사이트 이름을 알려주기 바란다. 관련 사항은 wikibook@wikibook.co.kr로 해당 복제물의 링크와 함께 보내면 된다.

- **저자 모집**: 전문 지식을 나누기 위한 책을 집필하거나 기고하고 싶은 주제가 있다면 https://wikibook.co.kr/join-author/를 통해 알려주시기 바란다.

서평

『**실전! 스프링 부트와 리액트로 시작하는 모던 웹 애플리케이션 개발**』을 읽고 나면 여러분의 의견을 알려주기를 바란다. 독자분들의 서평은 개발자 커뮤니티가 좋은 책을 선택하고 더 좋은 콘텐츠를 제공하는 데 큰 도움이 된다.

02 부

리액트를 이용한
프런트엔드 프로그래밍

03 부

**풀스택
개발**

스프링 부트를 이용한 백엔드 프로그래밍

1부에서는 스프링 부트의 기초에 익숙해지는 것을 목표로 한다. 데이터베이스를 이용하고 RESTful 웹 서비스를 만들기 위한 지식을 얻을 수 있다.

1부의 구성은 다음과 같다.

- 1장, 환경과 툴 설정 - 백엔드
- 2장, 의존성 주입 이해하기
- 3장, JPA를 이용한 데이터베이스 생성 및 접근
- 4장, 스프링 부트로 RESTful 웹 서비스 만들기
- 5장, 백엔드 보호 및 테스트

01

환경과 툴 설정
- 백엔드

이 책에서는 스프링 부트로 백엔드를 만들고 리액트로 프런트엔드를 만드는 풀스택 개발을 다룬다. 따라서 책의 처음 절반은 백엔드 개발에 집중하고 나머지 절반은 프런트엔드를 구현한다.

1장에서는 스프링 부트를 이용한 백엔드 프로그래밍에 필요한 환경과 툴을 설정한다. 스프링 부트는 기존 자바 기반 프레임워크보다 개발 속도를 높일 수 있는 최신 자바 기반 백엔드 프레임워크다. 스프링 부트를 이용하면 애플리케이션 서버가 내장된 독립형 웹 애플리케이션을 만들 수 있다.

스프링 부트 애플리케이션을 개발하는 데는 다양한 IDE_{Integrated Development Environment}를 이용할 수 있다. 1장에서는 여러 프로그래밍 언어를 지원하는 오픈소스 IDE인 이클립스를 설치한다. 첫 번째 스프링 부트 프로젝트는 스프링 이니셜라이저 스타터 페이지를 이용해 만든다. 그런 다음 이클립스로 프로젝트를 가져와서 실행한다. 스프링 부트 애플리케이션을 개발할 때 필수적인 기술인 콘솔 로그를 읽는 방법도 알아본다.

이번 장에서 다룰 주제는 다음과 같다.

- 이클립스 설치
- 메이븐의 이해
- 스프링 이니셜라이저 활용
- MariaDB 설치

기술 요구 사항

이클립스 IDE에는 자바 **SDK**_{Software Development Kit} 버전 8 이상이 필요하다. 이 책에서는 모든 툴을 윈도우 운영체제 기반으로 이용하지만 macOS와 리눅스 버전으로도 사용 가능하다.

이번 장에 나오는 모든 예제 코드는 깃허브 리포지터리인 `https://github.com/wikibook/springboot-react/tree/main/Chapter01`에서 내려받을 수 있다.

이 단원의 코드 실습 영상은 `https://youtu.be/rBzgCb35Dy4`에서 볼 수 있다.

이클립스 설치

이클립스는 이클립스 재단에서 개발한 오픈소스 프로그래밍 IDE다. `https://www.eclipse.org/downloads`에서 설치 패키지나 설치 관리자를 다운로드할 수 있다. 이클립스는 윈도우, 리눅스, macOS 버전이 있다.

이클립스의 ZIP 패키지를 다운로드하거나 설치 관리자 패키지를 다운로드하고 설치 마법사를 실행할 수 있다. 설치 마법사를 실행하고 다음 그림에 나오는 것처럼 Eclipse IDE for Enterprise Java and Web Developers 항목을 선택해야 한다.

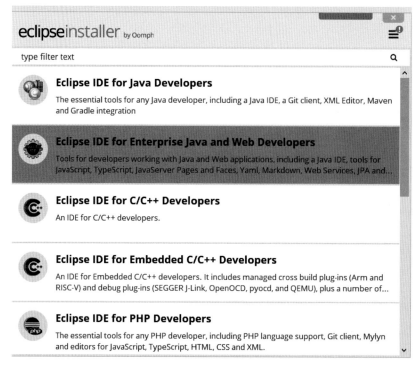

그림 1.1 이클립스 설치 관리자

ZIP 패키지를 다운로드했다면 패키지를 로컬 디스크에 풀고 eclipse.exe 실행 파일을 찾아 더블 클릭해서 실행하면 된다. 이 경우 **Eclipse IDE for Enterprise Java and Web Developers** 패키지를 다운로드해야 한다.

이클립스는 자바, C++, 파이썬 등의 여러 프로그래밍 언어를 지원하는 IDE다. 이클립스에는 이클립스 워크벤치의 뷰와 에디터의 집합을 개발자의 필요성에 맞게 조정한 여러 퍼스펙티브$_{Perspective}$가 들어 있다. 다음 페이지의 그림 1.2는 자바 개발에 일반적인 퍼스펙티브를 보여준다.

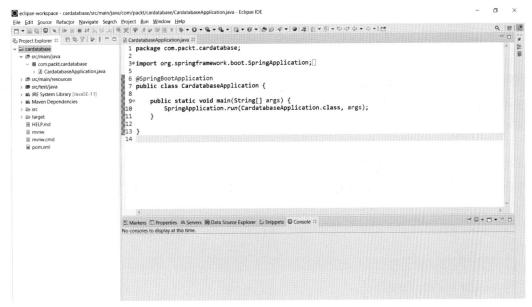

그림 1.2 이클립스 워크벤치

워크벤치 왼쪽의 **프로젝트 탐색기**Project Explorer 에는 프로젝트 구조와 리소스가 표시된다. **프로젝트 탐색기**에서 파일을 더블 클릭하면 열 수 있다. 파일은 워크벤치 중앙에 있는 편집기에 표시된다. 워크벤치 아래쪽에는 **콘솔**Console 뷰가 있다. 콘솔 뷰는 애플리케이션 로깅 메시지를 보여주므로 아주 중요하다.

참고

> 원한다면 이클립스용 STSSpring Tool Suite를 이용할 수 있지만 이 책을 진행하는 데는 이클립스만으로도 충분하다. STS는 스프링 애플리케이션 개발을 돕는 플러그인 모음이다. 이에 관한 자세한 내용은 https://spring.io/tools에서 볼 수 있다.

이제 이클립스를 설치했다. 다음으로 메이븐이란 무엇이고 어떤 역할을 하는지 알아보자.

메이븐의 이해

아파치 메이븐 Apache Maven 은 소프트웨어 개발 프로세스를 간소화하는 소프트웨어 프로젝트 관리 툴이며 개발 프로세스를 통합하는 기능도 제공한다.

참고

> 그레이들Gradle이라는 다른 프로젝트 관리 툴을 이용해도 되지만 이 책에서는 메이븐을 선택했다.

메이븐의 중심에는 **POM**Project Object Model이 있다. POM은 프로젝트의 기본 정보가 들어가는 pom.xml 파일을 말한다. 메이븐이 프로젝트를 빌드하려면 필요한 모든 의존성을 다운로드해야 한다. POM은 이 의존성을 관리한다.

특정 프로젝트에 관한 기본 정보는 pom.xml 파일의 시작 부분에 있으며 애플리케이션 버전, 패키징 형식 등의 정보를 포함한다. pom.xml 파일에는 최소한 다음 항목이 필요하다.

- project 루트

- modelVersion

- groupId: 프로젝트 그룹의 ID

- artifactId: 프로젝트(아티팩트)의 ID

- version: 프로젝트(아티팩트)의 버전

다음 pom.xml 코드에 나오는 것처럼 의존성은 dependencies 섹션에 정의된다.

```xml
<?xml version="1.0" encoding="UTF-8"?>
<project xmlns="http://maven.apache.org/POM/4.0.0"
    xmlns:xsi="http://www.w3.org/2001/XMLSchema-instance"
    xsi:schemaLocation="http://maven.apache.org/POM/4.0.0
    https://maven.apache.org/xsd/maven-4.0.0.xsd">
    <modelVersion>4.0.0</modelVersion>
    <parent>
        <groupId>org.springframework.boot</groupId>
        <artifactId>spring-boot-starter-parent</artifactId>
        <version>2.5.2</version>
        <relativePath/> <!-- lookup parent from repository -->
    </parent>
    <groupId>com.packt</groupId>
    <artifactId>cardatabase</artifactId>
    <version>0.0.1-SNAPSHOT</version>
    <name>cardatabase</name>
```

```
    <description>Demo project for Spring Boot</description>
    <properties>
        <java.version>11</java.version>
    </properties>
    <dependencies>
        <dependency>
            <groupId>org.springframework.boot</groupId>
            <artifactId>spring-boot-starter-web</artifactId>
        </dependency>

        <dependency>
            <groupId>org.springframework.boot</groupId>
            <artifactId>spring-boot-devtools</artifactId>
            <scope>runtime</scope>
            <optional>true</optional>
        </dependency>
        <dependency>
            <groupId>org.springframework.boot</groupId>
            <artifactId>spring-boot-starter-test</artifactId>
            <scope>test</scope>
        </dependency>
    </dependencies>

    <build>
        <plugins>
            <plugin>
                <groupId>org.springframework.boot</groupId>
                <artifactId>spring-boot-maven-plugin</artifactId>
            </plugin>
        </plugins>
    </build>
</project>
```

메이븐은 명령줄에서도 사용할 수 있지만 이클립스에는 필요한 모든 메이븐 작업을 처리하는 임베디드 메이븐이 포함돼 있다. 따라서 메이븐의 명령줄 사용법은 따로 다루지 않겠다. 중요한 것은 pom.xml 파일의 구조를 이해하고 새 의존성을 추가하는 방법을 아는 것이다. 다음 절에서는 스프링 이니셜라이저에서 의존성을 추가하는 방법을 배운다. 이 책의 뒷부분에서는 pom.xml 파일에 수동으로 새 의존성을 추가할 예정이다.

다음 절에서는 첫 번째 스프링 부트 프로젝트를 만들고 이클립스 IDE로 실행하는 방법을 알아본다.

스프링 이니셜라이저 활용

웹 기반 툴인 **스프링 이니셜라이저**를 이용해 **스프링 부트** 프로젝트를 만들어보자. 그다음에는 이클립스 IDE로 스프링 부트를 실행하는 방법을 배운다. 이번 절의 마지막 부분에서는 스프링 부트 로깅을 활용하는 방법도 소개한다.

프로젝트 만들기

스프링 이니셜라이저로 프로젝트를 만들려면 다음 단계를 완료해야 한다.

01. 웹 브라우저에서 https://start.spring.io로 이동해 스프링 이니셜라이저를 연다. 그러면 다음 페이지를 볼 수 있다.

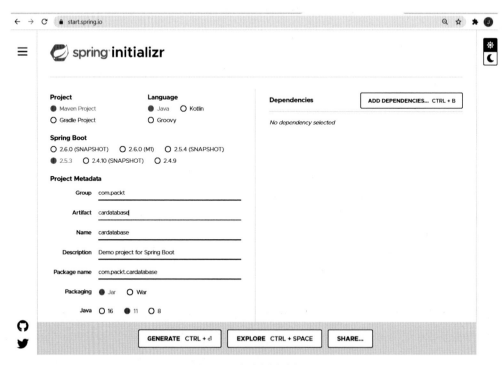

그림 1.3 스프링 이니셜라이저

02. Maven Project 및 Java를 선택하고 최신 안정화 Spring Boot 버전을 선택한다. Group 필드에는 자바 프로젝트 의 기본 패키지가 될 그룹 ID(com.packt)를 정의한다. Artifact 필드에는 이클립스에서 프로젝트의 이름이 될 아티팩 트 ID(cardatabase)를 정의한다.

참고

> 스프링 이니셜라이저 단계에서 알맞은 자바 버전을 선택해야 한다. 이 책에서는 자바 버전 11을 이용한다. 버전은 이클립 스 IDE에서 이용할 버전을 선택한다. 이 책에서는 스프링 부트 2를 이용한다. 참고로 스프링 부트 버전 3의 자바 베이스라 인은 자바 17이다.

03. ADD DEPENDENCIES… 버튼을 클릭하면 프로젝트에 필요한 스타터와 의존성을 선택할 수 있다. 스프링 부트에 는 메이븐 구성을 간소화하는 스타터 패키지가 있다. 스프링 부트 스타터는 프로젝트에 포함할 수 있는 의존성의 모음 이다. 스프링 이니셜라이저에서 의존성을 추가하려면 ADD DEPENDENCIES… 버튼을 클릭한다. 이 프로젝트에는 Spring Web과 Spring Boot DevTools라는 두 의존성을 선택하고 시작한다. 다음 그림에 나오는 것처럼 검색 필 드에 검색어를 입력하고 표시되는 항목 중에서 선택할 수 있다.

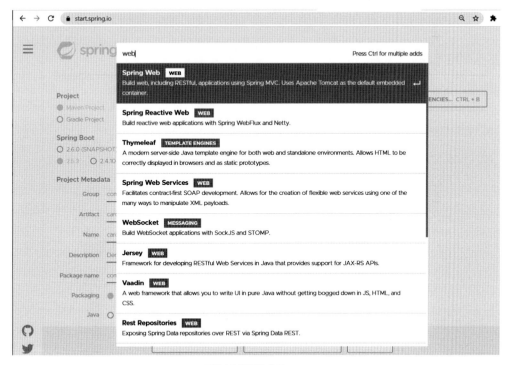

그림 1.4 의존성 추가

Spring Boot DevTools 의존성에는 자동 재시작 기능이 있는 스프링 부트 개발자 툴이 들어 있다. 이를 이용하면 변 경 내용을 저장할 때마다 애플리케이션이 자동으로 재시작돼 개발이 훨씬 빨라진다. 웹 스타터 팩은 풀스택 개발을 위한 옵션이며, 임베디드 톰캣 서버가 포함돼 있다. 의존성을 추가한 후의 스프링 이니셜라이저의 Dependencies 섹션은 다음 그림과 같다.

그림 1.5 스프링 이니셜라이저 의존성

04. 마지막으로 Generate 버튼을 클릭하면 프로젝트 스타터 ZIP 패키지가 생성된다.

다음으로 이클립스 IDE로 프로젝트를 실행하는 방법을 알아보자.

프로젝트 실행

이클립스 IDE에서 메이븐 프로젝트를 실행하려면 다음 단계를 따른다.

01. 앞에서 만든 프로젝트 ZIP 패키지의 압축을 풀고 이클립스를 실행한다.

02. 이 프로젝트를 이클립스 IDE로 가져와야 한다. File | Import 메뉴를 선택하면 가져오기 마법사가 열린다. 다음 그림은 가져오기 마법사의 첫 번째 단계 화면이다.

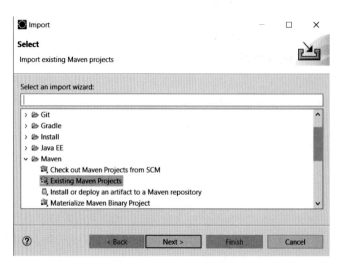

그림 1.6 가져오기 마법사(1단계)

03. 첫 번째 단계에서는 Maven 폴더 아래의 목록에서 Existing Maven Projects를 선택하고 Next 버튼을 눌러 다음 단계로 진행한다. 다음 그림에 가져오기 마법사의 두 번째 단계가 나온다.

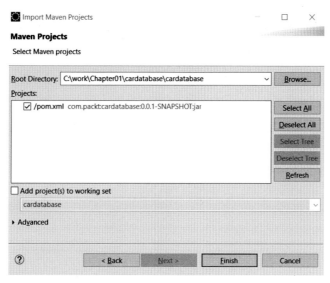

그림 1.7 가져오기 마법사(2단계)

04. 이 단계에서는 Browse... 버튼을 누르고 압축을 푼 프로젝트 폴더를 선택한다. 그러면 이클립스가 프로젝트 폴더의 루트에서 pom.xml 파일을 찾아 Projects 섹션에 표시한다.

05. Finish 버튼을 눌러 가져오기를 마무리한다. 지금까지 잘 진행했다면 이클립스 IDE의 **프로젝트 탐색기**에 cardatabase 프로젝트가 표시된다. 메이븐이 모든 의존성을 다운로드해야 하므로 프로젝트가 완전히 준비되려면 시간이 약간 걸린다. 이클립스 오른쪽 아래 모서리에서 의존성을 다운로드하는 과정을 볼 수 있다. 다음 그림은 가져오기가 끝난 후 이클립스 IDE의 **프로젝트 탐색기**를 보여준다.

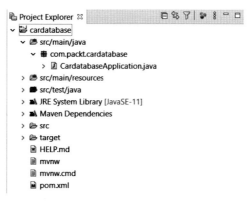

그림 1.8 프로젝트 탐색기

프로젝트 탐색기에는 프로젝트의 패키지 구조도 표시된다. 처음에는 com.packt.cardatabase라는 패키지만 있다. 이 패키지 아래에는 CardatabaseApplication.java라는 메인 애플리케이션 클래스가 있다.

06. 이 애플리케이션에는 아직 아무 기능이 없지만 실행하고 정상적으로 시작되는지는 확인할 수 있다. 프로젝트를 실행하려면 다음 그림처럼 메인 클래스를 더블 클릭해서 열고 이클립스 툴바에서 Run 버튼을 누른다. 아니면 Run 메뉴에서 Run as | Java Application을 선택해도 된다.

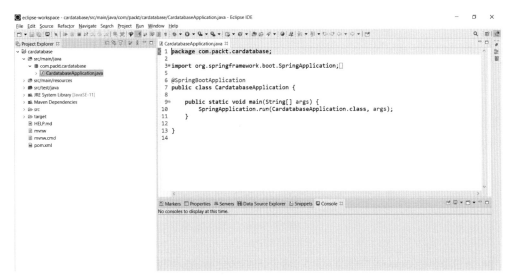

그림 1.9 Cardatabase 프로젝트

이제 이클립스에 **Console** 뷰가 열리고 프로젝트 실행에 관한 중요한 정보가 표시된다. 이 뷰에는 모든 로그 텍스트와 오류 메시지가 표시되므로 문제가 있으면 이 뷰의 내용을 잘 보는 것이 중요하다.

프로젝트가 정상적으로 실행됐다면 콘솔 끝의 텍스트에서 CardatabaseApplication 클래스가 시작된 것을 볼 수 있다. 스프링 부트 프로젝트가 시작된 후 이클립스 콘솔의 내용은 다음 그림처럼 나온다.

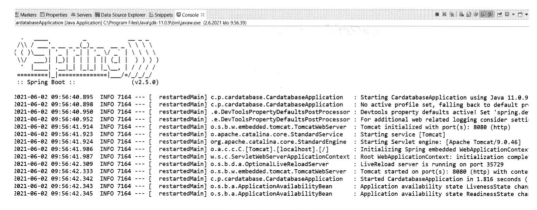

그림 1.10 이클립스 콘솔

프로젝트의 루트에는 프로젝트의 메이븐 구성 파일인 pom.xml 파일이 있다. 파일에 포함된 의존성은 이
전에 스프링 이니셜라이저에서 선택한 것이다. 또한 다음 코드에 나오는 것처럼 따로 선택하지 않아도
테스트 의존성이 자동으로 포함된다.

```xml
<dependencies>
    <dependency>
        <groupId>org.springframework.boot</groupId>
        <artifactId>spring-boot-starter-web</artifactId>
    </dependency>

    <dependency>
        <groupId>org.springframework.boot</groupId>
        <artifactId>spring-boot-devtools</artifactId>
        <scope>runtime</scope>
        <optional>true</optional>
    </dependency>
    <dependency>
        <groupId>org.springframework.boot</groupId>
        <artifactId>spring-boot-starter-test</artifactId>
        <scope>test</scope>
    </dependency>
</dependencies>
```

다음 단원에서는 애플리케이션에 기능을 추가하고 pom.xml 파일에도 수동으로 의존성을 추가할 예정이다.

스프링 부트의 메인 클래스를 더 자세히 들여다보자. 클래스의 시작 부분에 @SpringBootApplication 어노테이션이 있는데, 사실 이는 다음과 같은 여러 어노테이션의 조합이다.

표 1.1 @SpringBootApplication 어노테이션

어노테이션	설명
@EnableAutoConfiguration	스프링 부트 자동 구성을 활성화한다. 스프링 부트는 의존성을 기반으로 자동으로 프로젝트를 구성한다. 예를 들어, spring-boot-starter-web 의존성이 있으면 스프링 부트는 웹 애플리케이션을 개발 중이라고 가정하고 그에 따라 애플리케이션을 구성한다.
@ComponentScan	스프링 부트 컴포넌트 검색으로 애플리케이션의 모든 컴포넌트를 찾는다.
@Configuration	빈(Bean) 정의의 원본으로 쓸 수 있는 클래스를 정의한다.

다음 코드는 스프링 부트 애플리케이션의 main 클래스다.

```
package com.packt.cardatabase;

import org.springframework.boot.SpringApplication;
import org.springframework.boot.autoconfigure.SpringBootApplication;

@SpringBootApplication
public class CardatabaseApplication {
    public static void main(String[] args) {
        SpringApplication.run(CardatabaseApplication.class, args);
    }
}
```

애플리케이션의 실행은 표준 자바 애플리케이션과 마찬가지로 main 메서드로 시작된다.

참고

메인 애플리케이션 클래스는 다른 모든 클래스의 상위인 루트 패키지에 넣는 것이 좋다. 애플리케이션이 정상 작동하지 않는 흔한 이유 중 하나는 스프링 부트가 몇 가지 필수 클래스를 찾을 수 없기 때문이다.

스프링 부트 개발 툴

스프링 부트 개발 툴은 애플리케이션 개발 프로세스를 간소화한다. 개발 툴의 가장 중요한 기능은 classpath에 있는 파일이 수정될 때마다 자동으로 애플리케이션을 재시작하는 기능이다. 메이븐 pom.xml 파일에 다음 의존성을 추가하면 프로젝트에 개발자 툴이 포함된다.

```
<dependency>
    <groupId>org.springframework.boot</groupId>
    <artifactId>spring-boot-devtools</artifactId>
    <scope>runtime</scope>
    <optional>true</optional>
</dependency>
```

개발 툴은 애플리케이션의 운영 버전을 생성할 때 비활성화된다. 프로젝트의 classpath에 있는 파일을 수정하면 애플리케이션이 자동으로 재시작된다. 이 기능을 테스트하기 위해 다음과 같이 main 클래스에 주석을 하나 추가해 보자.

```
package com.packt.cardatabase;

import org.springframework.boot.SpringApplication;
import org.springframework.boot.autoconfigure.SpringBootApplication;

@SpringBootApplication
public class CardatabaseApplication {
    public static void main(String[] args) {
        // 이 주석을 추가하면 애플리케이션이 재시작됨
        SpringApplication.run(CardatabaseApplication.class, args);
    }
}
```

파일을 저장하면 애플리케이션이 재시작되는 것을 콘솔에서 확인할 수 있다.

로그와 문제 해결

로그는 애플리케이션의 흐름을 모니터링하고 프로그램 코드의 예기치 못한 오류를 포착하는 데 도움이 된다. 스프링 부트 스타터 패키지에는 별도의 구성 없이 로깅에 쓸 수 있는 로그백이 있다. 다음 예제 코드로 로깅을 이용하는 방법을 알아보자.

```
package com.packt.cardatabase;

import org.slf4j.Logger;
import org.slf4j.LoggerFactory;
import org.springframework.boot.SpringApplication;
import org.springframework.boot.autoconfigure.SpringBootApplication;

@SpringBootApplication
public class CardatabaseApplication {
    private static final Logger logger =
        LoggerFactory.getLogger(CardatabaseApplication.class);

    public static void main(String[] args) {
        SpringApplication.run(CardatabaseApplication.class, args);
        logger.info("Application started");
    }

}
```

logger.info 메서드는 로깅 메시지를 콘솔에 출력한다. 로깅 메시지는 다음 그림과 같이 프로젝트를 실행한 후 콘솔에서 볼 수 있다.

```
Markers  Properties  Servers  Data Source Explorer  Snippets  Console
CardatabaseApplication [Java Application]
2021-06-02 10:55:42.986  INFO 25060 --- [  restartedMain] w.s.c.ServletWebServerApplicationContext : Root WebApplicationContext: initializ
2021-06-02 10:55:43.063  INFO 25060 --- [  restartedMain] o.s.b.d.a.OptionalLiveReloadServer       : LiveReload server is running on port
2021-06-02 10:55:43.069  INFO 25060 --- [  restartedMain] o.s.b.w.embedded.tomcat.TomcatWebServer  : Tomcat started on port(s): 8080 (http
2021-06-02 10:55:43.070  INFO 25060 --- [  restartedMain] c.p.cardatabase.CardatabaseApplication   : Started CardatabaseApplication in 0.3
2021-06-02 10:55:43.071  INFO 25060 --- [  restartedMain] o.s.b.a.ApplicationAvailabilityBean      : Application availability state Livene
2021-06-02 10:55:43.072  INFO 25060 --- [  restartedMain] .ConditionEvaluationDeltaLoggingListener : Condition evaluation unchanged
2021-06-02 10:55:43.072  INFO 25060 --- [  restartedMain] o.s.b.a.ApplicationAvailabilityBean      : Application availability state Readin
2021-06-02 10:55:43.072  INFO 25060 --- [  restartedMain] c.p.cardatabase.CardatabaseApplication   : Application started
```

그림 1.11 로깅 메시지

로깅 수준에는 TRACE, DEBUG, INFO, WARN, ERROR, FATAL, OFF의 7가지가 있다. 로깅 수준은 스프링 부트 application.properties 파일에서 구성할 수 있다. 이 파일은 다음 그림과 같이 프로젝트의 resources 폴더에 있다.

그림 1.12 application.properties 파일

로깅 수준을 DEBUG로 설정하면 DEBUG 로깅 수준과 그 이상(즉, DEBUG, INFO, WARN, ERROR)에 해당하는 메시지를 볼 수 있다. 다음 예제에서는 로그 수준을 루트에 설정하지만 패키지 수준에도 설정할 수 있다.

```
logging.level.root=DEBUG
```

이제 프로젝트를 실행하면 TRACE 메시지가 더는 표시되지 않는다. 이는 애플리케이션의 개발 버전에 좋은 설정일 수 있다. 별도로 지정하지 않은 상태의 기본 로깅 수준은 INFO다.

스프링 부트 애플리케이션을 실행할 때 잘 발생하는 오류가 있다. 스프링 부트는 기본적으로 아파치 톰캣(http://tomcat.apache.org/)을 애플리케이션 서버로 이용한다. 톰캣은 기본적으로 8080번 포트에서 실행된다. 그런데 해당 포트를 이미 다른 프로세스에서 이용 중인 경우 애플리케이션이 시작되지 않고 콘솔에 다음과 같은 메시지가 표시된다.

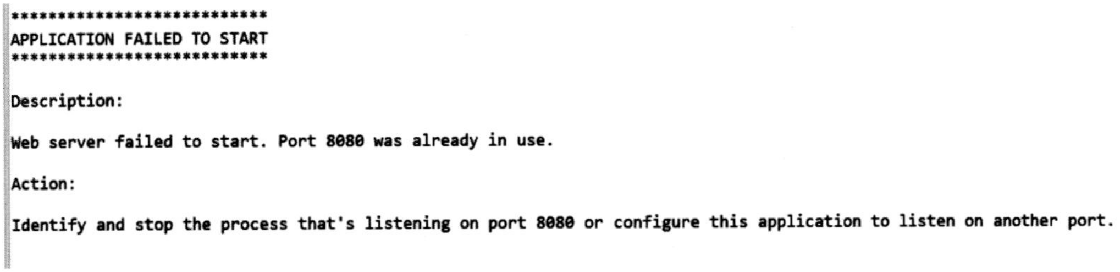

```
***************************
APPLICATION FAILED TO START
***************************

Description:

Web server failed to start. Port 8080 was already in use.

Action:

Identify and stop the process that's listening on port 8080 or configure this application to listen on another port.
```

그림 1.13 포트가 이미 사용 중인 경우

이 경우 8080번 포트를 수신하는 프로세스를 중지하거나 스프링 부트 애플리케이션에서 다른 포트를 이용해야 한다. 포트는 application.properties 파일에서 변경할 수 있다. 다음과 같이 설정하면 톰캣이 8081번 포트에서 시작한다.

```
server.port=8081
```

다음 절에서는 백엔드에서 데이터베이스로 이용할 MariaDB 데이터베이스를 설치해보자.

MariaDB 설치

이 책의 3장 'JPA를 이용한 데이터베이스 생성 및 접근'에서 MariaDB를 이용할 것이므로 그 전에 컴퓨터에 MariaDB를 설치해야 한다. MariaDB는 인기 있는 오픈소스 관계형 데이터베이스다. MariaDB는 윈도우와 리눅스 버전이 있으며 https://mariadb.com/downloads/에서 최신 안정 커뮤니티 버전을 다운로드할 수 있다. MariaDB는 GNU_{GNU's Not UNIX} GPLv2_{General Public License version 2} 라이선스로 개발되고 있다. 다음 단계에 따라 MariaDB를 설치하자.

01. 윈도우 버전을 설치할 때는 Microsoft Installer_{MSI} 설치 관리자를 이용할 수 있다. 설치 관리자를 다운로드하고 실행한다. 다음 그림에 나오는 것처럼 모든 기능을 설치한다.

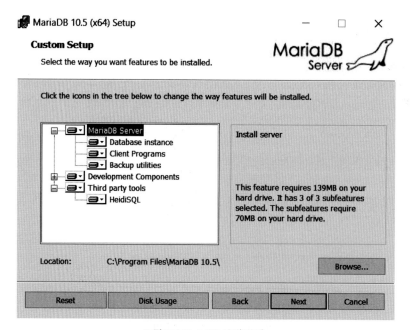

그림 1.14 MariaDB 설치(1단계)

02. 다음 단계에서는 루트 사용자의 암호를 지정해야 한다. 이 암호는 다음 단원에서 애플리케이션을 데이터베이스에 연결할 때 필요하다. 다음 그림을 참고한다.

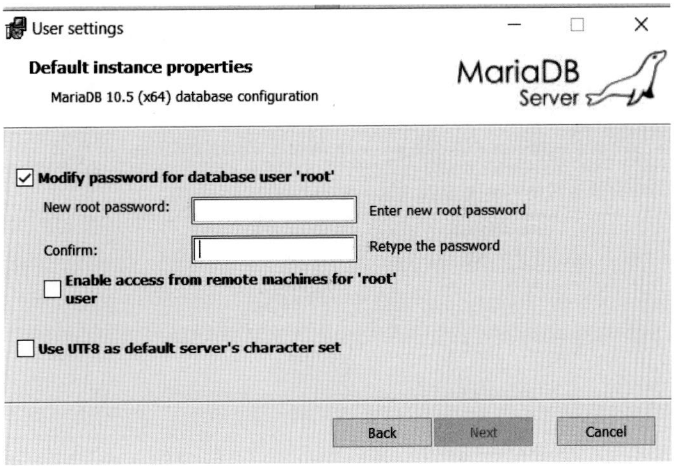

그림 1.15 MariaDB 설치(2단계)

03. 다음 단계에서는 그림에 나오는 것처럼 기본 설정을 그대로 둔다.

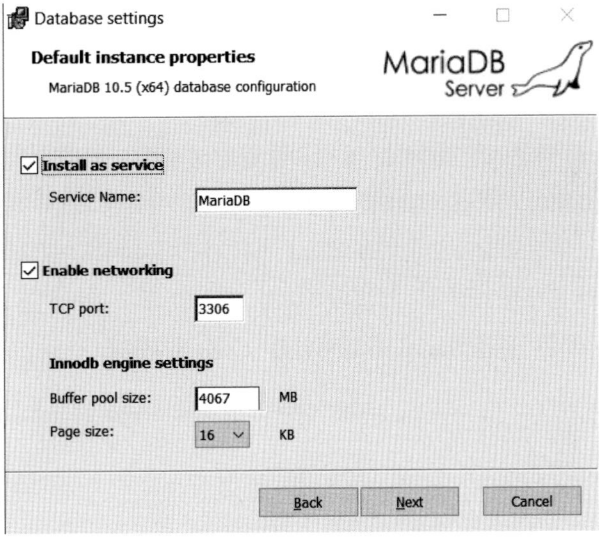

그림 1.16 MariaDB 설치(3단계)

04. 이제 MariaDB가 로컬 컴퓨터에 설치된다. 설치 마법사가 **HeidiSQL**도 설치해준다. HeidiSQL은 이용하기 쉽게 만들어진 데이터베이스 클라이언트다. 새 데이터베이스를 추가하고 데이터베이스에 쿼리를 수행할 때 주로 사용한다. 설치 패키지에 포함된 명령 프롬프트를 이용해도 된다.

05. HeidiSQL을 열고 설치 단계에서 지정한 암호를 이용해 로그인해 보자. 그러면 다음 화면을 볼 수 있다.

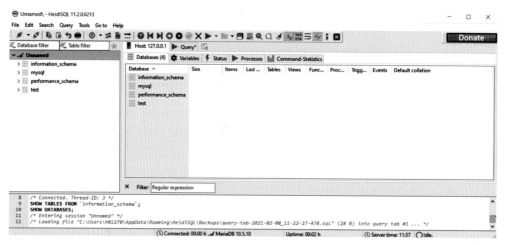

그림 1.17 HeidiSQL

요약

1장에서는 스프링 부트로 백엔드를 개발하는 데 필요한 툴을 설치했다. 자바 언어를 이용해 개발할 때는 인기 있는 프로그래밍 IDE인 이클립스 IDE를 이용한다. 스프링 이니셜라이저 페이지로 첫 번째 스프링 부트 프로젝트를 만드는 과정도 알아봤다. 프로젝트를 만든 다음에는 이를 이클립스로 가져와 실행했다. 스프링 부트로 일반적인 문제를 해결하는 방법과 중요한 오류 및 로그 메시지를 보는 방법도 알아봤다. 마지막으로, 이후 단원에서 이용할 MariaDB 데이터베이스를 설치했다.

2장에서는 **의존성 주입**Dependency Injection이란 무엇이고 스프링 부트 프레임워크에서 어떻게 이용하는지 알아본다.

문제

1. 스프링 부트란 무엇인가?

2. 이클립스 IDE란 무엇인가?

3. 메이븐이란 무엇인가?

4. 스프링 부트 프로젝트는 어떻게 만들 수 있는가?

5. 스프링 부트 프로젝트는 어떻게 실행할까?

6. 스프링 부트에서 로깅을 이용하려면 어떻게 해야 하는가?

7. 이클립스에서 오류 및 로그 메시지를 찾으려면 어떻게 해야 하는가?

02

의존성 주입
이해하기

2장에서는 **의존성 주입**_{Dependency Injection}이란 무엇이고 이를 스프링 부트 프레임워크에서 이용하려면 어떻게 하는지 알아본다. 스프링 부트 프레임워크는 의존성 주입을 제공하므로 기초적인 내용을 알아두는 것이 좋다. 의존성 주입은 의존성을 줄이고 코드를 테스트하고 유지 관리하기 쉽게 만들어준다.

이번 장에서 다룰 주제는 다음과 같다.

- 의존성 주입 소개
- 스프링 부트에서 의존성 주입 이용

기술 요구 사항

이클립스 IDE를 사용하려면 자바 SDK 버전 8 이상이 필요하다. 이 책에서는 윈도우를 이용하지만 모든 툴은 macOS와 리눅스 버전으로도 제공된다.

이번 장에 나오는 모든 예제 코드는 깃허브 리포지터리인 https://github.com/wikibook/springboot-react/tree/main/Chapter02에서 내려받을 수 있다.

의존성 주입 소개

의존성 주입은 다른 객체에 의존하는 객체를 만들 수 있는 소프트웨어 개발 기법이다. 의존성 주입은 클래스를 독립적으로 유지하면서 동시에 클래스 간의 상호 작용을 도와준다.

의존성 주입에는 3가지 유형이 있다.

- **서비스**는 이용될 수 있는 클래스(의존성)다.
- **클라이언트**는 의존성을 이용하는 클래스다.
- **주입기**는 의존성(서비스)을 종속 클래스(클라이언트)에 전달한다.

다음 다이어그램은 의존성 주입의 3가지 클래스 유형을 보여준다.

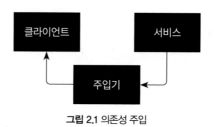

그림 2.1 의존성 주입

의존성 주입으로 클래스를 느슨하게 연결할 수 있다. 이는 클라이언트 의존성을 생성하는 일이 클라이언트 동작과 분리되어 단위 테스트가 더 쉬워진다는 뜻이다.

자바 코드를 이용한 의존성 주입의 간단한 예를 살펴보자. 다음 코드에서 클라이언트인 Car 클래스는 서비스 클래스의 객체를 생성하므로 의존성 주입이 없다.

```
public class Car {
    private Owner owner;

    public Car() {
        owner = new Owner();
    }
}
```

반면 다음 코드에서는 서비스 객체가 클라이언트 클래스에서 직접 생성되지 않는다. 대신 클래스 생성자에 매개변수로 전달된다.

```
public class Car {
    private Owner owner;

    public Car(Owner owner) {
        this.owner = owner;
    }
}
```

서비스 클래스는 추상 클래스일 수도 있다. 이 경우 클라이언트 클래스에서 어떤 구현이든지 이용할 수 있고 테스트할 때는 모형(mock)을 이용할 수 있다.

의존성 주입에는 몇 가지 유형이 있다. 여기서는 그중 두 가지를 살펴보자.

- **생성자 주입**: 의존성이 클라이언트 클래스의 생성자로 전달되는 방식이다. 이전의 Car 예제 코드에 나온 방식이 생성자 주입이다.

- **setter 주입**: 의존성이 setter를 통해 제공되는 방식이다. 다음 예제 코드에 setter 주입의 예가 나온다.

```
public class Car {
    private Owner owner;

    public void setOwner(Owner owner) {
        this.owner = owner;
    }
}
```

여기서 의존성은 setter에 인수로 전달됐다.

의존성 주입은 코드에서 의존성을 줄이고 코드를 재사용하기 쉽게 만들어준다. 또한 코드를 쉽게 테스트할 수 있게 해준다. 지금까지 의존성 주입의 기초를 알아보았다. 다음으로 스프링 부트에서 의존성 주입을 이용하는 방법을 알아보자.

스프링 부트에서 의존성 주입 이용

스프링 부트는 애플리케이션 클래스를 검색하고 특정한 어노테이션(@Service, @Repository, @Controller) 이 지정된 클래스를 스프링 빈으로 등록한다. 이러한 빈은 @Autowired 어노테이션을 이용해 주입할 수 있다.

```java
public class Car {

    @Autowired

    private Owner owner;

    ...

}
```

작업을 수행하려면 데이터베이스가 필요한 경우가 많은데, 스프링 부트에서는 이를 위해 리포지터리 클 래스를 이용한다. 이 경우 리포지터리 클래스를 주입하고 그 메서드를 이용할 수 있다.

```java
public class Car {

    @Autowired

    private CarRepository carRepository;

    // 데이터베이스에서 모든 자동차를 가져옴

    carRepositoty.findAll();

    ...

}
```

자바(javax.annotation)에도 리소스를 주입하는 @Resource 어노테이션이 있다. @Resource 어노테이션으로 주입하는 빈의 이름이나 형식을 정의한다. 예를 들어, 다음과 같이 정의된 리소스가 있다고 가정해보자.

```java
@Configuration
public class ConfigFileResource
    @Bean(name="configFile")
    public File configFile() {
        File configFile = new File("configFile.xml");
        return configFile;
    }
}
```

그러면 @Resource 어노테이션을 이용해 빈을 주입할 수 있다.

```
// 빈의 이름으로 주입
@Resource(name="configFile")
private ConfigFile cFile

또는

// 이름 없이 주입
@Resource
private ConfigFile cFile
```

지금까지 스프링 부트에서 의존성 주입의 기본 개념을 알아봤다. 여기서 배운 내용을 이후 단원에서 실제로 이용해보자.

요약

이번 장에서는 의존성 주입이 무엇인지 배웠다. 또한 백엔드 역할을 할 스프링 부트 프레임워크에서 의존성 주입을 이용하는 방법도 살펴봤다.

다음 장에서는 스프링 부트에서 JPA$_{\text{Java Persistent API}}$를 이용하는 방법과 MariaDB 데이터베이스를 설정하는 방법을 배운다. 또한 CRUD 리포지터리를 만들고 데이터베이스 테이블 간에 일대다 연결을 설정하는 방법도 배운다.

문제

1. 의존성 주입이란 무엇인가?
2. 스프링 부트에서 @Autowired 어노테이션은 어떻게 작동하는가?
3. 스프링 부트에서 리소스를 주입하려면 어떻게 해야 하는가?

JPA를 이용한
데이터베이스 생성 및 접근

이번 장에서는 스프링 부트에서 **JPA**_{Java Persistent API}를 이용하는 방법과 엔티티 클래스로 데이터베이스를 정의하는 방법을 배운다. 첫 번째 단계에서는 빠른 개발과 간단한 설명을 위해 H2 인메모리 데이터베이스를 이용한다. H2는 시연 목적에 적합한 인메모리 SQL 데이터베이스다. 두 번째 단계에서는 H2에서 **MariaDB**로 데이터베이스를 전환한다. 또한 이번 장에서는 CRUD 리포지터리를 만들고 데이터베이스 테이블 간에 일대다 연결을 설정하는 방법도 알아본다.

이번 장에서 다룰 주제는 다음과 같다.

- ORM, JPA, 하이버네이트 기초

- 엔티티 클래스 만들기

- CRUD 리포지터리 만들기

- 테이블 간의 관계 추가

- MariaDB 데이터베이스 설정

기술 요구 사항

스프링 부트를 사용하려면 자바 SDK 버전 8 이상이 필요하다[1]. 또한 1장에서 작성한 스프링 부트 애플리케이션이 필요하다.

데이터베이스 애플리케이션을 만들려면 MariaDB를 설치해야 한다[2].

이번 장에 나오는 모든 예제 코드는 깃허브 저장소인 https://github.com/wikibook/springboot-react/tree/main/Chapter03에서 내려받을 수 있다.

이번 장의 실습 영상은 https://youtu.be/JFfJikTG_JI에서 볼 수 있다.

ORM, JPA, 하이버네이트 기초

ORM_{Object Relational Mapping}은 데이터베이스를 객체지향 패러다임으로 조작하고 데이터를 검색하는 기술이다. ORM은 데이터베이스 구조보다는 객체지향 개념에 기반을 두고 있어 특히 프로그래머에게 유용하며 개발 속도는 높이고 소스코드의 양은 줄어든다. ORM을 사용하면 데이터베이스로부터 거의 독립적인 코드 작성이 가능하며 사용하는 DBMS에 따라 조금씩 달라지는 SQL 문에 관해 개발자가 걱정할 필요가 없다.

JPA_{Java Persistent API}는 자바 개발자를 위한 객체-관계형 매핑을 제공한다. JPA 엔티티는 데이터베이스 테이블의 구조를 나타내는 자바 클래스다. 엔티티 클래스의 필드는 데이터베이스 테이블의 열(column)을 나타낸다.

하이버네이트는 가장 인기 있는 JPA 구현체이고 스프링 부트에서 기본 구현체로 활용된다. 하이버네이트는 검증된 기술로서 대규모 애플리케이션에 널리 사용되고 있다.

다음으로 H2 데이터베이스로 첫 번째 엔티티 클래스를 구현해보자.

---

[1] http://www.oracle.com/technetwork/java/javase/downloads/index.html
[2] https://downloads.mariadb.org/

엔티티 클래스 만들기

엔티티 클래스는 JPA의 `@Entity` 어노테이션을 사용하는 자바 클래스다. 엔티티 클래스는 표준 자바 빈의 명명 규칙을 따르며 적절한 getter와 setter를 가진다. 클래스 필드의 가시성은 private으로 설정된다.

JPA는 애플리케이션이 초기화될 때 클래스 이름으로 데이터베이스 테이블을 만든다. 데이터베이스 테이블에 다른 이름을 지정하려면 엔티티 클래스에서 `@Table` 어노테이션을 이용하면 된다.

이번 장에서는 먼저 인메모리 데이터베이스에 포함되는 H2 데이터베이스(https://www.h2database.com/)를 이용한다. JPA와 H2 데이터베이스를 이용하려면 `pom.xml` 파일에 다음 의존성을 추가해야 한다.

```
<dependency>
    <groupId>org.springframework.boot</groupId>
    <artifactId>spring-boot-starter-data-jpa</artifactId>
</dependency>
<dependency>
    <groupId>com.h2database</groupId>
    <artifactId>h2</artifactId>
    <scope>runtime</scope>
</dependency>
```

이제 다음 단계를 수행해 엔티티 클래스를 만들어보자.

01. 스프링 부트에서 엔티티 클래스를 만들려면 엔티티의 패키지를 만들어야 한다. 패키지는 루트 패키지에 만든다. 이클립스의 **프로젝트 탐색기**에서 루트 패키지를 선택하고 마우스 오른쪽 버튼을 클릭해 컨텍스트 메뉴를 연다.

02. 이 메뉴에서 New | Package를 선택한다. 다음 그림은 엔티티 클래스의 패키지를 만드는 방법을 보여준다.

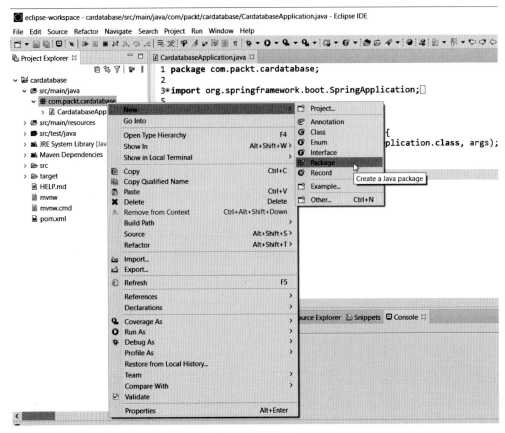

그림 3.1 새 패키지 만들기

03. 패키지의 이름은 `com.packt.cardatabase.domain`으로 지정한다.

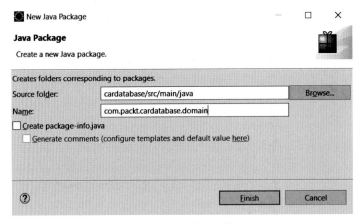

그림 3.2 새 자바 패키지 만들기

04. 다음으로 엔티티 클래스를 만든다. 앞에서 만든 `com.packt.cardatabase.domain` 패키지를 선택하고 마우스 오른쪽 버튼으로 클릭한 다음, 메뉴에서 **New | Class**를 선택한다.

05. 여기서는 자동차 데이터베이스를 만들 것이므로 엔티티 클래스의 이름은 `Car`가 된다. 다음 그림과 같이 **Name** 필드에 `Car`를 입력하고 **Finish** 버튼을 누른다.

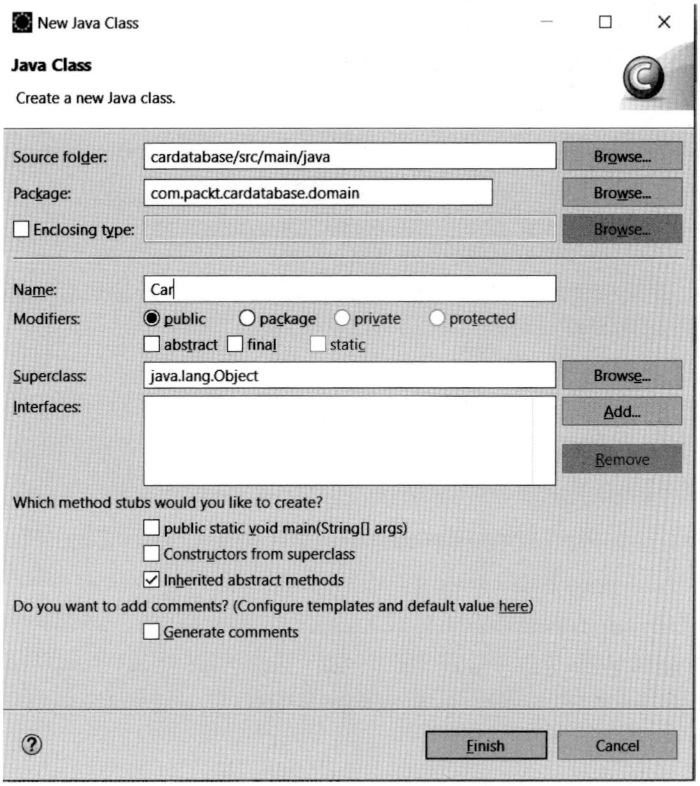

그림 3.3 새 자바 클래스 만들기

06. 프로젝트 탐색기에서 `Car` 클래스 파일을 더블 클릭해 연다. 제일 먼저 이 클래스에 `@Entity` 어노테이션을 지정해야 한다. `@Entity` 어노테이션은 `javax.persistence` 패키지에서 가져온 것이다.

```
package com.packt.cardatabase.domain;

import javax.persistence.Entity;

@Entity
public class Car {
}
```

Tip

이클립스 IDE에서 Ctrl + Shift + O 단축키를 누르면 누락된 패키지를 자동으로 가져올 수 있다.

참고

이 책은 스프링 부트 2를 기준으로 한다. 이후에 나올 스프링 부트 3에서는 자바 EE 대신 자카르타 EE가 사용된다. 따라서 스프링 부트 3을 사용하려면 임포트하는 모든 `javax` 패키지를 `jakarta`로 변경해야 한다. 예를 들어, `javax.persistence.Entity`는 `jakarta.persistence.Entity`로 변경해야 한다.

07. 다음으로 클래스에 약간의 필드를 추가해야 한다. 엔티티 클래스 필드는 데이터베이스 테이블 열에 매핑된다. 엔티티 클래스는 데이터베이스에서 기본 키로 사용되는 고유한 ID를 포함해야 한다.

```
package com.packt.cardatabase.domain;

import javax.persistence.Entity;
import javax.persistence.GeneratedValue;
import javax.persistence.GenerationType;
import javax.persistence.Id;

@Entity
public class Car {
    @Id
    @GeneratedValue(strategy=GenerationType.AUTO)
    private long id;
    private String brand, model, color, registerNumber;
    private int year, price;
}
```

기본 키는 `@Id` 어노테이션으로 정의한다. `@GeneratedValue` 어노테이션은 데이터베이스가 자동으로 ID를 생성하도록 지정한다. 다른 키 생성 전략을 정의할 수도 있다. `AUTO` 유형은 JPA 공급자가 특정 데이터베이스에 가장 적합한 전략을 선택한다는 의미이며 기본 유형이다. 이와 함께 `@Id` 어노테이션으로 여러 특성을 지정하면 복합 기본 키를 만들 수도 있다.

데이터베이스 열의 이름은 기본적으로 클래스 명명 규칙에 따라 지정된다. 다른 명명 규칙을 적용하려면 `@Column` 어노테이션을 이용하면 된다. `@Column` 어노테이션으로 열의 길이와 열이 nullable인지 여부를 지정할 수 있다. 다음은 `@Column` 어노테이션을 이용하는 코드 예다. 이 정의에서 데이터베이스에 있는 열의 이름은 explanation이고, 열의 길이는 512이며, nullable이 아니다.

```
@Column(name="explanation", nullable=false, length=512)
private String description
```

08. 마지막으로 getter, setter, 그리고 특성을 인수로 받는 생성자를 엔티티 클래스에 추가해야 한다. 자동으로 ID를 생성하도록 설정해 둔 덕분에 생성자에 ID 필드는 필요없다. Car 엔티티 클래스의 소스코드는 다음과 같다.

```java
package com.packt.cardatabase.domain;
import javax.persistence.Column;
import javax.persistence.Entity;
import javax.persistence.GeneratedValue;
import javax.persistence.GenerationType;
import javax.persistence.Id;

@Entity
public class Car {
    @Id
    @GeneratedValue(strategy=GenerationType.AUTO)
    private long id;
    private String brand, model, color, registerNumber;
    @Column(name="`year`")
    private int year;
    private int price;

    public Car() {}

    public Car(String brand, String model, String color,
               String registerNumber, int year, int price) {
        super();
        this.brand = brand;
        this.model = model;
        this.color = color;
        this.registerNumber = registerNumber;
        this.year = year;
        this.price = price;
    }
    ...
```

다음은 Car 엔티티 클래스 getter와 setter의 코드를 보여준다.

```java
public long getId() {
    return id;
}

public void setId(long id) {
    this.id = id;
}

public String getBrand() {
    return brand;
}

public void setBrand(String brand) {
    this.brand = brand;
}

public String getModel() {
    return model;
}

public void setModel(String model) {
    this.model = model;
}
// getter와 setter의 나머지 코드 및 전체 소스코드는 깃허브 리포지터리 참조
```

09. application.properties 파일에 새 프로퍼티를 추가해야 한다. 그러면 SQL 문을 콘솔에 로깅할 수 있다. 스프링 부트 버전 2.3.0 이후로는 데이터 소스 URL도 정의해야 한다. application.properties 파일을 열고 다음 두 행을 추가한다.

```
spring.datasource.url=jdbc:h2:mem:testdb
spring.jpa.show-sql=true
```

참고

> application.properties 파일을 편집할 때는 행 끝에 공백이 추가되지 않게 주의한다. 행 끝에 공백이 있으면 설정이 적용되지 않는다. 설정을 복사하거나 붙여넣을 때 특히 조심하자.

10. 이제 애플리케이션을 실행할 때 데이터베이스에 car 테이블이 생성된다. 애플리케이션을 실행할 때 콘솔에서 테이블 생성문을 볼 수 있다.

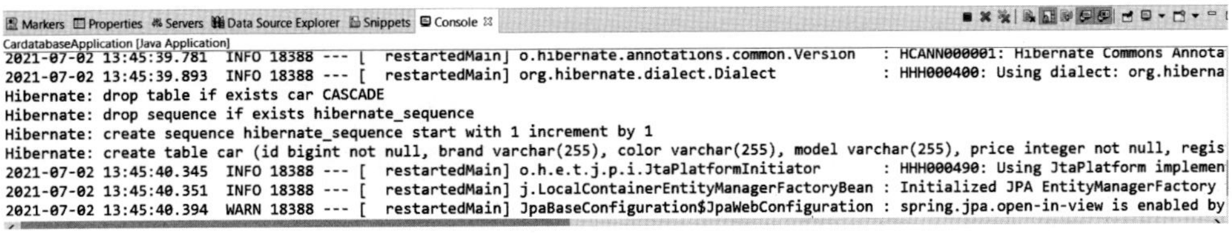

그림 3.4 car 테이블 SQL 문

참고

> application.properties 파일에 spring.datasource.url을 정의하지 않으면 애플리케이션을 실행할 때 스프링 부트가 임의의 데이터 소스 URL을 생성하며 이를 콘솔에서 볼 수 있다. 예를 들어 다음과 같다.
>
> ```
> H2 console available at '/h2-console'. Database available at 'jdbc:h2:mem:b92ad05e-8af4-4c33-b22d-ccbf9ffe491e'.
> ```

11. H2 데이터베이스에는 데이터베이스를 살펴보고 SQL 문을 실행할 수 있는 웹 기반 콘솔이 있다. 이 콘솔을 이용하려면 application.properties 파일에 다음 행을 추가해야 한다. 첫 번째 설정은 H2 콘솔을 활성화하며, 두 번째 설정은 H2 콘솔의 경로를 정의한다.

```
spring.h2.console.enabled=true
spring.h2.console.path=/h2-console
```

12. H2 콘솔을 이용하려면 웹 브라우저에서 localhost:8080/h2-console로 이동한다. Login 창에서 JDBC URL에 jdbc:h2:mem:testdb를 입력하고 Password 필드는 비워둔다. 다음 그림과 같이 Connect 버튼을 눌러 콘솔에 로그인한다.

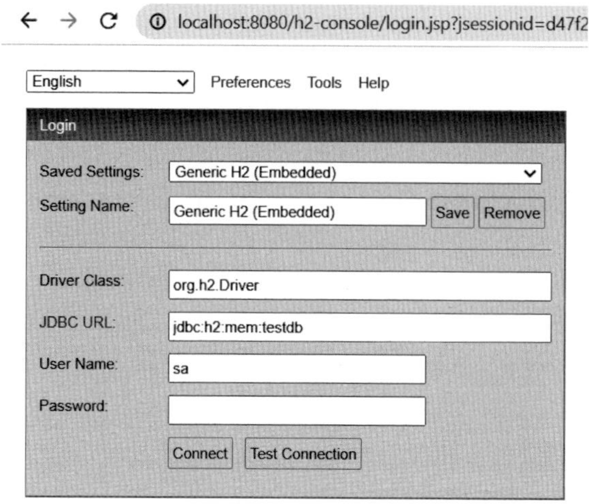

그림 3.5 H2 콘솔 로그인

이제 데이터베이스에서 CAR 테이블을 볼 수 있다. 등록 번호(REGISTER_NUMBER)의 단어 사이에 밑줄이 있는 이유는 특성을 카멜 표기법(registerNumber)으로 지정했기 때문이다.

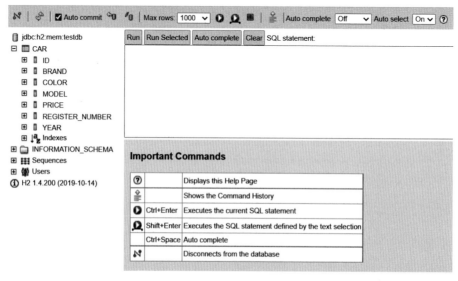

그림 3.6 H2 콘솔

지금까지 처음으로 엔티티 클래스를 만들고 JPA가 엔티티 클래스를 참조해 데이터베이스 테이블을 생성하는 방법을 알아봤다. 다음은 CRUD 작업을 수행하는 리포지터리 클래스를 만들어보자.

CRUD 리포지터리 만들기

스프링 부트 데이터 JPA에는 CRUD_{Create, Read, Update, Delete} 작업을 위한 CrudRepository 인터페이스가 있다. 이 인터페이스는 엔티티 클래스에 CRUD 기능을 제공한다.

다음과 같이 domain 패키지에 리포지터리를 만들어보자.

01. com.packt.cardatabase.domain 패키지에 CarRepository라는 새 클래스를 만들고 다음과 같이 파일 내용을 수정한다.

```
package com.packt.cardatabase.domain;

import org.springframework.data.repository.CrudRepository;

public interface CarRepository extends CrudRepository<Car, Long> {
}
```

CarRepository는 스프링 부트 JPA의 CrudRepository 인터페이스를 확장한다. <Car, Long> 형식의 인수는 이것이 Car 엔티티 클래스의 리포지터리이고 ID 필드의 형식이 Long임을 정의한다.

CrudRepository 인터페이스는 우리가 이용할 수 있는 여러 CRUD 메서드를 제공한다. 가장 자주 이용되는 메서드를 아래에 표로 정리했다.

메서드	설명
long count()	엔티티의 수를 반환
Iterable<T> findAll()	지정한 형식의 모든 항목을 반환
Optional<T> findById(ID Id)	지정한 ID의 한 항목을 반환
void delete(T entity)	엔티티 삭제
void deleteAll()	리포지터리의 모든 엔티티를 삭제
<S extends T> save(S entity)	엔티티를 저장
List<S> saveAll(Iterable<S> entities)	여러 엔티티를 저장

그림 3.7 CRUD 메서드

메서드가 한 항목만 반환할 때는 T 대신 Optional<T>를 반환한다. Optional 클래스는 자바 8 SE에 도입된 형식으로, 값을 포함하거나 포함하지 않는 단일 값 컨테이너다. 값이 있으면 isPresent() 메서드가 true를 반환하고, 없으면 false를 반환한다. 값이 있으면 get() 메서드로 값을 얻을 수 있다. Optional을 이용하면 null 포인터 예외를 방지할 수 있다.

02. CarRepository 클래스를 추가한 후의 프로젝트 구조는 다음 그림과 같다.

그림 3.8 프로젝트 구조

03. 다음은 H2 데이터베이스에 약간의 예제 데이터를 추가할 차례다. 이를 위해 스프링 부트 CommandLineRunner 인터페이스를 이용할 수 있다. CommandLineRunner 인터페이스를 이용하면 애플리케이션이 완전히 시작되기 전에 추가 코드를 실행할 수 있어 예제 데이터를 준비하기에 적합하다. 스프링 부트 애플리케이션의 main 클래스는 CommandLineRunner 인터페이스를 구현한다. 따라서 다음 CardatabaseApplication.java 코드에 나오는 것처럼 run 메서드를 구현해야 한다.

```
package com.packt.cardatabase;

import org.springframework.boot.CommandLineRunner;
import org.springframework.boot.SpringApplication;
import org.springframework.boot.autoconfigure.SpringBootApplication;


@SpringBootApplication
```

```
public class CardatabaseApplication implements CommandLineRunner {
    public static void main(String[] args) {
        SpringApplication.run(CardatabaseApplication.class, args);
    }

    @Override
    public void run(String... args) throws Exception {
        // 이곳에 코드를 추가
    }
}
```

04. 다음은 새로운 자동차 객체를 데이터베이스에 저장할 수 있도록 자동차 리포지터리를 main 클래스에 주입할 차례다. 의존성 주입을 활성화하는 데는 @Autowired 어노테이션을 이용한다. 그러면 의존성을 객체로 전달할 수 있게 된다. 또한 main 클래스에 로거를 추가한다.

```
package com.packt.cardatabase;

import org.slf4j.Logger;
import org.slf4j.LoggerFactory;
import org.springframework.beans.factory.annotation.Autowired;
import org.springframework.boot.CommandLineRunner;
import org.springframework.boot.SpringApplication;
import org.springframework.boot.autoconfigure.SpringBootApplication;

import com.packt.cardatabase.domain.Car;
import com.packt.cardatabase.domain.CarRepository;

@SpringBootApplication
public class CardatabaseApplication implements CommandLineRunner {
    private static final Logger logger =
        LoggerFactory.getLogger(CardatabaseApplication.class);

    @Autowired
    private CarRepository repository;

    public static void main(String[] args) {
        SpringApplication.run(CardatabaseApplication.class, args);
    }
```

```java
@Override
public void run(String... args) throws Exception {
    // 이곳에 코드를 추가
}
}
```

05. 리포지터리 클래스를 주입한 다음에는 run 메서드에서 CRUD 메서드를 이용할 수 있게 된다. 다음 예제 코드에서는 save 메서드로 여러 자동차 레코드를 데이터베이스에 추가한다. 또한 리포지터리의 findAll() 메서드로 데이터베이스에서 모든 자동차 레코드를 검색하고 로거를 통해 콘솔에 출력한다.

```java
// CardataseApplication.java의 run 메서드
@Override
public void run(String... args) throws Exception {
    repository.save(new Car("Ford", "Mustang", "Red", "ADF-1121", 2021, 59000));
    repository.save(new Car("Nissan", "Leaf", "White", "SSJ-3002", 2019, 29000));
    repository.save(new Car("Toyota", "Prius", "Silver", "KKO-0212", 2020, 39000));

    // 모든 자동차를 가져와 콘솔에 로깅
    for (Car car : repository.findAll()) {
        logger.info(car.getBrand() + " " + car.getModel());
    }
}
```

애플리케이션이 실행되면 이클립스 콘솔에서 실행된 insert 문과 저장된 자동차 레코드를 볼 수 있다.

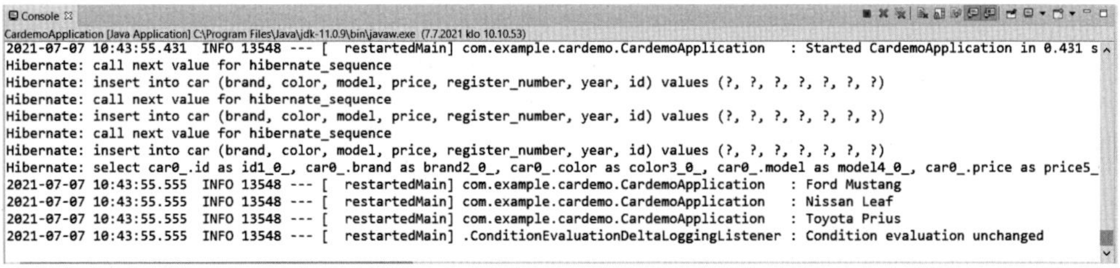

그림 3.9 insert 문과 자동차 레코드

이제 다음 그림에 나오는 것처럼 H2 콘솔로 데이터베이스에서 자동차 레코드를 검색할 수 있다.

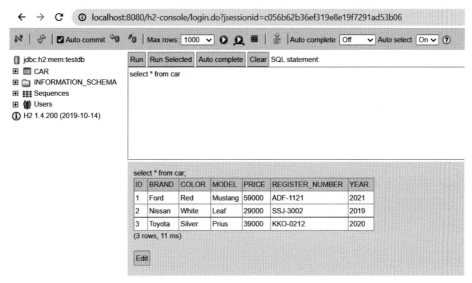

그림 3.10 H2 콘솔 - 자동차 검색

06. 스프링 데이터 리포지터리에 쿼리를 정의할 수 있다. 쿼리는 접두사(예: findBy)로 시작해야 하고, 그다음에는 쿼리에 이용할 엔티티 클래스 필드가 나와야 한다. 다음 예제 코드에는 세 가지 간단한 쿼리가 나온다.

```
package com.packt.cardatabase.domain;

import java.util.List;
import org.springframework.data.repository.CrudRepository;

public interface CarRepository extends CrudRepository<Car, Long> {
    // 브랜드로 자동차를 검색
    List<Car> findByBrand(String brand);

    // 색상으로 자동차를 검색
    List<Car> findByColor(String color);

    // 연도로 자동차를 검색
    List<Car> findByYear(int year);
}
```

By 키워드 다음에 And 및 Or 키워드를 붙여 여러 필드를 지정할 수 있다.

```
package com.packt.cardatabase.domain;

import java.util.List;
import org.springframework.data.repository.CrudRepository;

public interface CarRepository extends CrudRepository<Car, Long> {
    // 브랜드와 모델로 자동차를 검색
    List<Car> findByBrandAndModel(String brand, String model);

    // 브랜드나 색상으로 자동차를 검색
    List<Car> findByBrandOrColor(String brand, String color);
}
```

쿼리를 정렬하려면 쿼리 메서드에서 OrderBy 키워드를 이용한다.

```
package com.packt.cardatabase.domain;

import java.util.List;
import org.springframework.data.repository.CrudRepository;

public interface CarRepository extends CrudRepository<Car, Long> {
    // 브랜드로 자동차를 검색하고 연도로 정렬
    List<Car> findByBrandOrderByYearAsc(String brand);
}
```

07. @Query 어노테이션을 이용하면 SQL 문으로 쿼리를 만들 수도 있다. 다음 예제는 CrudRepository에서 SQL 쿼리를 이용하는 예를 보여준다.

```
package com.packt.cardatabase.domain;

import java.util.List;
import org.springframework.data.jpa.repository.Query;
import org.springframework.data.repository.CrudRepository;

public interface CarRepository extends CrudRepository<Car, Long> {
    // SQL 문을 이용해 브랜드로 자동차를 검색
    @Query("select c from Car c where c.brand = ?1")
    List<Car> findByBrand(String brand);
}
```

@Query 어노테이션에는 like 같은 고급 식을 지정할 수 있다. 다음 예제는 CrudRepository에서 like 쿼리를 이용하는 예를 보여준다.

```
package com.packt.cardatabase.domain;

import java.util.List;
import org.springframework.data.jpa.repository.Query;
import org.springframework.data.repository.CrudRepository;

public interface CarRepository extends CrudRepository<Car, Long> {
    // SQL 문을 이용해 브랜드로 자동차를 검색
    @Query("select c from Car c where c.brand like %?1")
    List<Car> findByBrandEndsWith(String brand);
}
```

스프링 데이터 JPA에는 CrudRepository를 확장하는 PagingAndSortingRepository도 있으며 이를 통해 페이지 매김과 정렬을 적용하고 엔티티를 검색하는 메서드를 제공한다. 이 경우 대규모 결과 집합에서 모든 데이터를 반환할 필요가 없기 때문에 대규모 데이터를 처리할 때 좋다. 또한 이용하기 편한 방식으로 데이터를 정렬할 수도 있다. CrudRepository를 만들 때와 비슷한 방법으로 PagingAndSortingRepository를 만들 수 있다.

```
package com.packt.cardatabase.domain;

import org.springframework.data.repository.PagingAndSortingRepository;

public interface CarRepository extends PagingAndSortingRepository<Car, Long> {
}
```

그러면 리포지터리가 제공하는 두 개의 추가 메서드를 이용할 수 있다.

메서드	설명
Iterable<T> findAll(Sort sort)	지정한 옵션으로 정렬된 모든 엔티티를 반환
Page<T> findAll(Pageable pageable)	지정한 페이지 매김 옵션으로 모든 엔티티를 반환

그림 3.11 PagingAndSortingRepository의 메서드

이제 첫 번째 데이터베이스 테이블을 완성했고 다음으로 데이터베이스 테이블 간의 관계를 추가할 차례다.

테이블 간의 관계 추가

다음으로 car 테이블과 일대다 관계에 있는 owner라는 새 테이블을 추가해보자. 여기서 일대다 관계라는 것은 소유자$_{owner}$ 한 명이 자동차$_{car}$ 여러 대를 가질 수 있지만, 한 자동차의 소유자는 한 명이라는 뜻이다. 다음 UML$_{Unified\ Modeling\ Language}$ 다이어그램은 테이블 간의 관계를 보여준다.

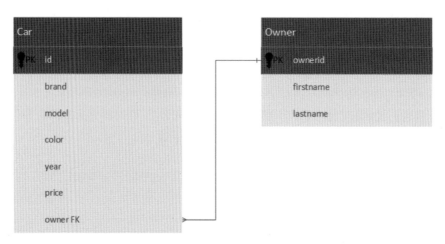

그림 3.12 일대다 관계

다음은 새 테이블을 만드는 과정이다.

01. 먼저 com.packt.cardatabase.domain 패키지에 Owner 엔티티와 리포지터리를 만들어야 한다. Owner 엔티티와 리포지터리를 만드는 방법은 Car 클래스를 만드는 방법과 비슷하다.

다음은 Owner 엔티티 클래스의 코드다.

```
// Owner.java
package com.packt.cardatabase.domain;

import javax.persistence.Entity;
import javax.persistence.GeneratedValue;
import javax.persistence.GenerationType;
import javax.persistence.Id;
```

```java
@Entity
public class Owner {
    @Id
    @GeneratedValue(strategy=GenerationType.AUTO)
    private long ownerid;
    private String firstname, lastname;

    public Owner() {}

    public Owner(String firstname, String lastname) {
        super();
        this.firstname = firstname;
        this.lastname = lastname;
    }

    public long getOwnerid() {
        return ownerid;
    }

    public void setOwnerid(long ownerid) {
        this.ownerid = ownerid;
    }

    public String getFirstname() {
        return firstname;
    }

    public void setFirstname(String firstname) {
        this.firstname = firstname;
    }

    public String getLastname() {
        return lastname;
    }

    public void setLastname(String lastname) {
        this.lastname = lastname;
    }
}
```

다음은 OwnerRepository 리포지터리의 소스코드다.

```java
// OwnerRepository.java
package com.packt.cardatabase.domain;

import org.springframework.data.repository.CrudRepository;

public interface OwnerRepository extends CrudRepository<Owner, Long> {
}
```

02. 이제 모든 사항이 작동하는지 확인할 차례다. 프로젝트를 실행한 후 두 데이터베이스 테이블이 생성되고 콘솔에 오류가 없는지 확인한다. 다음 그림은 테이블이 생성될 때의 콘솔 메시지다.

```
🔲 Markers 🔲 Properties 🔲 Servers 🔲 Data Source Explorer 🔲 Snippets 🔲 Console 🔲                                                      ■ ✕ 🔲 🔲 🔲 🔲 🔲 🔲 🔲 🔲 🔲 🔲
CardatabaseApplication [Java Application] C:\Program Files\Java\jdk-11.0.9\bin\javaw.exe (5.7.2021 klo 12.25.53)
2021-07-05 12:25:57.002  INFO 13060 --- [ restartedMain] org.hibernate.dialect.Dialect            : HHH000400: Using dialect: org.hiberna
Hibernate: drop table if exists car CASCADE
Hibernate: drop table if exists owner CASCADE
Hibernate: drop sequence if exists hibernate_sequence
Hibernate: create sequence hibernate_sequence start with 1 increment by 1
Hibernate: create table car (id bigint not null, brand varchar(255), color varchar(255), model varchar(255), price integer not null, regis
Hibernate: create table owner (ownerid bigint not null, firstname varchar(255), lastname varchar(255), primary key (ownerid))
2021-07-05 12:25:57.586  INFO 13060 --- [ restartedMain] o.h.e.t.j.p.i.JtaPlatformInitiator       : HHH000490: Using JtaPlatform implemen
2021-07-05 12:25:57.593  INFO 13060 --- [ restartedMain] j.LocalContainerEntityManagerFactoryBean : Initialized JPA EntityManagerFactory
```

그림 3.13 car 및 owner 테이블

이제 도메인 패키지에는 각각 2개의 엔티티 클래스와 리포지터리가 있다.

그림 3.14 프로젝트 탐색기

03. 일대다 관계를 추가하려면 @ManyToOne 및 @OneToMany 어노테이션을 이용한다. 기본 키가 있는 Car 엔티티 클래스에서는 @ManyToOne 어노테이션으로 관계를 정의해야 한다. 소유자 필드에 대한 getter와 setter도 추가해야 한다. 모든 연관관계에는 FetchType.LAZY를 이용하는 것이 좋다. 대다(toMany) 관계에는 FetchType.LAZY가 기본값이므로 정의할 필요가 없지만 대일(toOne) 관계에는 정의해야 한다. FetchType은 데이터베이스에서 데이터를 검색하는 전략을 정의한다. 지정 가능한 값은 즉시 검색을 의미하는 EAGER 또는 지연 검색을 의미하는 LAZY일 수 있다. 예제의 경우 지연 검색은 데이터베이스에서 소유자를 검색하면 필요할 때에 해당 소유자와 연관된 모든 자동차를 검색한다는 뜻이다. 반면 즉시 검색은 해당 소유자의 모든 자동차를 즉시 검색한다. 다음 소스코드는 Car 클래스에서 일대다 관계를 정의하는 방법을 보여준다.

```java
// Car.java
@ManyToOne(fetch=FetchType.LAZY)
@JoinColumn(name="owner")
private Owner owner;

// getter 및 setter
public Owner getOwner() {
    return owner;
}

public void setOwner(Owner owner) {
    this.owner = owner;
}
```

04. Owner 엔티티 클래스에서는 @OneToMany 어노테이션으로 관계를 정의한다. 소유자는 자동차 여러 대를 가질 수 있으므로 필드의 형식은 List<Car>이다. 이제 다음과 같이 getter 및 setter를 추가할 수 있다.

```java
// Owner.java
@OneToMany(cascade=CascadeType.ALL, mappedBy="owner")
private List<Car> cars;

public List<Car> getCars() {
    return cars;
}

public void setCars(List<Car> cars) {
    this.cars = cars;
}
```

@OneToMany 어노테이션에는 두 개의 특성이 있다. cascade 특성은 삭제 또는 업데이트 시 연속 효과가 적용되는 방법을 지정한다. 이 특성을 ALL로 설정하면 모든 작업이 연속 적용된다. 예를 들어, 소유자를 삭제하면 그 소유자와 연결된 모든 자동차도 함께 삭제된다. mappedBy="owner" 특성 설정은 Car 클래스에 있는 owner 필드가 이 관계의 기본 키임을 지정한다.

프로젝트를 실행하고 콘솔을 보면 Car와 Owner 클래스 사이에 관계가 생성된 것을 알 수 있다.

```
Markers  Properties  Servers  Data Source Explorer  Snippets  Console
CardatabaseApplication [Java Application] C:\Program Files\Java\jdk-11.0.9\bin\javaw.exe (5.7.2021 오후 12.25.53)
2021-07-05 12:53:53.779  INFO 13060 --- [  restartedMain] org.hibernate.dialect.Dialect           : HHH000400: Using dialect: org.hiberna
Hibernate: drop table if exists car CASCADE
Hibernate: drop table if exists owner CASCADE
Hibernate: drop sequence if exists hibernate_sequence
Hibernate: create sequence hibernate_sequence start with 1 increment by 1
Hibernate: create table car (id bigint not null, brand varchar(255), color varchar(255), model varchar(255), price integer not null, regis
Hibernate: create table owner (ownerid bigint not null, firstname varchar(255), lastname varchar(255), primary key (ownerid))
Hibernate: alter table car add constraint FK2mqqwvxtowv4vddvtsmvtiqa2 foreign key (owner) references owner
2021-07-05 12:53:53.815  INFO 13060 --- [  restartedMain] o.h.e.t.j.p.i.JtaPlatformInitializer      : HHH000490: Using JtaPlatform implemen
```

그림 3.15 콘솔

05. 이제 CommandLineRunner로 데이터베이스에 여러 소유자를 추가할 수 있다. Car 엔티티 클래스 생성자도 수정하고 여기에 owner 객체를 추가해보자.

```
// Car.java 생성자
public Car(String brand, String model, String color,
           String registerNumber, int year, int price, Owner owner) {
    super();
    this.brand = brand;
    this.model = model;
    this.color = color;
    this.registerNumber = registerNumber;
    this.year = year;
    this.price = price;
    this.owner = owner;
}
```

06. 먼저 소유자 객체를 2개 만들고 여러 엔티티를 저장하는 리포지터리의 saveAll 메서드로 데이터베이스에 저장한다. 소유자를 저장하려면 메인 클래스에 OwnerRepository를 주입해야 한다. 그런 다음 Car 생성자로 소유자를 자동차에 연결해야 한다. 먼저 CardatabaseApplication 클래스를 수정해서 다음과 같은 import 문을 추가한다.

```
// CardatabaseApplication.java
import com.packt.cardatabase.domain.Owner;
import com.packt.cardatabase.domain.OwnerRepository;
```

이제 CardatabaseApplication 클래스에 OwnerRepository를 주입한다.

```
@Autowired
private OwnerRepository orepository;
```

이제 소유자를 저장하고 소유자와 자동차를 연결하도록 run 메서드를 수정해야 한다.

```java
@Override
public void run(String... args) throws Exception {
    // 소유자 객체를 추가하고 데이터베이스에 저장
    Owner owner1 = new Owner("John", "Johnson");
    Owner owner2 = new Owner("Mary", "Robinson");
    orepository.saveAll(Arrays.asList(owner1, owner2));

    // 자동차 객체를 추가하고 소유자와 연결한 후 데이터베이스에 저장
    Car car1 = new Car("Ford", "Mustang", "Red",
        "ADF-1121", 2021, 59000, owner1);
    Car car2 = new Car("Nissan", "Leaf", "White",
        "SSJ-3002", 2019, 29000, owner2);
    Car car3 = new Car("Toyota", "Prius", "Silver",
        "KKO-0212", 2020, 39000, owner2);
    repository.saveAll(Arrays.asList(car1, car2, car3));

    for (Car car : repository.findAll()) {
        logger.info(car.getBrand() + " " + car.getModel());
    }
}
```

이제 애플리케이션을 실행하고 데이터베이스에서 자동차를 검색하면 자동차와 소유자가 연결된 것을 볼 수 있다.

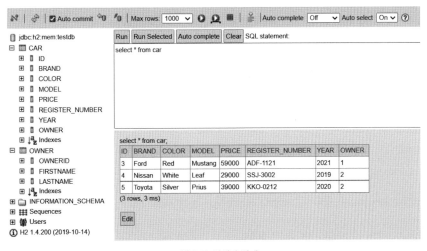

그림 3.16 일대다 관계

이 사례를 다대다 관계로 바꾸면 한 소유자가 자동차를 여러 대 가질 수 있고, 한 자동차의 소유자가 여러 사람일 수 있다. 이를 위해서는 @ManyToMany 어노테이션을 이용해야 한다. 이 예제 애플리케이션에서는 일대다 관계를 이용한다. 이번 장에서 작성한 코드는 다음 장을 진행하는 데 필요하다.

다음으로 다대다 관계로 바꾸는 방법을 알아보자. 다대다 관계에서는 하이버네이트로 List 대신 Set을 이용하는 것이 좋다.

01. Car 엔티티 클래스의 다대다 관계에서는 다음과 같이 getter 및 setter를 정의한다.

```java
// Car.java
@ManyToMany(mappedBy="cars")
private Set<Owner> owners = new HashSet<Owner>();

public Set<Owner> getOwners() {
    return owners;
}

public void setOwners(Set<Owner> owners) {
    this.owners = owners;
}
```

02. Owner 엔티티 클래스의 다대다 관계는 다음과 같이 정의한다.

```java
// Owner.java
@ManyToMany(cascade=CascadeType.PERSIST)
@JoinTable(name="car_owner",
    joinColumns = { @JoinColumn(name="ownerid") },
    inverseJoinColumns = { @JoinColumn(name="`id`") })
private Set<Car> cars = new HashSet<Car>();

public Set<Car> getCars() {
    return cars;
}

public void setCars(Set<Car> cars) {
    this.cars = cars;
}
```

03. 이제 애플리케이션을 실행하면 car 테이블과 owner 테이블 사이에 car_owner라는 새 조인 테이블이 생성된다. 조인 테이블은 두 테이블 간의 다대다 관계를 관리하기 위한 특별한 종류의 테이블이다. 조인 테이블은 @JoinTable 어노 테이션으로 정의한다. 이 어노테이션으로 조인 테이블과 조인 열의 이름을 설정할 수 있다. 다음 그림은 다대다 관계 를 이용할 때의 데이터베이스 구조를 보여준다.

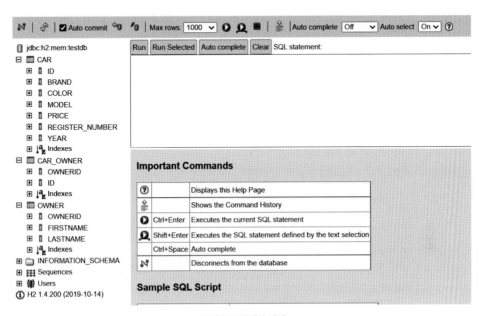

그림 3.17 다대다 관계

데이터베이스 UML 다이어그램은 다음과 같다.

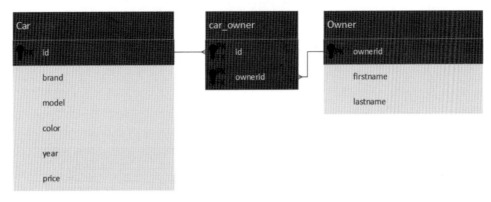

그림 3.18 다대다 관계

지금까지는 인메모리 H2 데이터베이스를 이용했다. 다음은 H2 데이터베이스 대신 MariaDB 데이터베이스를 이용하는 방법을 알아보자.

MariaDB 데이터베이스 설정

이제 H2에서 MariaDB로 데이터베이스를 전환해보자. 이번에도 데이터베이스 테이블은 JPA가 자동으로 생성하지만 데이터베이스는 애플리케이션을 실행하기 전에 먼저 만들어야 한다. 이번 절에서는 이전의 예제와 마찬가지로 일대다 관계를 이용한다.

데이터베이스는 HeidiSQL로 만들 수 있다. HeidiSQL을 열고 다음 단계를 수행한다.

01. 데이터베이스 목록을 마우스 오른쪽 버튼으로 클릭한다.

02. Create new | Database를 선택한다.

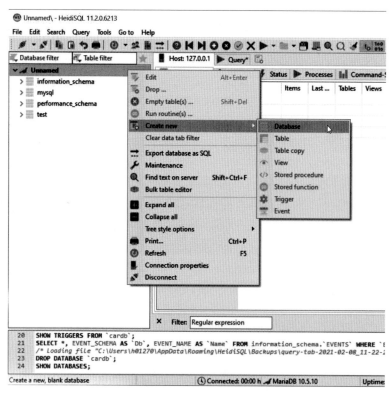

그림 3.19 Create new – Database

03. 데이터베이스 이름은 cardb로 지정한다. Ok를 클릭하면 데이터베이스 목록에서 새 cardb 데이터베이스를 볼 수 있다.

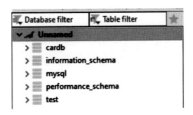

그림 3.20 cardb 데이터베이스

> **참고**
>
> MariaDB 데이터베이스의 기본 인코딩 형식은 `latin1_swedish_ci`로 지정되어 있다. 데이터베이스가 한글 입력을 지원하게 하려면 HeidiSQL의 Alter database…(데이터베이스 변경…) 화면에서 인코딩 조합을 다음과 같이 `utf8mb4_unicode_ci`로 선택한다.
>
>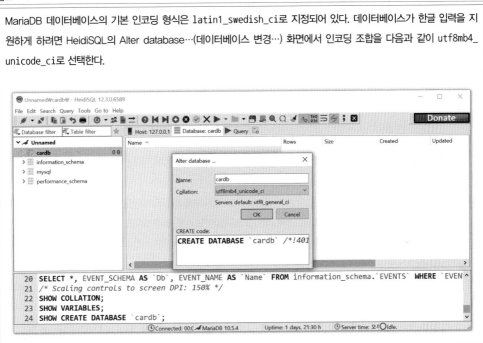

04. 스프링 부트에서 `pom.xml` 파일에 MariaDB 자바 클라이언트 의존성을 추가하고 더는 이용되지 않는 H2 의존성은 제거한다.

```
<dependency>
    <groupId>org.mariadb.jdbc</groupId>
    <artifactId>mariadb-java-client</artifactId>
</dependency>
```

05. `application.properties` 파일에는 데이터베이스 연결을 정의해야 한다. 먼저 데이터베이스 URL, 사용자 이름, 암호 (1장 '환경과 툴 설정 – 백엔드'에서 정의), 그리고 데이터베이스 드라이버 클래스를 정의해야 한다.

```
spring.datasource.url=jdbc:mariadb://localhost:3306/cardb
spring.datasource.username=root
spring.datasource.password=YOUR_PASSWORD
spring.datasource.driver-class-name=org.mariadb.jdbc.Driver
```

06. 다음에 나오는 `spring.jpa.generate-ddl` 설정은 JPA가 데이터베이스를 초기화해야 하는지(`true/false`)를 정의한다. `spring.jpa.hibernate.ddl-auto` 설정은 데이터베이스 초기화의 동작을 정의한다. 가능한 값은 `none`, `validate`, `update`, `create`, `create-drop`이다. 기본값은 데이터베이스에 따라 다르다. H2 같은 임베디드 데이터베이스를 이용하는 경우 기본값은 `create-drop`이고 그렇지 않으면 기본값은 `none`이다. `create-drop`은 애플리케이션이 시작될 때 데이터베이스가 생성되고 중지될 때 삭제된다는 뜻이다. `create`는 애플리케이션이 시작할 때 데이터베이스를 생성하기만 한다. `update`는 데이터베이스를 생성하고 스키마가 변경되면 업데이트한다.

```
spring.datasource.url=jdbc:mariadb://localhost:3306/cardb
spring.datasource.username=root
spring.datasource.password=YOUR_PASSWORD
spring.datasource.driver-class-name=org.mariadb.jdbc.Driver
spring.jpa.generate-ddl=true
spring.jpa.hibernate.ddl-auto=create-drop
```

07. MariaDB 데이터베이스 서버가 실행 중인지 확인하고 스프링 부트 애플리케이션을 실행한다. 애플리케이션을 실행하면 MariaDB에서 테이블을 볼 수 있다. 먼저 HeidiSQL에서 F5 키를 눌러 데이터베이스 트리를 새로 고쳐야 할 수 있다. 다음 그림은 데이터베이스를 생성한 후의 HeidiSQL 사용자 인터페이스를 보여준다. 다음 그림에 나오는 것처럼 HeidiSQL에서 SQL 쿼리를 실행할 수도 있다.

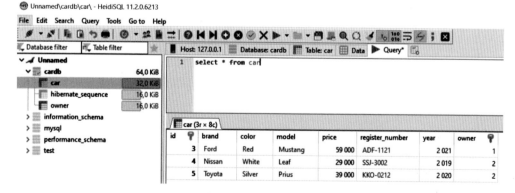

그림 3.21 MariaDB cardb

이제 애플리케이션에서 MariaDB를 이용할 준비가 끝났다.

요약

이번 장에서는 JPA를 이용해 스프링 부트 애플리케이션 데이터베이스를 만들었다. 우선 데이터베이스 테이블에 매핑되는 엔티티 클래스를 작성했다. 그런 다음 엔티티 클래스를 위해 CRUD 기능을 제공하는 CrudRepository를 작성했다. 그리고 CommandLineRunner를 이용해 데이터베이스에 약간의 데모 데이터를 추가했다. 또한 두 엔티티 간에 일대다 관계를 설정했다. 이번 장 앞부분에서는 H2 인메모리 데이터베이스를 이용했지만 나중에 MariaDB로 전환했다.

다음 장에서는 백엔드를 위한 RESTful 웹 서비스를 만든다. RESTful 웹 서비스를 테스트하기 위해 curl 명령줄 툴을 이용하는 방법과 포스트맨Postman GUI를 이용하는 방법을 알아본다.

문제

이번 장에서 배운 내용에 관한 다음 질문에 답해보자.

1. ORM, JPA, 하이버네이트란 무엇인가?
2. 엔티티 클래스는 어떻게 만들어야 하는가?
3. CrudRepository는 어떻게 만들어야 하는가?
4. CrudRepository는 애플리케이션에 무엇을 제공하는가?
5. 테이블 간에 일대다 관계를 만들려면 어떻게 해야 하는가?
6. 스프링 부트로 데이터베이스에 데모 데이터를 추가하려면 어떻게 해야 하는가?
7. H2 콘솔은 어떻게 이용할 수 있는가?
8. 스프링 부트 애플리케이션을 MariaDB에 연결하려면 어떻게 해야 하는가?

04

스프링 부트로
RESTful 웹 서비스 만들기

이번 장에서는 컨트롤러 클래스를 이용해 **RESTful 웹 서비스**를 만든다. 그런 다음 **스프링 데이터 REST**를 이용해 모든 CRUD 기능을 자동으로 제공하는 RESTful 웹 서비스를 만드는 방법을 알아본다. 애플리케이션을 위한 RESTful API를 만든 다음에는 리액트 같은 자바스크립트 라이브러리로 프런트엔드를 구현할 수 있다. 이전 장에서 작성한 데이터베이스 애플리케이션을 이용하는 것으로 이번 장을 시작하겠다.

웹 서비스는 인터넷을 통해 HTTP 프로토콜로 통신하는 애플리케이션이다. 웹 서비스 아키텍처에는 여러 다른 유형이 있지만 모든 웹 서비스 설계의 주요 개념은 비슷하다. 이 책은 현재 널리 사용되는 설계로 RESTful 웹 서비스를 만드는 과정을 다룬다.

이번 장에서 다룰 주제는 다음과 같다.

- RESTful 웹 서비스 기초
- 스프링 부트로 RESTful 웹 서비스 만들기
- 스프링 데이터 REST 이용하기

기술 요구 사항

이전 장에서 작성한 스프링 부트 애플리케이션이 필요하다. 또한 다양한 HTTP 방식으로 데이터를 전송하기 위해 포스트맨이나 cURL 같은 툴이 필요하다.

이번 장의 깃허브 저장소는 `https://github.com/wikibook/springboot-react/tree/main/Chapter04`다.

이번 장의 실습 영상은 `https://youtu.be/XMzkMP_DZR4`에서 볼 수 있다.

REST 기초

REST_{Representational State Transfer}는 웹 서비스를 제작하기 위한 아키텍처 스타일이다. REST는 표준은 아니지만 로이 필딩_{Roy Fielding}이 제시한 제약 조건의 집합을 포함한다. REST의 6가지 제약 조건은 다음과 같다.

- **상태 비저장**: 서버는 클라이언트 상태에 관한 어떤 정보도 저장하지 않는다.

- **클라이언트-서버의 역할 구분**: 클라이언트와 서버는 독립적으로 작동한다. 서버는 클라이언트의 요청 없이는 어떤 정보도 보내지 않는다.

- **캐시 가능**: 웹 서비스는 이용하는 여러 클라이언트가 같은 리소스를 요청할 때가 많다. 따라서 응답을 캐시하는 기능이 있으면 성능 향상에 유리하다.

- **균일한 인터페이스**: 클라이언트는 달라도 보내는 요청은 비슷해야 한다. 클라이언트의 예로는 브라우저, 자바 애플리케이션, 모바일 애플리케이션이 있다.

- **계층형 시스템**: REST는 계층형 시스템 아키텍처를 이용할 수 있게 해준다.

- **주문형 코드**: 이는 선택적인 제약 조건이다.

균일한 인터페이스는 중요한 제약 조건이며 모든 REST 아키텍처가 다음 요소를 가져야 한다는 뜻이다.

- **리소스 ID**: 고유 식별자를 가진 리소스가 있다(예: 웹 기반 REST 서비스의 URI). REST 리소스는 이해하기 쉬운 디렉터리 구조 URI를 노출해야 한다. 따라서 체계적인 리소스 명명 전략이 아주 중요하다.

- **표현을 통한 리소스 조작**: 리소스를 요청할 때 서버는 리소스의 표현으로 응답한다. 일반적인 표현 형식으로 JSON이나 XML이 있다.

- **자체 설명적인 메시지**: 메시지에는 서버가 처리하는 방법을 알 수 있을 만큼 충분한 정보가 있어야 한다.

- HATEOAS_{Hypermedia as the Engine of Application State}: 응답은 서비스의 다른 영역에 대한 링크를 포함할 수 있다.

다음 절에서 개발할 RESTful 웹 서비스는 위의 REST 아키텍처 원칙을 따른다.

RESTful 웹 서비스 만들기

스프링 부트에서 모든 HTTP 요청은 컨트롤러 클래스로 처리된다. RESTful 웹 서비스를 만들려면 먼저 컨트롤러 클래스를 만들어야 한다. 먼저 컨트롤러를 위한 자바 패키지를 만들어보자.

01. 이클립스 프로젝트 탐색기에서 루트 패키지를 선택하고 마우스 오른쪽 버튼으로 클릭한다. 메뉴에서 **New | Package**를 선택한다. 새 패키지의 이름을 `com.packt.cardatabase.web`으로 지정한다.

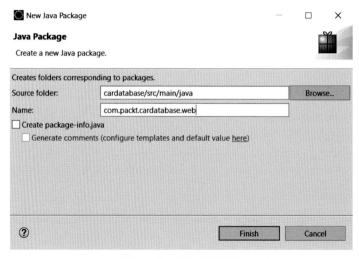

그림 4.1 새 자바 패키지 만들기

02. 다음으로 새 web 패키지에 컨트롤러 클래스를 만든다. 이클립스 프로젝트 탐색기에서 `com.packt.cardatabase. web` 패키지를 선택한 후 마우스 오른쪽 버튼으로 클릭하고 메뉴에서 **New | Class**를 선택한다. 클래스의 이름을 `CarController`로 지정한다.

그림 4.2 새 자바 클래스 만들기

03. 이제 프로젝트 구조가 다음 그림과 같을 것이다.

그림 4.3 프로젝트 구조

참고

실수로 다른 패키지에 클래스를 만들었다면 이클립스 프로젝트 탐색기에서 파일을 다른 패키지로 드래그 앤드 드롭할 수 있다. 이클립스 프로젝트 탐색기는 종종 변경 사항을 제대로 표시하지 않는 경우가 있다. 이 경우 프로젝트 탐색기를 새로 고침하면 된다(프로젝트 탐색기를 선택하고 F5를 누름).

04. 편집기 창에서 컨트롤러 클래스를 열고 클래스 정의 앞에 @RestController 어노테이션을 지정한다. 다음 소스코드를 참고하자. @RestController 어노테이션은 이 클래스가 RESTful 웹 서비스의 컨트롤러가 되도록 지정한다.

```
package com.packt.cardatabase.web;

import org.springframework.web.bind.annotation.RestController;

@RestController
public class CarController {
}
```

05. 다음으로 컨트롤러 클래스에 새 메서드를 추가하고 @RequestMapping 어노테이션을 지정한다. 이 어노테이션은 메서드가 매핑되는 엔드포인트를 정의한다. 다음 코드는 이러한 메서드의 예다. 이 예제에서는 사용자가 /cars 엔드포인트로 이동하면 getCars() 메서드가 실행된다.

```
package com.packt.cardatabase.web;

import org.springframework.web.bind.annotation.RequestMapping;
import org.springframework.web.bind.annotation.RestController;

@RestController
public class CarController {
    @RequestMapping("/cars")
    public Iterable<Car> getCars() {
        // 자동차를 검색하고 반환
    }
}
```

이 예제에서 getCars() 메서드는 모든 자동차 객체를 반환하며, 이는 **Jackson** 라이브러리(https://github.com/FasterXML/jackson)에 의해 JSON 객체로 마샬링된다.

기본적으로 @RequestMapping은 모든 HTTP 방식의 요청(GET, PUT, POST 등)을 처리한다. 허용할 HTTP 방식을 지정하려면 @RequestMapping(value="/cars", method=GET) 형식을 이용하면 된다. 이 경우 메서드는 /cars 엔드포인

트에서 GET 요청만 처리한다. 또는 @GetMapping 어노테이션을 이용하면 GET 요청만 getCars() 메서드로 매핑된다. 이처럼 각기 다른 HTTP 방식을 위한 @PostMapping, @DeleteMapping 등의 어노테이션이 있다.

06. 데이터베이스에서 자동차를 반환할 수 있게 하려면 CarRepository를 컨트롤러에 주입해야 한다. 그러면 리포지터리가 제공하는 findAll() 메서드로 모든 자동차를 검색할 수 있다. @RestController 어노테이션 덕분에 데이터는 응답에 JSON 형식으로 직렬화된다. 다음 소스코드는 컨트롤러 클래스를 보여준다.

```java
package com.packt.cardatabase.web;

import org.springframework.beans.factory.annotation.Autowired;
import org.springframework.web.bind.annotation.RequestMapping;
import org.springframework.web.bind.annotation.RestController;

import com.packt.cardatabase.domain.Car;
import com.packt.cardatabase.domain.CarRepository;

@RestController
public class CarController {
    @Autowired
    private CarRepository repository;

    @RequestMapping("/cars")
    public Iterable<Car> getCars() {
        return repository.findAll();
    }
}
```

07. 이제 애플리케이션을 실행하고 localhost:8080/cars로 이동해볼 수 있다. 하지만 무엇인가 문제가 생겨 애플리케이션이 무한 루프에 빠진 것처럼 보일 것이다. car 테이블과 owner 테이블 간의 일대다 관계 때문이다. 실제로 무슨 일이 생긴 걸까? 먼저 자동차가 직렬화되면 연결된 소유자가 직렬화되고 이어서 그가 소유한 자동차가 다시 직렬화되는 식이다. 이를 해결하려면 다른 해결책을 찾아야 한다. 한 가지 방법은 Owner 클래스의 cars 필드에 @JsonIgnore 어노테이션을 지정해서 직렬화 프로세스 중에 cars 필드를 무시하게 하는 것이다. 이 경우 하이버네이트가 생성한 필드를 무시하도록 @JsonIgnoreProperties 어노테이션을 함께 이용한다.

```java
// Owner.java
import com.fasterxml.jackson.annotation.JsonIgnore;
import com.fasterxml.jackson.annotation.JsonIgnoreProperties;

@Entity
@JsonIgnoreProperties({"hibernateLazyInitializer", "handler"})
```

```java
public class Owner {
    @Id
    @GeneratedValue(strategy=GenerationType.AUTO)
    private long ownerid;
    private String firstname, lastname;

    public Owner() {}

    public Owner(String firstname, String lastname) {
        super();
        this.firstname = firstname;
        this.lastname = lastname;
    }

    @JsonIgnore
    @OneToMany(cascade=CascadeType.ALL, mappedBy="owner")
    private List<Car> cars;
```

08. 이제 애플리케이션을 실행하고 `localhost:8080/cars`로 이동해보면 모든 것이 예상대로 작동하고 다음 그림과 같이 데이터베이스에서 검색된 자동차가 JSON 형식으로 표시되는 것을 볼 수 있다.

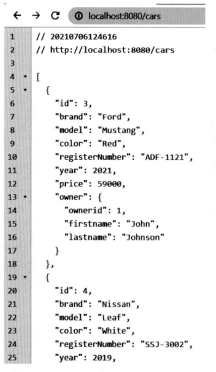

그림 4.4 http://localhost:8080/cars에 대한 GET 요청

참고

> 브라우저에 따라 그림과 다른 결과가 표시될 수 있다. 이 책에서는 크롬 브라우저에서 JSON 출력 결과를 보기 쉽게 만들어주는 JSON Viewer 확장(https://bit.ly/chromejsonviewer)을 이용했다. JSON Viewer는 크롬 웹 스토어에서 무료로 다운로드할 수 있다.

이것으로 모든 자동차의 데이터를 반환하는 첫 번째 RESTful 웹 서비스를 작성했다. 스프링 부트에는 RESTful 웹 서비스를 작성하는 훨씬 더 강력한 기능이 있다. 이에 관해 알아보자.

스프링 데이터 REST 이용하기

스프링 데이터 REST(Spring Data REST, https://spring.io/projects/spring-data-rest)는 스프링 데이터 프로젝트의 일부이며, 스프링으로 쉽고 빠르게 RESTful 웹 서비스를 구현할 수 있게 해준다. 스프링 데이터 REST를 이용하려면 pom.xml 파일에 다음 의존성을 추가해야 한다.

```xml
<dependency>
    <groupId>org.springframework.boot</groupId>
    <artifactId>spring-boot-starter-data-rest</artifactId>
</dependency>
```

스프링 데이터 REST는 기본적으로 애플리케이션에서 모든 공용 리포지터리를 찾고 엔티티를 위한 RESTful 웹 서비스를 자동으로 생성한다. 이 책의 예제에는 CarRepository와 OwnerRepository의 두 리포지터리가 있으며 스프링 데이터 REST가 이러한 두 리포지터리를 위한 RESTful 웹 서비스를 자동으로 생성해준다.

application.properties 파일에서 다음과 같이 서비스의 엔드포인트를 정의할 수 있다.

```
spring.data.rest.basePath=/api
```

그러면 localhost:8080/api 엔드포인트에서 RESTful 웹 서비스에 접근할 수 있다. 서비스의 루트 엔드포인트를 호출하면 제공되는 리소스가 반환된다. 스프링 데이터 REST는 JSON 데이터를 **HAL**_{Hypertext Application Language} 형식으로 반환한다. HAL 형식은 하이퍼링크를 JSON으로 표현하는 일련의 규칙을 정의해서 프런트엔드 개발자가 RESTful 웹 서비스를 더 쉽게 사용할 수 있게 해준다.

그림 4.5 스프링 부트 데이터 REST가 제공하는 리소스

그림과 같이 자동차와 소유자 엔티티 서비스에 대한 링크가 생긴다. 스프링 데이터 REST 서비스 경로 이름은 엔티티 클래스 이름에서 파생되고 복수형으로 바뀐 후 소문자로 변경된다. 예를 들어, Car 엔티티의 서비스 경로 이름은 cars가 된다. profile 링크는 스프링 데이터 REST가 생성한 것이며, 애플리케이션별 메타데이터를 포함한다. 다른 경로 이름을 이용하려면 다음 예제와 같이 리포지터리 클래스에 @RepositoryRestResource 어노테이션을 지정한다.

```
package com.packt.cardatabase.domain;

import org.springframework.data.repository.CrudRepository;
import org.springframework.data.rest.core.annotation.RepositoryRestResource;

@RepositoryRestResource(path="vehicles")
public interface CarRepository extends CrudRepository<Car, Long> {
}
```

이제 localhost:8080/api 엔드포인트를 호출해보면 엔드포인트 경로가 /cars에서 /vehicles로 바뀐 것을 알 수 있다.

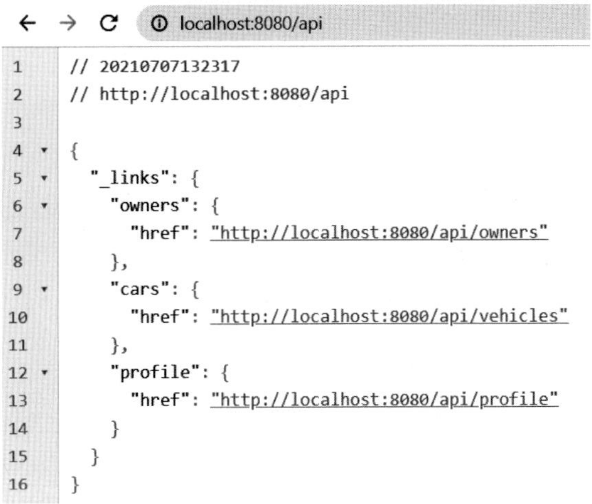

그림 4.6 스프링 부트 데이터 REST가 제공하는 리소스

여기서는 기본 엔드포인트 이름인 /cars를 계속 이용할 것이다.

이제부터 다른 서비스를 더 자세히 살펴보자. RESTful 웹 서비스를 테스트하고 소비하기 위한 여러 가지 툴이 있다. 이 책에서는 **포스트맨**(https://www.postman.com/downloads/)이라는 데스크톱 앱을 이용하지만 **cURL** 등의 다른 익숙한 툴이 있으면 다른 툴을 이용해도 된다. 포스트맨은 데스크톱 앱이나 브라우저 플러그인으로 이용할 수 있다. cURL도 윈도우 우분투 Bash를 통해 윈도우 10에서 이용할 수 있다.

/cars 엔드포인트(http://localhost:8080/api/cars)를 GET 방식(GET 요청의 경우 웹 브라우저를 이용할 수 있음)으로 요청하면 다음 그림과 같이 모든 자동차의 목록이 반환된다.

localhost:8080/api/cars

```
// 20210706130838
// http://localhost:8080/api/cars

{
  "_embedded": {
    "cars": [
      {
        "brand": "Ford",
        "model": "Mustang",
        "color": "Red",
        "registerNumber": "ADF-1121",
        "year": 2021,
        "price": 59000,
        "_links": {
          "self": {
            "href": "http://localhost:8080/api/cars/3"
          },
          "car": {
            "href": "http://localhost:8080/api/cars/3"
          },
          "owner": {
            "href": "http://localhost:8080/api/cars/3/owner"
          }
        }
      },
      {
        "brand": "Nissan",
        "model": "Leaf",
        "color": "White",
```

그림 4.7 자동차 검색

JSON 응답을 보면 자동차의 배열이 있고 각 자동차에 자동차별 데이터가 포함된 것을 볼 수 있다. 모든 자동차에는 링크 모음인 `_links` 특성이 있고 이 링크로 자동차 자체에 접근하거나 자동차 소유자를 얻을 수 있다. 특정 자동차에 접근하는 엔드포인트는 `http://localhost:8080/api/cars/{id}`다.

`http://localhost:8080/api/cars/3/owner`에 `GET` 요청을 하면 `id`가 3인 자동차의 소유자가 반환된다. 이 경우 응답에는 소유자 데이터, 소유자에 대한 링크, 소유자의 다른 자동차에 대한 링크가 포함된다.

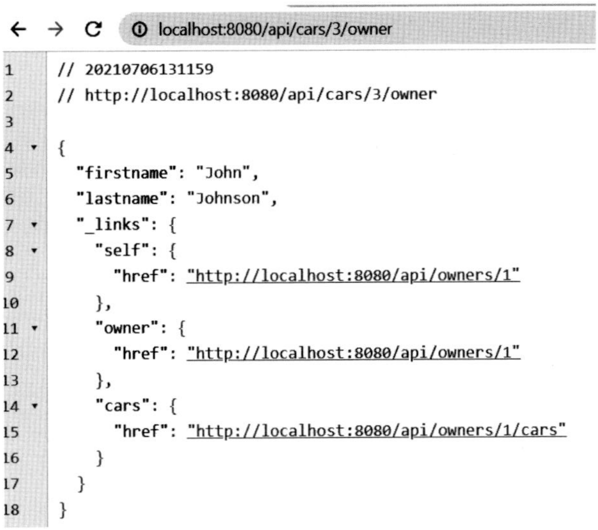
localhost:8080/api/cars/3/owner
// 20210706131159
// http://localhost:8080/api/cars/3/owner
{
"firstname": "John",
"lastname": "Johnson",
"_links": {
"self": {
"href": "http://localhost:8080/api/owners/1"
},
"owner": {
"href": "http://localhost:8080/api/owners/1"
},
"cars": {
"href": "http://localhost:8080/api/owners/1/cars"
}
}
}

그림 4.8 자동차 소유자

스프링 데이터 REST 서비스는 모든 CRUD 작업을 제공한다. 다음 표에는 CRUD 작업에 어떤 HTTP 방식을 이용할 수 있는지 나온다.

HTTP 방식	CRUD
GET	읽기(Read)
POST	생성(Create)
PUT/PATCH	업데이트(Update)
DELETE	삭제(Delete)

그림 4.9 스프링 데이터 REST에서 지원하는 작업

다음으로 RESTful 웹 서비스로 데이터베이스에서 자동차를 삭제하는 방법을 알아보자. 자동차를 삭제하려면 `DELETE` 방식을 이용해 삭제될 자동차의 링크(`http://localhost:8080/api/cars/{id}`)를 지정한다.

다음 그림은 포스트맨 데스크톱 앱으로 `id`가 3인 자동차 하나를 삭제하는 방법이다. (자동차의 실제 ID는 여러분이 직접 데이터베이스에서 확인해야 한다.) 포스트맨의 드롭다운 목록에서 올바른 HTTP 방식을 선택하고 요청 URL을 입력한 다음 **Send** 버튼을 클릭하면 된다.

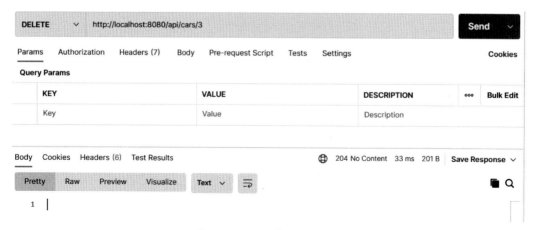

그림 4.10 DELETE 요청으로 자동차 삭제

작업이 정상적으로 수행되면 포스트맨에 **204 No Content** 응답이 표시된다. 삭제 요청을 수행한 후 http://localhost:8080/api/cars/ 엔드포인트에 GET 요청을 수행해보면 이제 데이터베이스에 자동차가 2개 남은 것을 볼 수 있다. 응답에 **404 Not Found** 상태가 반환된다면 데이터베이스에 존재하는 자동차 ID를 지정했는지 확인해야 한다.

데이터베이스에 새 자동차를 추가하려면 POST 방식과 요청 URL로 http://localhost:8080/api/cars를 이용해야 한다. 헤더에는 값이 application/json인 Content-Type 필드가 있어야 하며, 새 car 객체를 JSON 형식의 요청 본문에 포함한다. 예를 들어 다음과 같다.

```
{
    "brand":"Toyota",
    "model":"Corolla",
    "color":"silver",
    "registerNumber":"BBA-3122",
    "year":2021,
    "price":32000
}
```

포스트맨에서 **Body** 탭을 클릭하고 **raw**를 선택하면 다음 그림과 같이 **Body** 탭에 새 자동차의 JSON 문자열을 입력할 수 있다.

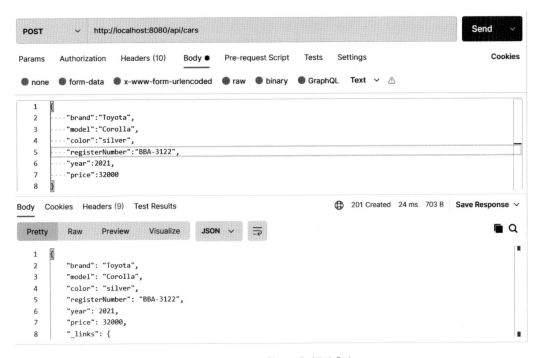

그림 4.11 POST 요청으로 새 자동차 추가

또한 다음 그림과 같이 포스트맨에서 **Headers** 탭을 클릭하고 헤더를 설정해야 한다.

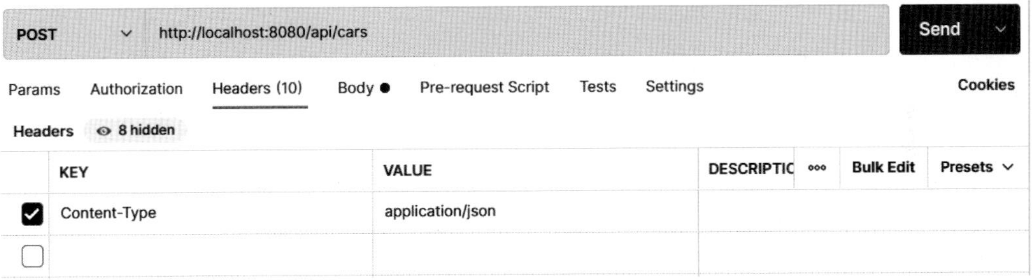

그림 4.12 POST 요청 헤더

POST 요청은 새로 생성된 car 객체를 다시 보내며, 정상적으로 수행되면 응답 상태가 **201 Created**로 표시된다. 이제 http://localhost:8080/api/cars 경로에 GET 요청을 다시 수행하면 데이터베이스에 새 자동차가 있는 것을 볼 수 있다.

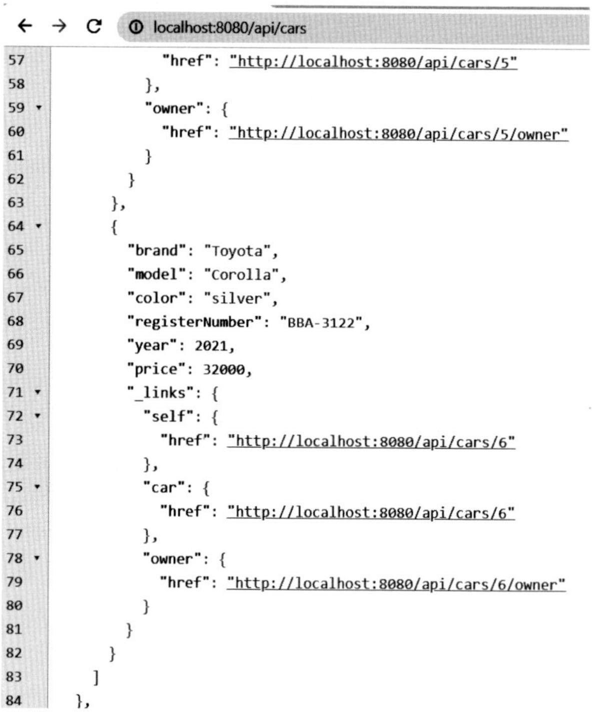

그림 4.13 추가된 새 자동차

엔티티를 업데이트하려면 PATCH 방식과 업데이트하려는 자동차의 링크(http://localhost:8080/api/cars/ {id})를 이용한다. 헤더에는 값이 application/json인 Content-Type 필드가 있어야 하며, 데이터가 편집된 car 객체를 요청 본문에 지정한다. PATCH 요청을 수행하려면 업데이트된 필드만 보내야 한다. PUT 요청을 수행하려면 요청 본문에 모든 필드를 포함해야 한다.

앞의 예에서 만든 자동차를 편집해서 색상을 흰색으로 변경해보자. 다음 그림에 포스트맨 요청이 나온 다. POST 요청과 마찬가지로 헤더를 설정하고 URL에 자동차 ID를 지정했다.

PATCH
http://localhost:8080/api/cars/6
Send
Params
Authorization
Headers (10)
Body
Pre-request Script
Tests
Settings
Cookies
none
form-data
x-www-form-urlencoded
raw
binary
GraphQL
Text
{
"color":"white"
}
Body
Cookies
Headers (8)
Test Results
200 OK
38 ms
653 B
Save Response
Pretty
Raw
Preview
Visualize
JSON
{
"brand": "Toyota",
"model": "Corolla",
"color": "white",
"registerNumber": "BBA-3122",
"year": 2021,
"price": 32000,
"_links": {

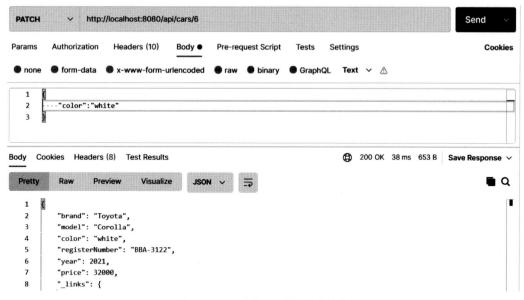

그림 4.14 PATCH 요청으로 기존 자동차 업데이트

업데이트가 수행되면 응답 상태는 200 OK가 된다. 이제 업데이트된 자동차를 GET 요청으로 검색해보면 색상이 업데이트된 것을 확인할 수 있다.

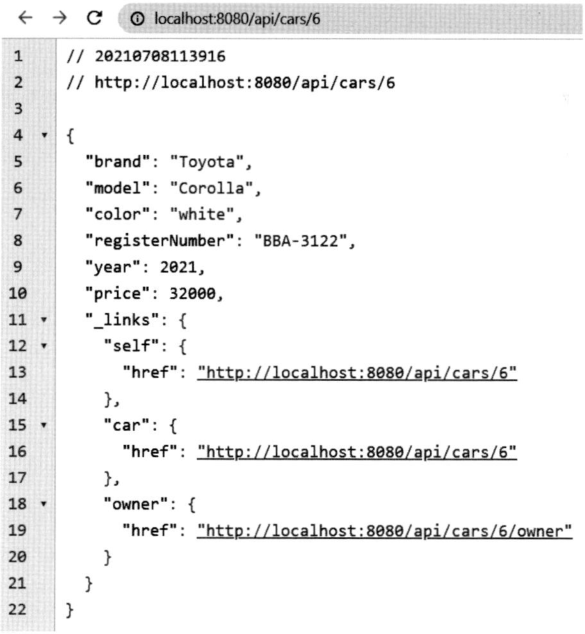

localhost:8080/api/cars/6
// 20210708113916
// http://localhost:8080/api/cars/6
{
"brand": "Toyota",
"model": "Corolla",
"color": "white",
"registerNumber": "BBA-3122",
"year": 2021,
"price": 32000,
"_links": {
"self": {
"href": "http://localhost:8080/api/cars/6"
},
"car": {
"href": "http://localhost:8080/api/cars/6"
},
"owner": {
"href": "http://localhost:8080/api/cars/6/owner"
}
}
}

그림 4.15 업데이트된 자동차

방금 생성한 새 자동차에 소유자를 추가해보자. 이 작업에는 PUT 방식과 http://localhost:8080/api/cars/ {id}/owner 경로를 이용한다. 이 예에서 새 자동차의 ID는 6이므로 링크는 http://localhost:8080/api/ cars/6/owner다. 이제 본문의 내용이 자동차 소유자와 연결된다(예: http://localhost:8080/api/owners/1).

그림 4.16 PUT 요청으로 자동차 소유자 업데이트

이 경우 헤더의 Content-Type 값은 text/uri-list가 된다.

그림 4.17 PUT 요청 헤더

자동차 소유자에 대한 GET 요청을 수행하면 다음 그림과 같이 소유자가 자동차와 연결된 것을 볼 수 있다.

```
1   // 20210708114648
2   // http://localhost:8080/api/cars/6/owner
3
4 ▾ {
5     "firstname": "John",
6     "lastname": "Johnson",
7 ▾   "_links": {
8 ▾     "self": {
9         "href": "http://localhost:8080/api/owners/1"
10      },
11 ▾    "owner": {
12        "href": "http://localhost:8080/api/owners/1"
13      },
14 ▾    "cars": {
15        "href": "http://localhost:8080/api/owners/1/cars"
16      }
17    }
18  }
```

그림 4.18 자동차 소유자

이전 장에서는 리포지터리에 대한 쿼리를 작성했는데, 서비스에 이러한 쿼리를 포함할 수도 있다. 쿼리를 포함하려면 리포지터리 클래스에 @RepositoryRestResource 어노테이션을 추가해야 한다. 쿼리 매개변수에는 @Param 어노테이션을 지정한다. 다음 소스코드는 이러한 어노테이션을 지정한 CarRepository다.

```java
package com.packt.cardatabase.domain;

import java.util.List;

import org.springframework.data.repository.CrudRepository;
import org.springframework.data.repository.query.Param;
import org.springframework.data.rest.core.annotation.RepositoryRestResource;

@RepositoryRestResource
public interface CarRepository extends CrudRepository<Car, Long> {
    // 브랜드로 자동차를 검색
    List<Car> findByBrand(@Param("brand") String brand);

    // 색상으로 자동차를 검색
    List<Car> findByColor(@Param("color") String color);
}
```

http://localhost:8080/api/cars 경로에 GET 요청을 수행하면 /search라는 새 엔드포인트를 볼 수 있다.
http://localhost:8080/api/cars/search 경로를 호출하면 다음과 같은 응답이 반환된다.

```
← → C     ① localhost:8080/api/cars/search
1     // 20210707151938
2     // http://localhost:8080/api/cars/search
3
4   ▾ {
5   ▾   "_links": {
6   ▾     "findByBrand": {
7           "href": "http://localhost:8080/api/cars/search/findByBrand{?brand}",
8           "templated": true
9         },
10  ▾     "findByColor": {
11          "href": "http://localhost:8080/api/cars/search/findByColor{?color}",
12          "templated": true
13        },
14  ▾     "self": {
15          "href": "http://localhost:8080/api/cars/search"
16        }
17      }
18    }
```

그림 4.19 REST 쿼리

응답을 보면 이제 서비스에서 두 쿼리를 제공하는 것을 알 수 있다. 예를 들어, 브랜드로 자동차를 검색
하려면 http://localhost:8080/api/cars/search/findByBrand?brand=Ford URL을 이용한다.

다음 그림은 해당 URL의 결과다.

```
← → C     ① localhost:8080/api/cars/search/findByBrand?brand=Ford
1     // 20210707152435
2     // http://localhost:8080/api/cars/search/findByBrand?brand=Ford
3
4   ▾ {
5   ▾   "_embedded": {
6   ▾     "cars": [
7   ▾       {
8             "brand": "Ford",
9             "model": "Mustang",
10            "color": "Red",
11            "registerNumber": "ADF-1121",
12            "year": 2021,
13            "price": 59000,
14  ▾         "_links": {
15  ▾           "self": {
16                "href": "http://localhost:8080/api/cars/3"
17              },
18  ▾           "car": {
19                "href": "http://localhost:8080/api/cars/3"
20              },
21  ▾           "owner": {
22                "href": "http://localhost:8080/api/cars/3/owner"
23              }
```

그림 4.20 REST 쿼리 응답

지금까지 백엔드용 RESTful API를 만들어 보았다. 이 책의 후반부에서는 리액트 프런트엔드로 이를 사용할 것이다.

요약

이번 장에서는 스프링 부트로 RESTful 웹 서비스를 만들었다. 먼저 컨트롤러를 만들었고 JSON 형식으로 모든 자동차를 반환하는 메서드 하나를 작성했다. 다음으로 스프링 데이터 REST를 이용해 모든 CRUD 기능을 포함하는 완전히 작동하는 웹 서비스를 만들었다. 그리고 작성한 서비스의 CRUD 기능을 이용하는 데 필요한 다양한 요청 유형을 알아봤다. 마지막으로 RESTful 웹 서비스에 쿼리를 포함시켰다.

다음 장에서는 스프링 시큐리티를 이용해 백엔드를 보호하는 방법을 알아본다.

문제

1. REST란 무엇인가?
2. 스프링 부트로 RESTful 웹 서비스를 만들려면 어떻게 해야 하는가?
3. RESTful 웹 서비스로 항목을 검색하려면 어떻게 해야 하는가?
4. RESTful 웹 서비스로 항목을 삭제하려면 어떻게 해야 하는가?
5. RESTful 웹 서비스로 항목을 추가하려면 어떻게 해야 하는가?
6. RESTful 웹 서비스로 항목을 업데이트하려면 어떻게 해야 하는가?
7. RESTful 웹 서비스에서 쿼리를 이용하려면 어떻게 해야 하는가?

05

백엔드 보호 및
테스트

이번 장에서는 스프링 부트 백엔드를 보호하고 테스트하는 방법을 설명한다. 백엔드를 보호하는 일은 코드 개발에서 아주 중요한 부분이다. 이번 장의 테스트 부분에서는 백엔드를 위한 단위 테스트 몇 개를 작성한다. 단위 테스트는 백엔드 코드를 유지보수하기 쉽게 만들어준다. 이번 장의 출발점으로, 이전 장에서 작성한 데이터베이스 애플리케이션을 이용하겠다.

이번 장에서 다룰 주제는 다음과 같다.

- 스프링 시큐리티 이해

- JWT_{JSON Web Token}로 백엔드 보호하기

- 스프링 부트 테스트

- 단위 테스트 만들기

기술 요구 사항

이전 장에서 작성한 스프링 부트 애플리케이션이 필요하다.

이번 장의 깃허브 저장소는 https://github.com/wikibook/springboot-react/tree/main/Chapter05다.

이번 장의 실습 영상은 https://youtu.be/t8r09rEWfD8에서 볼 수 있다.

스프링 시큐리티 이해

스프링 시큐리티(https://spring.io/projects/spring-security)는 자바 기반 웹 애플리케이션을 위한 보안 서비스를 제공한다. 스프링 시큐리티 프로젝트는 원래 *Acegi Security System for Spring*이라는 이름으로 2003년에 시작되었다.

스프링 시큐리티는 기본적으로 다음과 같은 기능을 활성화한다.

- 인메모리 사용자 하나를 포함하는 AuthenticationManager 빈. 사용자 이름은 user이고 암호는 콘솔 출력에 표시된다.

- /css 및 /images 같은 공용 정적 리소스 위치를 위해 무시되는 경로. 다른 모든 엔드포인트에 대한 HTTP_{HyperText Transfer Protocol} 기본 인증

- 스프링의 ApplicationEventPublisher 인터페이스로 게시되는 스프링 이벤트

- HSTS_{HTTP Strict Transport Security}, XSS_{Cross-Site Scripting}, CSRF_{Cross-Site Request Forgery}를 비롯한 일반적인 저수준 기능

- 자동 생성되는 기본 로그인 페이지

애플리케이션에 스프링 시큐리티를 이용하려면 pom.xml 파일에 다음 의존성을 추가한다. 첫 번째 의존성은 애플리케이션용이고 두 번째는 테스트용이다.

```
<dependency>
  <groupId>org.springframework.boot</groupId>
  <artifactId>spring-boot-starter-security</artifactId>
</dependency>
<dependency>
  <groupId>org.springframework.security</groupId>
  <artifactId>spring-security-test</artifactId>
  <scope>test</scope>
</dependency>
```

애플리케이션을 시작하고 콘솔을 보면 스프링 시큐리티가 user라는 인메모리 사용자를 생성한 것을 알수 있다. 이 사용자의 암호는 다음 그림과 같이 콘솔 출력에 표시된다.

```
Console ⌗
CardatabaseApplication [Java Application]
Hibernate: create table car (id bigint not null, brand varchar(255), color varch
Hibernate: create table owner (ownerid bigint not null, firstname varchar(255),
Hibernate: alter table car add constraint FK2mqqwvxtowv4vddvtsmvtiqa2 foreign ke
2021-07-08 12:46:23.057  INFO 20844 --- [ restartedMain] o.h.e.t.j.p.i.JtaPlatf
2021-07-08 12:46:23.064  INFO 20844 --- [ restartedMain] j.LocalContainerEntity
2021-07-08 12:46:23.491  WARN 20844 --- [ restartedMain] JpaBaseConfiguration$J
2021-07-08 12:46:24.398  INFO 20844 --- [ restartedMain] .s.s.UserDetailsServic

Using generated security password: 7113c80f-fa23-486b-a30e-5373b1174097

2021-07-08 12:46:24.598  INFO 20844 --- [ restartedMain] o.s.s.web.DefaultSecur
2021-07-08 12:46:24.690  INFO 20844 --- [ restartedMain] o.s.b.d.a.OptionalLive
2021-07-08 12:46:24.720  INFO 20844 --- [ restartedMain] o.s.b.w.embedded.tomca
```

그림 5.1 스프링 시큐리티 활성화

콘솔에 암호가 표시되지 않으면 콘솔에서 빨간색 **Terminate** 버튼을 클릭하고 프로젝트를 다시 실행해본다.

이제 API의 루트 엔드포인트에서 GET 요청을 수행해 보호가 적용되는지 확인해보자. 웹 브라우저를 열고 http://localhost:8080/api로 이동한다. 그러면 다음 그림과 같은 스프링 시큐리티의 기본 로그인 페이지로 리디렉션된다.

그림 5.2 보안이 적용된 REST API

GET 요청을 수행하려면 인증을 거쳐야 한다. **Username** 필드에는 user를 입력하고 **Password** 필드에는 콘솔에 나온 암호를 복사해서 붙여넣는다. 인증을 거치면 다음 그림과 같이 응답에 API 리소스가 포함된 것을 볼 수 있다.

그림 5.3 기본 인증

스프링 시큐리티가 작동하는 방법을 구성하려면 WebSecurityConfigurerAdapter를 확장하는 새 구성 클래스를 추가해야 한다. 애플리케이션 루트 패키지(com.packt.cardatabase)에 SecurityConfig라는 새 클래스를 만든다. 다음 소스코드는 보안 구성 클래스의 구조를 보여준다. @Configuration 및 @EnableWebSecurity 어노테이션으로 이 클래스에서 기본 웹 보안 구성을 비활성화하고 자체 구성을 정의할 수 있다. 애플리케이션의 보호되는 엔드포인트와 보호되지 않는 엔드포인트는 configure(HttpSecurity http) 메서드로 정의할 수 있다. 모든 엔드포인트를 보호하는 기본 설정을 이용해도 되므로 아직은 이 메서드를 사용하지 않겠다.

```java
package com.packt.cardatabase;

import org.springframework.context.annotation.Configuration;
import org.springframework.security.config.annotation.web.builders.HttpSecurity;
import org.springframework.security.config.annotation.web.configuration.EnableWebSecurity;
import org.springframework.security.config.annotation.web.configuration.WebSecurityConfigurerAdapter;

@Configuration
@EnableWebSecurity
public class SecurityConfig extends WebSecurityConfigurerAdapter {
    @Override
    protected void configure(HttpSecurity http) throws Exception {
    }
}
```

SecurityConfig 클래스에 userDetailsService() 메서드를 추가하여 인메모리 사용자를 애플리케이션에 추가할 수도 있다. 다음 소스코드의 메서드는 사용자 이름이 user이고 암호가 password인 인메모리 사용자를 생성한다.

```java
// SecurityConfig.java
@Bean
@Override
public UserDetailsService userDetailsService() {
    UserDetails user =
        User.withDefaultPasswordEncoder()
        .username("user")
        .password("password")
        .roles("USER")
        .build();

        return new InMemoryUserDetailsManager(user);
}
```

개발 과정 중에는 인메모리 사용자를 이용해도 되지만 실제 애플리케이션에서는 사용자를 데이터베이스에 저장해야 한다.

참고

withDefaultPasswordEncoder() 메서드는 시연 목적에만 적합하며 운영 단계에서는 안전 문제로 적합하지 않다.

사용자를 데이터베이스에 저장하려면 사용자 엔티티 클래스와 리포지터리를 작성해야 한다. 암호는 데이터베이스에 일반 텍스트 형식으로 저장해서는 안 된다. 스프링 시큐리티는 암호를 해시하는 데 이용할 수 있는 여러 해싱 알고리즘(예: bcrypt)을 제공한다. 이를 구현하는 과정은 다음과 같다.

01. 먼저 com.packt.cardatabase.domain 패키지에 User라는 새 클래스를 만든다. 도메인 패키지를 선택하고 마우스 오른쪽 버튼으로 클릭한다. 메뉴에서 **New | Class**를 선택하고 새 클래스의 이름을 User로 지정한다. 이제 프로젝트의 구조가 다음과 같을 것이다.

그림 5.4 프로젝트 구조

02. User 클래스에 @Entity 어노테이션을 지정한다. id, username, password, role 클래스 필드를 추가한다. 마지막으로
생성자, getter, setter를 추가한다. 모든 필드를 nullable로 설정하고 username에 @Column 어노테이션으로 고유해
야 한다는 것을 지정한다. 다음 User.java 소스코드에서 필드와 생성자를 참고하자.

```java
package com.packt.cardatabase.domain;


import javax.persistence.Column;

import javax.persistence.Entity;

import javax.persistence.GeneratedValue;

import javax.persistence.GenerationType;

import javax.persistence.Id;

import javax.persistence.Table;


@Table(name="`user`")

@Entity

public class User {

    @Id

    @GeneratedValue(strategy=GenerationType.IDENTITY)

    @Column(nullable=false, updatable=false)

    private Long id;


    @Column(nullable=false, unique=true)
```

```java
    private String username;

    @Column(nullable=false)
    private String password;

    @Column(nullable=false)
    private String role;

    public User() {}

    public User(String username, String password, String role) {
        super();
        this.username = username;
        this.password = password;
        this.role = role;
    }
```

다음은 getter와 setter가 포함된 User.java 소스코드의 나머지 부분이다.

```java
    public Long getId() {
        return id;
    }

    public void setId(Long id) {
        this.id = id;
    }

    public String getUsername() {
        return username;
    }

    public void setUsername(String username) {
        this.username = username;
    }

    public String getPassword() {
        return password;
    }
```

```
    public void setPassword(String password) {
        this.password = password;
    }


    public String getRole() {
        return role;
    }


    public void setRole(String role) {
        this.role = role;
    }
}
```

03. 다음으로 도메인 패키지에 UserRepository라는 새 클래스를 만들어야 한다. 도메인 패키지를 선택하고 마우스 오른쪽 버튼으로 클릭한다. 메뉴에서 **New | Class**를 선택하고 새 클래스의 이름을 UserRepository로 지정한다.

04. 리포지터리 클래스의 소스코드는 이전 장에서 작성한 것과 비슷하지만 다음에 따를 실습 단계에 필요한 findByUsername 쿼리 메서드가 있다. 이 메서드는 인증 프로세스 중에 데이터베이스에서 user를 찾는 데 사용된다. 메서드는 null 예외를 방지하기 위해 Optional을 반환한다. 다음 UserRepository 소스코드를 참고하자.

```
package com.packt.cardatabase.domain;

import java.util.Optional;
import org.springframework.data.repository.CrudRepository;

public interface UserRepository extends CrudRepository<User, Long> {
    Optional<User> findByUsername(String username);
}
```

05. 이제 스프링 시큐리티의 UserDetailsService 인터페이스를 구현하는 새 클래스를 작성해보자. 이 클래스는 스프링 시큐리티의 사용자 인증과 권한 부여에 이용된다. 우선 루트 패키지에 새 service 패키지를 만들어야 한다. 루트 패키지를 선택하고 마우스 오른쪽 버튼으로 클릭한다. 메뉴에서 **New | Package**를 선택하고 다음 그림에 나오는 것처럼 새 패키지의 이름을 service로 지정한다.

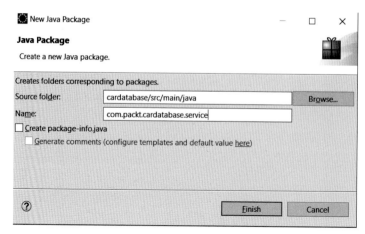

그림 5.5 service 패키지

06. 방금 만든 service 패키지에 UserDetailsServiceImpl이라는 새 클래스를 만든다. 이제 프로젝트의 구조가 다음 그림과 같을 것이다.

그림 5.6 프로젝트 구조

07. 스프링 시큐리티가 인증을 처리할 때 데이터베이스에서 사용자를 검색하는 데 필요한 UserRepository 클래스를 UserDetailsServiceImpl 클래스에 주입해야 한다. 이전에 구현한 findByUsername 메서드는 Optional을 반환하므로 isPresent() 메서드로 사용자가 존재하는지 확인할 수 있다. 이 메서드는 사용자가 존재하지 않으면 UsernameNotFoundException 예외를 발생시킨다. loadByUsername 메서드는 인증이 필요한 UserDetails 객체를 반환한다. 인증할 사용자를 만드는 데는 UserBuilder 클래스가 사용된다. 다음은 UserDetailsServiceImpl.java 클래스의 소스코드다.

```java
package com.packt.cardatabase.service;

import java.util.Optional;
import org.springframework.beans.factory.annotation.Autowired;
import org.springframework.security.core.userdetails.User.UserBuilder;
import org.springframework.security.core.userdetails.UserDetails;
import org.springframework.security.core.userdetails.UserDetailsService;
import org.springframework.security.core.userdetails.UsernameNotFoundException;
import org.springframework.stereotype.Service;

import com.packt.cardatabase.domain.User;
import com.packt.cardatabase.domain.UserRepository;

@Service
public class UserDetailsServiceImpl implements UserDetailsService {
    @Autowired
    private UserRepository repository;

    @Override
    public UserDetails loadUserByUsername(String username)
        throws UsernameNotFoundException {
        Optional<User> user = repository.findByUsername(username);
        UserBuilder builder = null;
        if (user.isPresent()) {
            User currentUser = user.get();
            builder =
                org.springframework.security.core.userdetails.
                User.withUsername(username);
            builder.password(currentUser.getPassword());
            builder.roles(currentUser.getRole());
        } else {
            throw new UsernameNotFoundException("User not found.");
```

```
        }

        return builder.build();
    }
}
```

08. 보안 구성 클래스에서 스프링 시큐리티가 인메모리 사용자 대신 데이터베이스의 사용자를 사용하도록 정의해야 한다. SecurityConfig 클래스에서 userDetailsService() 메서드를 삭제해서 인메모리 사용자를 비활성화한다. 그리고 데이터베이스에서 사용자를 활성화하기 위해 configureGlobal 메서드를 추가해야 한다. 암호는 일반 텍스트로 데이터베이스에 저장하면 안 된다. 따라서 configureGlobal 메서드에 암호 해싱 알고리즘을 정의해야 한다. 이 예에서는 bcrypt 알고리즘을 이용한다. 인증 프로세스를 수행하는 동안 해시된 암호를 인코딩하는 스프링 시큐리티의 BCryptPasswordEncoder 클래스를 이용하면 이 기능을 쉽게 구현할 수 있다. 다음 예제는 SecurityConfig.java 클래스의 소스코드다. 마지막으로 암호를 데이터베이스에 저장하기 전에 BCrypt로 암호화하는 작업이 포함돼 있다.

```
package com.packt.cardatabase;

import org.springframework.beans.factory.annotation.Autowired;
import org.springframework.context.annotation.Configuration;
import org.springframework.security.config.annotation.authentication.builders.Authentication
ManagerBuilder;
import org.springframework.security.config.annotation.web.configuration.EnableWebSecurity;
import org.springframework.security.config.annotation.web.configuration.WebSecurityConfigurer
Adapter;
import org.springframework.security.crypto.bcrypt.BCryptPasswordEncoder;

import com.packt.cardatabase.service.UserDetailsServiceImpl;

@Configuration
@EnableWebSecurity
public class SecurityConfig extends WebSecurityConfigurerAdapter {
    @Autowired
    private UserDetailsServiceImpl userDetailsService;

    @Autowired
    public void configureGlobal(AuthenticationManagerBuilder auth) throws Exception {
        auth.userDetailsService(userDetailsService)
            .passwordEncoder(new BCryptPasswordEncoder());
    }
}
```

참고

> 예제를 실행했을 때 "The type WebSecurityConfigurerAdapter is deprecated."라는 경고 메시지가 출력될 수 있는데, 이는 WebSecurityConfigurerAdapter가 스프링 부트 2.7에서 지원 중단(deprecated)되었기 때문이다. 이 경우 프로젝트의 pom.xml 파일에서 다음과 같이 〈version〉 요소의 값을 2.6.x으로 변경해서 WebSecurityConfigurerAdapter를 계속 사용할 수 있다.

```
<modelVersion>4.0.0</modelVersion>
<parent>
    <groupId>org.springframework.boot</groupId>
    <artifactId>spring-boot-starter-parent</artifactId>
    <version>2.6.12</version>
    <relativePath/> <!-- lookup parent from repository -->
</parent>
```

09. 마지막으로 CommandLineRunner 인터페이스를 이용해 두 테스트 사용자를 데이터베이스에 저장한다. CardatabaseApplication.java 파일을 열고 클래스 시작 부분에 다음 코드를 추가해 메인 클래스에 UserRepository를 주입한다.

```
@Autowired
private UserRepository urepository;
```

10. 두 사용자와 bcrypt 해시 암호를 데이터베이스에 저장해보자. 다음 코드는 두 사용자와 bcrypt 해시 암호를 저장한다. 인터넷에서 plain text password 및 get hashed password를 검색해서 bcrypt 계산기나 생성기를 찾고 생성한 해시를 코드에 붙여넣으면 된다.

```
@Override
public void run(String... args) throws Exception {
    // 소유자 객체를 추가하고 데이터베이스에 저장
    Owner owner1 = new Owner("John", "Johnson");
    Owner owner2 = new Owner("Mary", "Robinson");
    orepository.saveAll(Arrays.asList(owner1, owner2));

    // 자동차 객체를 추가하고 소유자 객체에 연결하며 데이터베이스에 저장
    Car car1 = new Car("Ford", "Mustang", "Red",
        "ADF-1121", 2021, 59000, owner1);
    Car car2 = new Car("Nissan", "Leaf", "White",
        "SSJ-3002", 2019, 29000, owner2);
    Car car3 = new Car("Toyota", "Prius", "Silver",
```

```
        "KKO-0212", 2020, 39000, owner2);
    repository.saveAll(Arrays.asList(car1, car2, car3));


    for (Car car : repository.findAll()) {
        logger.info(car.getBrand() + " " + car.getModel());
    }


    // 사용자 이름: user, 암호: user
    urepository.save(new User("user",
"$2a$10$NVM0n8ElaRgg7zW01CxUdei7vWoPg91Lz2aYavh9.f9q0e4bRadue","USER"));


    // 사용자 이름: admin, 암호: admin
    urepository.save(new User("admin",
"$2a$10$8cjz47bjbR4Mn8GMg9IZx.vyjhLXR/SKKMSZ9.mP9vpMu0ssKi8GW", "ADMIN"));
}
```

참고

> BCrypt는 닐스 프로보스Niels Provos와 데이빗 마지어스David Mazieres가 개발한 강력한 해시 함수다. 다음은 admin 문자열로
> 생성한 BCrypt 해시의 예다.
>
> $2a$10$8cjz47bjbR4Mn8GMg9IZx.vyjhLXR/SKKMSZ9.mP9vpMu0ssKi8GW
>
> $2a는 알고리즘 버전을 나타내고 $10은 알고리즘의 강도를 나타낸다. 스프링 시큐리티 BcryptPasswordEncoder 클래
> 스의 기본 강도는 10이다. BCrypt 생성기는 해싱 중에 임의의 솔트를 생성하므로 해시 결과는 항상 다르다.

애플리케이션을 실행하면 다음 그림과 같이 데이터베이스에 user 테이블이 있고 두 사용자와 해시 암호가 저장된 것
을 볼 수 있다.

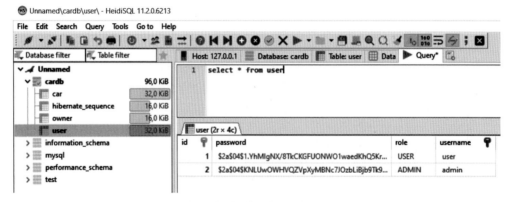

그림 5.7 저장된 사용자와 해시 암호

11. 이제 인증을 거치지 않고 http://localhost:8080/api 경로에 GET 요청을 수행하면 401 Unauthorized 오류가 발생한다. 정상적으로 요청을 수행하려면 먼저 인증을 거쳐야 한다. 이전 예제와 다른 점은 이번에는 데이터베이스에서 사용자를 가져온다는 점이다.

다음 그림은 admin 사용자를 이용한 /api 엔드포인트에 대한 GET 요청 화면이다. 이처럼 포스트맨과 기본 인증을 이용할 수도 있다.

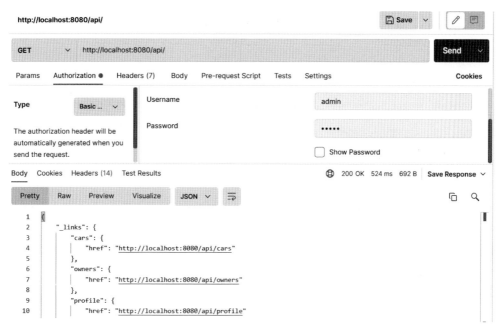

그림 5.8 GET 요청 인증

12. RESTful 웹 서비스에서 /users 엔드포인트를 호출해 사용자를 확인한 것을 볼 수 있는데, 이는 피해야 하는 방법이다. 앞서 언급한 것처럼 스프링 데이터 REST는 기본적으로 모든 공용 리포지터리에서 RESTful 웹 서비스를 생성한다. 다음과 같이 @RepositoryRestResource 어노테이션의 exported 플래그를 false로 설정하면 리포지터리가 REST 리소스로 노출되지 않는다.

```
package com.packt.cardatabase.domain;

import org.springframework.data.repository.CrudRepository;
import org.springframework.data.rest.core.annotation.RepositoryRestResource;

@RepositoryRestResource(exported = false)
public interface UserRepository extends CrudRepository<User, Long> {

}
```

이제 /users 엔드포인트로 GET 요청을 수행해보면 다음 그림과 같이 /users 엔드포인트가 더는 보이지 않는다.

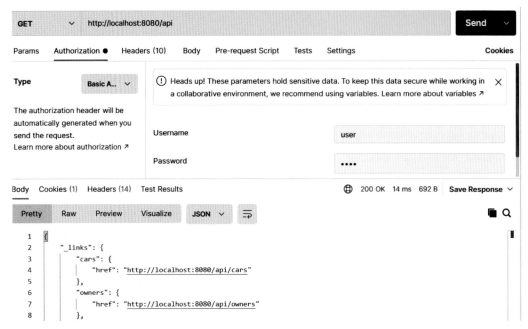

그림 5.9 GET 요청

다음으로 JWT를 이용한 인증을 구현해 보자.

JWT로 백엔드 보호

이전 절에서는 RESTful 웹 서비스로 기본 인증을 이용하는 방법을 배웠다. 그러나 리액트로 프런트엔드를 개발할 때는 기본 인증을 이용할 수 없으므로 JWT 인증을 이용해야 한다. JWT는 최신 웹 애플리케이션에서 간단하게 인증을 구현하는 방법이다. JWT는 크기가 아주 작기 때문에 URL_{Uniform Resource Locator}, POST 매개변수 또는 헤더에 넣어서 전송할 수 있다. 또한 그러면서도 사용자에 관한 모든 필수 정보를 모두 담고 있다.

JWT는 xxxxx.yyyyy.zzzzz와 같이 마침표로 구분된 세 부분으로 구성되며, 다음과 같은 내용을 포함한다.

- 첫 번째 부분(xxxxx)은 토큰의 유형과 해싱 알고리즘을 정의하는 헤더다.

- 두 번째 부분(yyyyy)은 페이로드이며, 일반적으로 인증의 경우 사용자 정보를 포함한다.

- 세 번째 부분(zzzzz)은 토큰이 변조되지 않았음을 증명하기 위한 서명이다.

다음은 JWT의 예다.

```
eyJhbGciOiJIUzI1NiJ9.eyJzdWIiOiJKb2UifD.ipevRNuRP6HflG8cFKnmUPtypruR
C4fc1DWtoLL62SY¶
```

그림 5.10 JWT

다음 다이어그램은 JWT 인증 프로세스를 단순하게 표현한 것이다.

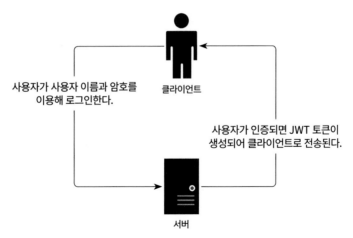

그림 5.11 JWT 인증 프로세스

인증이 성공하고 나면 클라이언트가 보내는 요청에는 항상 인증 과정에서 받은 JWT를 포함해야 한다.

여기서는 자바와 안드로이드용 JWT 라이브러리인 jjwt 라이브러리(https://github.com/jwtk/jjwt)를 이용한다. 따라서 pom.xml 파일에 다음 의존성을 추가해야 한다. jjwt 라이브러리에는 JWT를 생성하고 파싱하는 기능이 있다.

```
<dependency>
    <groupId>io.jsonwebtoken</groupId>
    <artifactId>jjwt-api</artifactId>
    <version>0.11.2</version>
```

```
</dependency>
<dependency>
    <groupId>io.jsonwebtoken</groupId>
    <artifactId>jjwt-impl</artifactId>
    <version>0.11.2</version>
    <scope>runtime</scope>
</dependency>
<dependency>
    <groupId>io.jsonwebtoken</groupId>
    <artifactId>jjwt-jackson</artifactId>
    <version>0.11.2</version>
    <scope>runtime</scope>
</dependency>
```

다음 단계에서는 백엔드에서 JWT 인증을 구현하는 방법을 설명한다. 가장 먼저 로그인 기능부터 시작해보자.

01. 우선 서명된 JWT를 생성하고 검증하는 클래스를 작성한다. com.packt.cardatabase.service 패키지에 JwtService라는 새 클래스를 만든다. 클래스 시작 부분에 몇 개의 상수를 정의해야 한다. EXPIRATIONTIME은 토큰의 만료 시간을 밀리초 단위로 정의한다. PREFIX는 토큰의 접두사를 정의하며, 일반적으로 Bearer 스키마를 이용한다. 비밀 키는 jjwt 라이브러리의 secretKeyFor 메서드로 생성한다. 시연 용도로는 이것으로 충분하지만 운영 환경에서는 애플리케이션의 구성에서 비밀 키를 읽어야 한다. getToken 메서드는 토큰을 생성하고 반환한다. getAuthUser 메서드는 응답의 Authorization 헤더에서 토큰을 가져온다. 그다음에는 jjwt 라이브러리의 parserBuilder 메서드를 이용해 JwtParserBuilder 인스턴스를 생성한다. setSigningKey 메서드는 토큰 검증을 위한 비밀 키를 지정한다.

마지막으로 getSubject 메서드로 사용자 이름을 얻는다. 전체 JwtService 소스코드는 다음과 같다.

```
package com.packt.cardatabase.service;

import io.jsonwebtoken.Jwts;
import io.jsonwebtoken.SignatureAlgorithm;
import io.jsonwebtoken.security.Keys;
import java.security.Key;
import org.springframework.http.HttpHeaders;
import org.springframework.stereotype.Component;
import javax.servlet.http.HttpServletRequest;
import java.util.Date;
```

```
@Component
public class JwtService {
    static final long EXPIRATIONTIME = 86400000; // 1일을 밀리초로 계산한 값
    static final String PREFIX = "Bearer";
    // 비밀 키 생성. 시연 용도로만 이용해야 함
    // 애플리케이션 구성에서 읽을 수 있음
    static final Key key = Keys.secretKeyFor(SignatureAlgorithm.HS256);

    // 서명된 JWT 토큰 생성
    public String getToken(String username) {
        String token = Jwts.builder()
            .setSubject(username)
            .setExpiration(new Date(System.currentTimeMillis()
                + EXPIRATIONTIME))
            .signWith(key)
            .compact();

        return token;
    }

    // 요청 권한 부여 헤더에서 토큰을 가져와
    // 토큰을 확인하고 사용자 이름을 얻음
    public String getAuthUser(HttpServletRequest request) {
        String token = request.getHeader(HttpHeaders.AUTHORIZATION);

        if (token != null) {
            String user = Jwts.parserBuilder()
                .setSigningKey(key)
                .build()
                .parseClaimsJws(token.replace(PREFIX, ""))
                .getBody()
                .getSubject();

            if (user != null)
                return user;
        }
        return null;
    }
}
```

02. 다음은 인증을 위한 자격 증명을 포함할 간단한 POJO_{Plain Old Java Object} 클래스를 추가할 차례다. com.packt.
cardatabase.domain 패키지에 AccountCredentials라는 새 클래스를 만든다. 이 클래스에는 username과 password
라는 필드 두 개가 있다. 이 클래스의 소스코드는 다음과 같다. 자격 증명을 데이터베이스에 저장하지는 않으므로 이
클래스에는 @Entity 어노테이션을 지정하지 않는다.

```java
package com.packt.cardatabase.domain;

public class AccountCredentials {
    private String username;
    private String password;

    public String getUsername() {
        return username;
    }

    public void setUsername(String username) {
        this.username = username;
    }

    public String getPassword() {
        return password;
    }

    public void setPassword(String password) {
        this.password = password;
    }
}
```

03. 이제 로그인을 위한 controller 클래스를 구현할 차례다. 이 컨트롤러를 이용하여 로그인하려면 요청 본문에 사
용자 이름과 암호를 넣고 POST 방식으로 /login 엔드포인트를 호출한다. com.packt.cardatabase.web 패키지
에 LoginController라는 새 클래스를 만든다. 이 클래스에는 로그인 성공 시 서명된 JWT를 생성하는 데 필요한
JwtService 인스턴스를 주입해야 한다. 코드는 다음과 같다.

```java
package com.packt.cardatabase.web;

import org.springframework.beans.factory.annotation.Autowired;
import org.springframework.http.HttpHeaders;
import org.springframework.http.MediaType;
import org.springframework.http.ResponseEntity;
```

```java
import org.springframework.security.authentication.AuthenticationManager;
import org.springframework.security.authentication.UsernamePasswordAuthenticationToken;
import org.springframework.security.core.Authentication;
import org.springframework.web.bind.annotation.RequestBody;
import org.springframework.web.bind.annotation.RequestMapping;
import org.springframework.web.bind.annotation.RequestMethod;
import org.springframework.web.bind.annotation.RestController;

import com.packt.cardatabase.domain.AccountCredentials;
import com.packt.cardatabase.service.JwtService;

@RestController
public class LoginController {
    @Autowired
    private JwtService jwtService;

    @Autowired
    AuthenticationManager authenticationManager;

    @RequestMapping(value="/login", method=RequestMethod.POST)
    public ResponseEntity<?> getToken(@RequestBody AccountCredentials credentials) {
        // 토큰을 생성하고 응답의 Authorization 헤더로 보냄
    }
}
```

04. 로그인 기능을 처리하는 getToken 메서드는 다음과 같이 구현한다.

```java
// LoginController.java
@RequestMapping(value="/login", method=RequestMethod.POST)
public ResponseEntity<?> getToken(@RequestBody AccountCredentials credentials) {
    UsernamePasswordAuthenticationToken creds =
        new UsernamePasswordAuthenticationToken(
            credentials.getUsername(),
            credentials.getPassword());

    Authentication auth = authenticationManager.authenticate(creds);

    // 토큰 생성
    String jwts = jwtService.getToken(auth.getName());
```

```
    // 생성된 토큰으로 응답을 생성
    return ResponseEntity.ok()
        .header(HttpHeaders.AUTHORIZATION, "Bearer " + jwts)
        .header(HttpHeaders.ACCESS_CONTROL_EXPOSE_HEADERS, "Authorization")
        .build();
}
```

또한 AuthenticationManager를 LoginController 클래스에 주입했으므로 다음 코드를 SecurityConfig 클래스에 추가해야 한다.

```
package com.packt.cardatabase;

import org.springframework.beans.factory.annotation.Autowired;
import org.springframework.context.annotation.Bean;
import org.springframework.context.annotation.Configuration;
import org.springframework.security.authentication.AuthenticationManager;
import org.springframework.security.config.annotation.authentication.builders.Authentication
ManagerBuilder;
import org.springframework.security.config.annotation.web.configuration.EnableWebSecurity;
import org.springframework.security.config.annotation.web.configuration.WebSecurityConfigurer
Adapter;
import org.springframework.security.crypto.bcrypt.BCryptPasswordEncoder;
import com.packt.cardatabase.service.UserDetailsServiceImpl;

@Configuration
@EnableWebSecurity
public class SecurityConfig extends WebSecurityConfigurerAdapter {
    @Autowired
    private UserDetailsServiceImpl userDetailsService;

    @Autowired
    public void configureGlobal(AuthenticationManagerBuilder auth) throws Exception {
        auth.userDetailsService(userDetailsService)
            .passwordEncoder(new BcryptPasswordEncoder());
    }

    @Bean
    public AuthenticationManager getAuthenticationManager() throws Exception {
```

```
        return authenticationManager();
    }
}
```

05. 이제 스프링 시큐리티 기능을 구성해야 한다. 스프링 시큐리티의 `configure` 메서드는 보호되는 경로와 그렇지 않은 경로를 정의한다. SecurityConfig 클래스에 다음과 같은 `configure` 메서드를 추가한다. 이 메서드에서 /login 엔드포인트에 대한 POST 요청은 인증 없이도 허용되지만 다른 모든 엔드포인트에 대한 POST 요청은 인증이 필요하도록 지정한다. 또한 스프링 시큐리티가 세션을 생성하지 않도록 정의하므로 csrf를 비활성화할 수 있다.

```java
// SecurityConfig.java
@Override
protected void configure(HttpSecurity http) throws Exception {
    http.csrf().disable()
        .sessionManagement()
        .sessionCreationPolicy(SessionCreationPolicy.STATELESS).and()
        .authorizeRequests()
        // /login 엔드포인트에 대한 POST 요청은 보호되지 않음
        .antMatchers(HttpMethod.POST, "/login").permitAll()
        // 다른 모든 요청은 보호됨
        .anyRequest().authenticated();
}
```

이제 로그인 기능을 테스트할 준비가 끝났다. 포스트맨을 열고 `http://localhost:8080/login` URL에 대해 POST 요청을 수행한다. 요청 본문에 올바른 사용자(예: {"username":"user", "password":"user"})를 지정하고 Content-Type 헤더를 `application/json`으로 설정한다. 이제 다음 그림과 같이 서명된 JWT가 포함된 Authorization 헤더를 볼 수 있다.

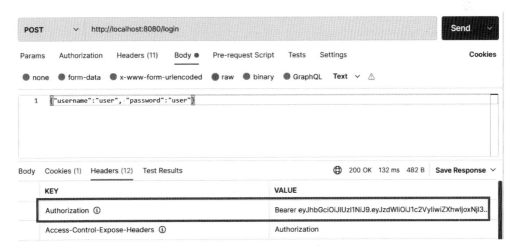

그림 5.12 로그인 요청

틀린 암호로 로그인을 테스트하면 응답에 Authorization 헤더가 포함되지 않는 것을 알 수 있다.

이제 로그인 단계가 완료됐다. 다음은 나머지 수신 요청에서 인증을 처리하는 단계다. 이 작업은 요청 프로세스에서 필터를 이용해 요청이 컨트롤러로 전달되기 전이나 응답이 클라이언트로 전송되기 전에 수행할 수 있다. 다음 단계는 인증 프로세스의 나머지 과정을 보여준다.

01. 필터 클래스는 들어오는 다른 모든 요청을 인증하는 데 이용된다. 먼저 루트 패키지에 AuthenticationFilter라는 새 클래스를 만든다. AuthenticationFilter 클래스는 스프링 시큐리티의 OncePerRequestFilter 인터페이스를 확장한다. 이 인터페이스에는 이 책의 예제에서 인증을 구현할 doFilterInternal 메서드가 있다. 요청에 있는 토큰을 확인하려면 필요하므로 JwtService 인스턴스를 필터 클래스에 주입해야 한다. 코드는 다음과 같다.

```java
// import 문

@Component
public class AuthenticationFilter extends OncePerRequestFilter {
    @Autowired
    private JwtService jwtService;

    @Override
    protected void doFilterInternal(HttpServletRequest request,
            HttpServletResponse response,
            FilterChain filterChain)
        throws ServletException, java.io.IOException {
        // Authorization 헤더에서 토큰을 가져옴
        String jws = request.getHeader(HttpHeaders.AUTHORIZATION);
        if (jws != null) {
            // 토큰을 확인하고 사용자를 얻음
            String user = jwtService.getAuthUser(request);
            // 인증
            Authentication authentication =
                new UsernamePasswordAuthenticationToken(user, null,
                    java.util.Collections.emptyList());

            SecurityContextHolder.getContext()
                .setAuthentication(authentication);
        }

        filterChain.doFilter(request, response);
    }
}
```

02. 다음으로 필터 클래스를 스프링 시큐리티 구성에 추가해야 한다. SecurityConfig 클래스를 열고 다음과 같이 방금 구현한 AuthenticationFilter 클래스를 주입한다.

```
@Autowired
private AuthenticationFilter authenticationFilter;
```

03. 그런 다음 SecurityConfig 클래스의 configure 메서드를 수정해 다음 코드를 추가한다.

```
@Override
protected void configure(HttpSecurity http) throws Exception {
    http.csrf().disable()
        .sessionManagement()
        .sessionCreationPolicy(SessionCreationPolicy.STATELESS).and()
        .authorizeRequests()
        .antMatchers(HttpMethod.POST, "/login").permitAll()
        .anyRequest().authenticated().and()
        .addFilterBefore(authenticationFilter,
            UsernamePasswordAuthenticationFilter.class);
}
```

이제 전체 워크플로를 테스트할 준비가 끝났다. 애플리케이션을 실행한 후 POST 방식으로 /login 엔드포인트를 호출하여 로그인할 수 있으며, 로그인이 성공하면 Authorization 헤더로 JWT를 받는다. 요청 본문에 올바른 사용자를 추가하고 Content-Type 헤더를 application/json으로 설정하는 것을 잊지 말자. 다음 그림의 프로세스를 참고하기 바란다.

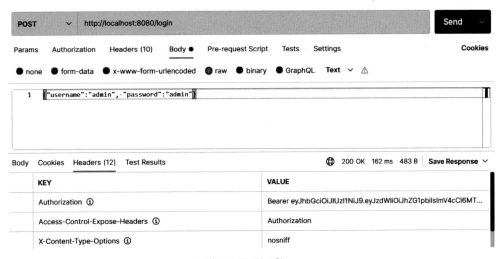

그림 5.13 로그인 요청

04. 정상적으로 로그인한 후 Authorization 헤더로 받은 JWT를 다른 RESTful 서비스 엔드포인트를 호출하는 데 활용할 수 있다. 로그인 응답에서 토큰(Bearer 접두사 없이)을 복사하고 토큰과 함께 Authorization 헤더를 VALUE 열에 추가한다. 다음 그림의 예를 참고한다.

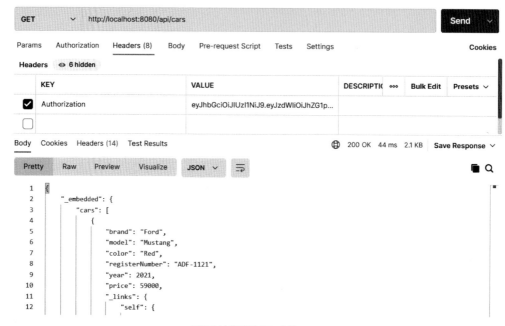

그림 5.14 인증된 GET 요청

05. 인증 예외도 처리해야 한다. 이제 틀린 암호로 로그인하려고 하면 추가 정보 없이 403 Forbidden 상태가 반환된다. 스프링 시큐리티에는 예외를 처리하는 데 이용할 수 있는 AuthenticationEntryPoint 인터페이스가 있다. 루트 패키지에 AuthenticationEntryPoint를 구현하는 AuthEntryPoint라는 새 클래스를 만든다. 이 클래스에 예외를 매개변수로 받는 commence 메서드를 구현한다. 예외가 발생하면 응답 상태를 401 Unauthorized로 설정하고 응답 본문에 예외 메시지를 기록한다. 코드는 다음과 같다.

```
package com.packt.cardatabase;

import java.io.IOException;
import java.io.PrintWriter;

import javax.servlet.ServletException;
import javax.servlet.http.HttpServletRequest;
import javax.servlet.http.HttpServletResponse;
```

```java
import org.springframework.http.MediaType;
import org.springframework.security.core.AuthenticationException;
import org.springframework.security.web.AuthenticationEntryPoint;
import org.springframework.stereotype.Component;


@Component
public class AuthEntryPoint implements AuthenticationEntryPoint {
    @Override
    public void commence(
        HttpServletRequest request,
        HttpServletResponse response,
        AuthenticationException authException)
        throws IOException, ServletException {

        response.setStatus(HttpServletResponse.SC_UNAUTHORIZED);
        response.setContentType(MediaType.APPLICATION_JSON_VALUE);
        PrintWriter writer = response.getWriter();
        writer.println("Error: " + authException.getMessage());
    }
}
```

06. 다음으로 예외 처리를 위해 스프링 시큐리티를 구성할 차례다. 다음과 같이 `AuthEntryPoint` 클래스를 `SecurityConfig` 클래스에 주입한다.

```java
// SecurityConfig.java
@Autowired
private AuthEntryPoint exceptionHandler;
```

그러고 나서 다음과 같이 `configure` 메서드를 수정한다.

```java
// SecurityConfig.java
@Override
protected void configure(HttpSecurity http) throws Exception {
    http.csrf().disable()
        .sessionManagement()
        .sessionCreationPolicy(SessionCreationPolicy.STATELESS).and()
        .authorizeRequests()
        .antMatchers(HttpMethod.POST, "/login").permitAll()
        .anyRequest().authenticated().and()
```

```
        .exceptionHandling()
        .authenticationEntryPoint(exceptionHandler).and()
        .addFilterBefore(authenticationFilter,
            UsernamePasswordAuthenticationFilter.class);
}
```

07. 이제 잘못된 자격 증명으로 POST 요청을 보내 로그인을 시도하면 다음 그림과 같이 응답으로 401 Unauthorized 상태가 반환되고 본문에 오류 메시지가 담긴다.

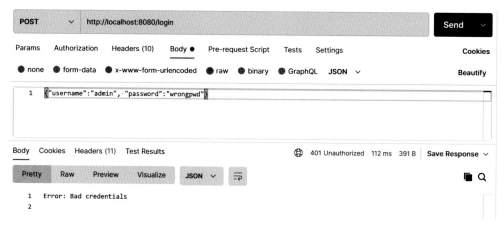

그림 5.15 잘못된 자격 증명

이제 보안 구성 클래스에 교차 출처 리소스 공유를 위한 CORS_{Cross-Origin Resource Sharing} 필터도 추가해보자. 이는 다른 출처에서 요청을 보내는 프런트엔드에 필요하다. CORS 필터는 요청을 가로채고 해당 요청이 교차 출처에서 확인되면 적절한 헤더를 요청에 추가한다. 이를 위해 스프링 시큐리티의 CorsConfigurationSource 인터페이스를 이용한다. 예제에서는 모든 출처의 HTTP 방식과 헤더를 허용한다. 허용되는 출처, 방식, 헤더 목록을 정의하면 정의를 더 세분화할 수 있다.

08. SecurityConfig 클래스에 다음과 같이 import 문과 메서드를 추가해 CORS 필터를 활성화한다.

```java
// SecurityConfig.java

// import 문 추가
import java.util.Arrays;

import org.springframework.web.cors.CorsConfiguration;
import org.springframework.web.cors.CorsConfigurationSource;
import org.springframework.web.cors.UrlBasedCorsConfigurationSource;
```

```
// 클래스에 전역 CORS 필터 추가
@Bean
CorsConfigurationSource corsConfigurationSource() {
    UrlBasedCorsConfigurationSource source =
        new UrlBasedCorsConfigurationSource();
    CorsConfiguration config = new CorsConfiguration();
    config.setAllowedOrigins(Arrays.asList("*"));
    config.setAllowedMethods(Arrays.asList("*"));
    config.setAllowedHeaders(Arrays.asList("*"));
    config.setAllowCredentials(false);
    config.applyPermitDefaultValues();

    source.registerCorsConfiguration("/**", config);
    return source;
}
```

09. 출처를 명시적으로 정의하려면 다음과 같이 설정하면 된다.

```
// localhost:3000 허용
config.setAllowedOrigins(Arrays.asList("http://localhost:3000"));
```

다음 코드와 같이 configure 메서드에 cors() 함수를 추가할 수도 있다.

```
// SecurityConfig.java
@Override
protected void configure(HttpSecurity http) throws Exception {
    http.csrf().disable().cors().and()
        .sessionManagement()
        .sessionCreationPolicy(SessionCreationPolicy.STATELESS).and()
        .authorizeRequests()
        .antMatchers(HttpMethod.POST, "/login").permitAll()
        .anyRequest().authenticated().and()
        .exceptionHandling()
        .authenticationEntryPoint(exceptionHandler).and()
        .addFilterBefore(authenticationFilter,
            UsernamePasswordAuthenticationFilter.class);
}
```

이제 백엔드에 필요한 모든 기능을 구현했다. 다음은 백엔드를 단위 테스트할 차례다.

스프링 부트 테스트

이 책의 앞부분에서 스프링 이니셜라이저로 프로젝트를 생성할 때 pom.xml 파일에 스프링 부트 테스트 스타터 패키지를 추가했었다. 이 패키지는 별도로 지정하지 않아도 자동으로 추가된다. 이 패키지를 추가하는 방법은 다음과 같다.

```
<dependency>
    <groupId>org.springframework.boot</groupId>
    <artifactId>spring-boot-starter-test</artifactId>
    <scope>test</scope>
</dependency>
```

스프링 부트 테스트 스타터는 JUnit, Mockito, AssertJ 등의 여러 유용한 라이브러리를 지원한다. 이 책에서는 JUnit 5 버전$_{JUnit\ Jupiter}$을 이용한다. 프로젝트 구조를 둘러보면 다음 그림과 같이 테스트 클래스를 위한 자체 패키지가 이미 생성된 것을 알 수 있다.

그림 5.16 테스트 클래스

스프링 부트는 기본적으로 인메모리 데이터베이스를 테스트에 이용한다. 여기서는 MariaDB를 이용하지만 pom.xml 파일에 다음 의존성을 추가하면 H2를 이용할 수도 있다. H2 데이터베이스는 테스트 실행에만 쓰고 그 밖에는 MariaDB 데이터베이스를 쓰도록 범위를 정의한 것을 알 수 있다.

```
<dependency>
    <groupId>com.h2database</groupId>
    <artifactId>h2</artifactId>
    <scope>test</scope>
</dependency>
```

테스트의 기본 데이터베이스는 @AutoConfigureTestDatabase 어노테이션으로 지정한다.

단위 테스트 만들기

이 책에서는 널리 이용되는 자바 기반 단위 테스트 라이브러리인 JUnit을 단위 테스트에 이용한다. 다음 예제 코드는 스프링 부트 테스트 클래스의 기본 구조를 보여준다. @SpringBootTest 어노테이션은 해당 클래스가 스프링 부트 기반 테스트를 실행하는 일반 테스트 클래스임을 지정한다. 메서드 앞의 @Test 어노테이션은 해당 메서드를 테스트 케이스로 실행할 수 있다고 JUnit에 알린다.

```
@SpringBootTest
public class MyTestsClass {

    @Test
    public void testMethod() {
        // 테스트 케이스 코드
    }
}
```

정식 테스트 케이스를 만들기 전에 애플리케이션의 주요 기능을 테스트하는 첫 번째 테스트 케이스를 먼저 만들어보자. 다음과 같이 진행한다.

01. 애플리케이션에 이미 준비돼 있는 CardatabaseApplicationTest 테스트 클래스를 연다. 테스트를 추가할 위치는 이 클래스의 contextLoads라는 테스트 메서드다. 다음 테스트는 컨트롤러의 인스턴스가 정상적으로 생성되고 주입됐는지 확인한다.

```
package com.packt.cardatabase;

import static org.assertj.core.api.Assertions.assertThat;
import org.junit.jupiter.api.Test;
import org.springframework.beans.factory.annotation.Autowired;
import org.springframework.boot.test.context.SpringBootTest;

import com.packt.cardatabase.web.CarController;

@SpringBootTest
class CardatabaseApplicationTests {
    @Autowired
    private CarController controller;
```

```
    @Test
    void contextLoads() {
        assertThat(controller).isNotNull();
    }
}
```

02. 이클립스에서 테스트를 실행하려면 **프로젝트 탐색기**에서 테스트 클래스를 마우스 오른쪽 버튼으로 클릭한다. 메뉴에서 **Run As | JUnit test**를 선택한다. 이제 이클립스 워크벤치의 아래쪽 부분에서 JUnit 탭을 볼 수 있다. 다음 그림과 같이 테스트 결과가 이 탭에 표시되고 테스트 케이스가 통과한다.

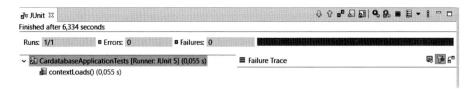

그림 5.17 JUnit 테스트 실행

@DisplayName 어노테이션으로 테스트 케이스에 자세한 이름을 지정할 수 있다. @DisplayName 어노테이션에 정의한 이름은 JUnit 테스트 실행기에 표시된다. 코드는 다음과 같다.

```
@Test
@DisplayName("First example test case")
void contextLoads() {
    assertThat(controller).isNotNull();
}
```

03. 다음은 소유자 리포지터리의 CRUD~Create, Read, Update, Delete~ 작업을 테스트할 단위 테스트를 만들어보자. 루트 테스트 패키지에 OwnerRepositoryTest라는 새 클래스를 만든다. JPA~Java Persistence API~ 컴포넌트 중심의 테스트에는 @SpringBootTest 대신 @DataJpaTest 어노테이션을 이용할 수 있다. 이 어노테이션을 이용하면 H2 하이버네이트 데이터베이스와 스프링 데이터가 자동으로 테스트에 맞게 구성된다. SQL~Structured Query Language~ 로깅도 활성화된다. 코드는 다음과 같다.

```
package com.packt.cardatabase;

import static org.assertj.core.api.Assertions.assertThat;
import org.junit.jupiter.api.Test;
import org.springframework.beans.factory.annotation.Autowired;
import org.springframework.boot.test.autoconfigure.orm.jpa.DataJpaTest;
```

```java
import com.packt.cardatabase.domain.Owner;
import com.packt.cardatabase.domain.OwnerRepository;

@DataJpaTest
public class OwnerRepositoryTest {
    @Autowired
    private OwnerRepository repository;
}
```

04. 다음으로 데이터베이스에 새 소유자를 추가하는 기능을 테스트하는 테스트 케이스를 만들어보자. 새 owner 객체를 생성하고 save 메서드를 이용해 데이터베이스에 저장한다. 그런 다음 소유자가 검색되는지 확인한다. OwnerRepository.java 파일에 다음 쿼리를 추가한다. 테스트 케이스에서 이 쿼리를 이용할 것이다.

```java
Optional<Owner> findByFirstname(String firstName);
```

05. 테스트 케이스 메서드의 소스코드는 다음과 같다. 다음 메서드를 OwnerRepositoryTest 클래스에 추가한다.

```java
@Test
void saveOwner() {
    repository.save(new Owner("Lucy", "Smith"));
    assertThat(repository.findByFirstname("Lucy").isPresent()).isTrue();
}
```

06. 두 번째 테스트 케이스는 데이터베이스에서 소유자를 삭제하는 기능을 테스트한다. 새 owner 객체를 생성하고 데이터베이스에 저장한다. 그런 다음 데이터베이스에서 모든 소유자를 삭제하면 count() 메서드가 0을 반환해야 한다. 테스트 케이스 메서드의 소스코드는 다음과 같다. 다음 메서드를 OwnerRepositoryTest 클래스에 추가한다.

```java
@Test
void deleteOwners() {
    repository.save(new Owner("Lisa", "Morrison"));
    repository.deleteAll();
    assertThat(repository.count()).isEqualTo(0);
}
```

07. 테스트 케이스를 실행하고 이클립스 JUnit 탭에서 테스트가 통과됐는지 확인한다. 다음 그림은 테스트 케이스가 통과된 결과를 보여준다.

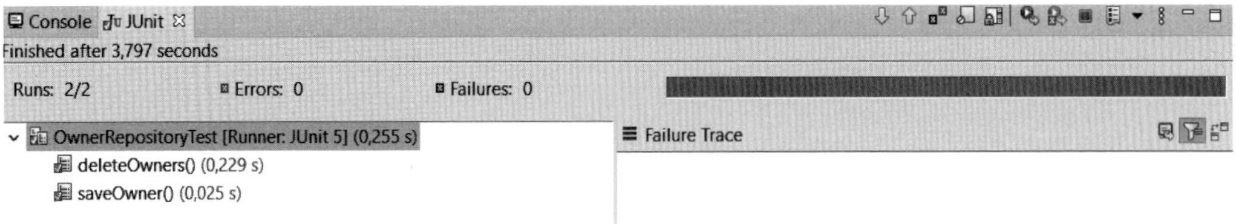

그림 5.18 리포지터리 테스트 케이스

참고

> 스프링 부트 2.7 버전에서는 테스트를 실행했을 때 H2의 예약어 문제로 오류가 발생할 수 있다. 이 경우 User 엔티티의
> @Entity 어노테이션 위에 다음과 같이 @Table 어노테이션을 추가하면 문제 없이 동작한다.
>
> ```
> @Table(name="`user`")
> @Entity
> public class User {
> ```

08. 다음으로 RESTful 웹 서비스의 JWT 인증 기능을 테스트해보자. 컨트롤러나 다른 노출된 엔드포인트를 테스트하려면
MockMvc 객체를 이용할 수 있다. MockMvc 객체를 이용하면 서버가 시작되지는 않지만 스프링이 HTTP 요청을 처리하
는 계층에서 실제 상황을 모의 테스트할 수 있다. MockMvc는 이러한 요청을 보내는 perform 메서드를 제공한다. 인증
을 테스트하려면 요청 본문에 자격 증명을 추가해야 한다. 마지막으로 응답 상태가 OK인지 확인한다. 코드는 다음과
같다.

```
package com.packt.cardatabase;

import static org.springframework.test.web.servlet.request.MockMvcRequestBuilders.post;
import static org.springframework.test.web.servlet.result.MockMvcResultHandlers.print;
import static org.springframework.test.web.servlet.result.MockMvcResultMatchers.status;

import org.junit.jupiter.api.Test;
import org.springframework.beans.factory.annotation.Autowired;
import org.springframework.boot.test.autoconfigure.web.servlet.AutoConfigureMockMvc;
import org.springframework.boot.test.context.SpringBootTest;
import org.springframework.http.HttpHeaders;
import org.springframework.test.web.servlet.MockMvc;

@SpringBootTest
@AutoConfigureMockMvc
public class CarRestTest {
    @Autowired
```

```
    private MockMvc mockMvc;

    @Test
    public void testAuthentication() throws Exception {
        // 올바른 자격 증명으로 인증 테스트
        this.mockMvc.
            perform(post("/login").
            content("{\"username\":\"admin\",\"password\":\"admin\"}").
            header(HttpHeaders.CONTENT_TYPE, "application/json")).
            andDo(print()).andExpect(status().isOk());
    }
}
```

인증 테스트를 실행하면 다음 그림과 같이 테스트를 통과한 결과를 볼 수 있다.

그림 5.19 로그인 테스트

지금까지 스프링 부트 애플리케이션을 테스트하는 방법의 기초를 다루고 애플리케이션에 대한 테스트 케이스를 구현하는 데 필요한 내용을 배웠다.

요약

이번 장에서는 스프링 부트 백엔드를 보호하고 테스트하는 과정을 알아봤다. 애플리케이션을 보호하는 데는 스프링 시큐리티를 이용한다. 이후 장에서 프런트엔드를 개발하는 데는 리액트를 이용하므로 이러한 필요에 맞는 경량형 인증 방식인 JWT 인증을 구현했다.

스프링 부트 애플리케이션의 테스트 기초도 다뤘다. JUnit으로 단위 테스트를 만들었고 JPA와 RESTful 웹 서비스 인증에 대한 테스트 케이스를 구현했다.

다음 장에서는 프런트엔드 개발과 관련된 환경과 툴을 설정한다.

문제

1. 스프링 시큐리티란 무엇인가?

2. 스프링 부트로 백엔드를 보호하려면 어떻게 해야 하는가?

3. JWT란 무엇인가?

4. JWT로 백엔드를 보호하려면 어떻게 해야 하는가?

5. 스프링 부트로 단위 테스트를 만들려면 어떻게 해야 하는가?

6. 단위 테스트를 실행하고 결과를 확인하려면 어떻게 해야 하는가?

2부

리액트를 이용한
프런트엔드 프로그래밍

2부에서는 리액트 기초에 익숙해질 기회를 제공한다. 또한 리액트로 RESTful 웹 서비스를 이용하고 프런트엔드를 테스트하는 방법을 배운다.

2부의 구성은 다음과 같다.

- 6장, 환경과 툴 설정 - 프런트엔드
- 7장, 리액트 시작하기
- 8장, 리액트로 REST API 이용하기
- 9장, 유용한 리액트용 서드파티 컴포넌트

06

환경과 툴 설정
- 프런트엔드

6장에서는 프런트엔드 개발을 시작할 수 있도록 리액트에 필요한 개발 환경과 툴을 설명한다. 이를 위해 페이스북에서 개발한 create-react-app 스타터 키트로 간단한 스타터 리액트 앱을 개발한다.

이번 장에서 다룰 주제는 다음과 같다.

- Node.js 설치
- 비주얼 스튜디오 코드(Visual Studio Code) 설치
- 비주얼 스튜디오 코드 확장
- create-react-app을 이용한 React.js 앱 만들기 및 실행
- 리액트 앱 수정

기술 요구 사항

이 책에서는 윈도우 OS를 이용하지만 모든 툴은 macOS와 리눅스 버전으로도 제공된다.

이번 장의 소스코드는 깃허브 저장소인 https://github.com/wikibook/springboot-react/tree/main/Chapter06을 참조하기 바란다.

Node.js 설치

Node.js는 자바스크립트 기반의 오픈소스 서버 측 환경이다. Node.js는 윈도우, macOS, 리눅스 같은 여러 운영체제를 지원하며 리액트 앱을 개발하는 데 꼭 필요하다.

Node.js 설치 패키지는 https://nodejs.org/en/download/에서 내려받을 수 있다. 사용 중인 운영체제에 맞는 **LTS**Long-Term Support 버전을 다운로드하자. 이 책에서는 윈도우 10 운영체제를 이용하므로 이에 맞는 Node.js MSI 설치 관리자를 다운로드하면 손쉽게 설치할 수 있다.

설치 관리자를 실행하고 설치 마법사에서는 기본 설정을 선택하면 된다.

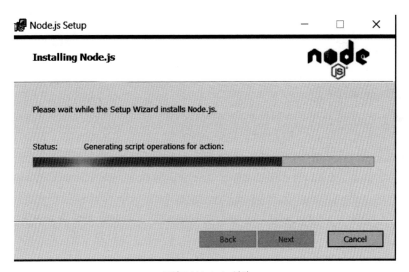

그림 6.1 Node.js 설치

설치를 완료한 후, 제대로 작동하는지 확인할 수 있다. PowerShell(또는 이용하는 다른 터미널)을 열고 다음 명령을 입력한다.

```
node -v
npm -v
```

이 두 명령은 설치된 Node.js와 npm의 버전을 표시한다.

그림 6.2 Node.js와 npm 버전

npm은 자바스크립트용 패키지 관리자이며, Node.js를 설치하면 함께 설치된다. 이후 장에서 리액트 앱에 여러 노드 모듈을 설치하면서 자주 이용할 예정이다. npm 외에 **Yarn**이라는 다른 패키지 관리자도 있으며 원한다면 이를 이용해도 된다.

Node.js를 설치한 다음에는 코딩을 시작하도록 도와주는 코드 편집기를 설치할 차례다.

VS Code 설치

비주얼 스튜디오 코드(이하 VS Code)는 여러 프로그래밍 언어를 지원하는 오픈소스 코드 편집기다. VS Code는 마이크로소프트에서 개발했다. Atom이나 Brackets 등 다른 코드 편집기도 많이 있으며 현재 익숙한 코드 편집기가 있으면 계속 이용해도 된다. VS Code는 윈도우, macOS, 리눅스용으로 제공되며, https://code.visualstudio.com/에서 다운로드할 수 있다.

윈도우에서는 MSI 설치 관리자로 설치를 진행하며, 기본 설정을 이용하면 된다. 다음 그림에 VS Code의 워크벤치가 나온다. 왼쪽의 작업 막대에서는 다양한 뷰로 전환할 수 있다. 작업 막대 옆의 세로 막대는 프로젝트 파일 탐색기와 같은 다양한 뷰를 포함한다.

워크벤치의 나머지 공간은 편집기가 차지한다.

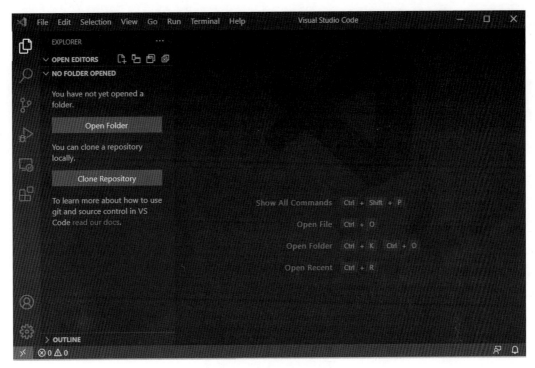

그림 6.3 VS Code 워크벤치

VS Code에는 리액트 앱을 작성하고 실행할 수 있는 통합 터미널이 있다. 터미널은 **보기 | 터미널 (View | Integrated terminal)** 메뉴를 선택하면 볼 수 있다. 이후 장에서 리액트 앱 사용법을 다룰 때는 터미널을 자주 이용할 예정이다.

VS Code 확장

다양한 프로그래밍 언어와 프레임워크를 위한 여러 확장 프로그램이 있다. 작업 막대에서 **확장 (Extensions)**을 열면 원하는 확장 프로그램을 검색할 수 있다. 리액트 개발자에게 아주 유용해서 설치를 권장하는 확장 프로그램으로는 **React.js code snippets**가 있다. 이 확장 프로그램은 React.js 앱을 위한 여러 예제 코드를 제공하므로 개발 속도를 크게 높여준다. 이 확장 기능을 이용하는 방법은 나중에 알아본다.

다음 그림은 React.js code snippets 설치 페이지 화면이다.

그림 6.4 React.js code snippets

ESLint 확장 프로그램은 오타와 구문 오류를 빠르게 찾고 소스코드의 형식을 쉽게 지정할 수 있게 해준다.

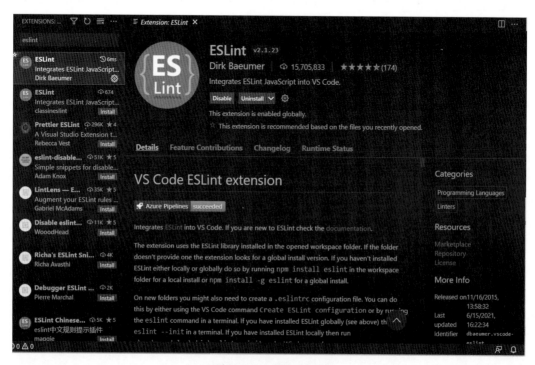

그림 6.5 ESLint 확장 프로그램

Prettier는 자동으로 코드 형식을 지정할 수 있는 코드 포맷터다. 코드를 저장한 후 자동으로 코드 형식을 적용하도록 VS Code 설정에서 지정할 수 있다.

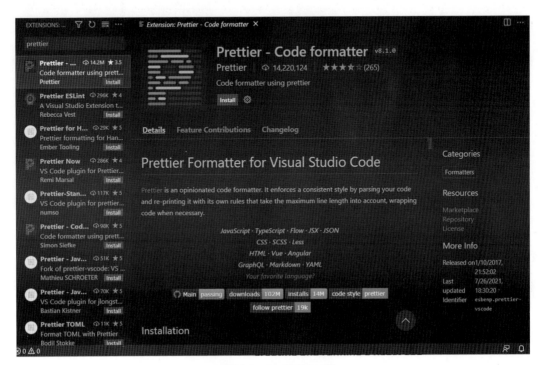

그림 6.6 Prettier 확장 프로그램

지금까지 VS Code에서 이용할 수 있는 몇 가지 유용한 확장 프로그램을 알아봤다. 다음으로 첫 번째 리액트 앱을 작성하고 이를 실행 및 수정하는 과정을 알아보겠다.

리액트 앱 만들기 및 실행

이제 Node.js와 코드 편집기를 설치했으므로 첫 번째 리액트 앱을 작성할 준비가 끝났다. 이 작업에는 페이스북에서 만든 create-react-app(https://github.com/facebook/create-react-app) 키트를 이용한다. 다음 과정에 따라 첫 번째 리액트 앱을 작성해보자.

01. PowerShell(또는 이용하는 다른 터미널)을 열고 다음 명령을 입력한다.

```
npx create-react-app myapp
```

이 명령은 myapp이라는 리액트 앱을 생성한다. npx는 npm 패키지 실행기로, 이를 이용하면 실행하기 전에 패키지를 설치할 필요가 없다.

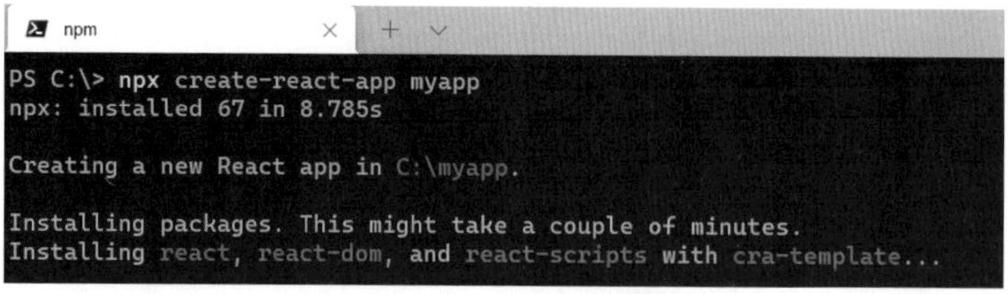

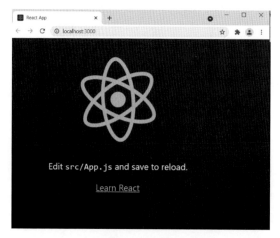

```
PS C:\> npx create-react-app myapp
npx: installed 67 in 8.785s

Creating a new React app in C:\myapp.

Installing packages. This might take a couple of minutes.
Installing react, react-dom, and react-scripts with cra-template...
```

그림 6.7 create-react-app

02. 앱이 생성되면 앱 폴더로 이동한다.

```
cd myapp
```

03. 앱을 실행하는 명령은 다음과 같다. 이 명령은 앱을 로컬호스트의 3000번 포트에서 실행하고 브라우저에서 앱을 연다.

```
npm start
```

04. 이제 애플리케이션이 실행되며 브라우저에서 다음 페이지를 볼 수 있다. npm start 명령은 앱을 개발 모드로 시작한다.

![React App localhost:3000 화면 - Edit src/App.js and save to reload. Learn React]

그림 6.8 리액트 앱

PowerShell에서 Ctrl + C를 눌러 개발 서버를 중지할 수 있다. 운영을 위한 최소 버전의 앱을 빌드하려면 npm run build 명령을 이용하면 된다. 이 명령은 앱을 빌드 폴더에 빌드한다.

리액트 앱 수정

create-react-app으로 만든 리액트 앱을 수정하는 방법을 알아보자. 이 작업에는 앞서 설치한 VS Code를 이용한다.

01. VS Code에서 **파일 | 폴더 열기**를 선택해서 리액트 앱 폴더를 연다. 파일 탐색기에 앱의 구조가 표시된다. 현재 가장 중요한 폴더는 자바스크립트 소스코드가 포함된 src 폴더다.

그림 6.9 프로젝트 구조

> **참고**
>
> 터미널에서 code . 명령을 실행하면 현재 위치한 폴더에서 VS Code를 연다.

02. 코드 편집기에서 src 폴더에 있는 App.js 파일을 연다. 링크 요소(〈a〉 요소)에 있는 텍스트를 Hello React로 수정하고 파일을 저장한다. 아직 이 파일에 모르는 부분이 있어도 걱정할 필요는 없다. 이 주제에 관해서는 **7장, '리액트 시작하기'**에서 자세히 알아본다.

```
>< File   Edit  Selection  View  Go  Run  Terminal  Help                    App.js - myapp - Visual Studio Code

   EXPLORER                    ...    {} package.json M       JS App.js  M ×

   ∨ OPEN EDITORS                      src > JS App.js > ⊕ App
        {} package.json         M       1   import logo from './logo.svg';
      × JS App.js  src          M       2   import './App.css';
                                         3
   ∨ MYAPP                               4   function App() {
      > node_modules                     5     return (
      > public                           6       <div className="App">
      ∨ src                     ●        7         <header className="App-header">
         # App.css                       8           <img src={logo} className="App-logo" alt="logo" />
         JS App.js              M        9           <p>
         JS App.test.js                 10             Edit <code>src/App.js</code> and save to reload.
         # index.css                    11           </p>
         JS index.js                    12           <a
         ▪ logo.svg                     13             className="App-link"
         JS reportWebVitals.js          14             href="https://reactjs.org"
         JS setupTests.js               15             target="_blank"
         ◆ .gitignore                   16             rel="noopener noreferrer"
         {} package.json        M       17           >
         ① README.md                    18             Hello React
         ▪ yarn.lock            M       19           </a>
                                        20         </header>
                                        21       </div>
                                        22     );
                                        23   }
                                        24
                                        25   export default App;
                                        26
```

그림 6.10 App.js 코드

03. 이제 브라우저를 보면 링크 텍스트가 바뀐 것을 즉시 알 수 있다. 리액트 프로젝트의 자바스크립트 파일을 수정하고 저장하면 브라우저가 즉시 새로고침된다.

그림 6.11 수정된 리액트 앱

리액트 앱을 디버깅하려면 리액트 개발자 툴을 설치해야 한다. 리액트 개발자 툴은 크롬, 파이어폭스, 엣지 브라우저
용으로 다운로드할 수 있다. 크롬 플러그인은 크롬 웹 스토어(https://chrome.google.com/webstore/category/
extensions)에서 'React Developer Tools'를 검색하여 설치할 수 있으며, 파이어폭스 애드온은 파이어폭스 애드온
사이트(https://addons.mozilla.org)에서 설치할 수 있다. 리액트 개발자 툴을 설치하고 리액트 앱으로 이동하면
브라우저의 개발자 툴에서 Components 탭을 볼 수 있다.

개발자 툴을 열려면 크롬 브라우저에서 Ctrl + Shift + I(또는 F12)를 누른다. 다음 그림에 크롬 브라우저의 개발자 툴이
나온다.

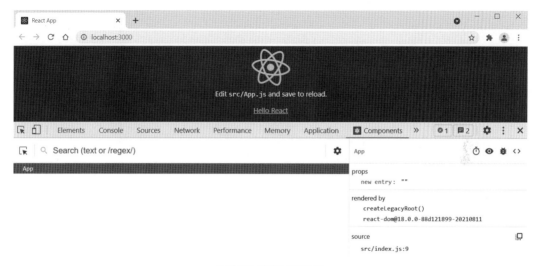

그림 6.12 리액트 개발자 툴

브라우저의 개발자 툴은 아주 중요한 툴이다. 개발 중에 오류와 경고를 즉시 볼 수 있도록 열어 두는 것
이 좋다.

요약

이번 장에서는 React.js로 프런트엔드 개발을 시작하는 데 필요한 모든 항목을 설치했다. 우선 Node.js
와 VS Code를 설치했다. 그리고 나서 create-react-app 스타터 키트로 첫 번째 React.js 앱을 만들었다.
마지막으로 앱을 실행하고 수정하는 방법도 알아봤다. 하지만 이번 장에서는 앱의 구조와 수정 방법을
간략하게 소개했을 뿐이다.

다음 장에서는 리액트 프로그래밍의 기본 사항에 익숙해질 기회를 제공한다. 자바스크립트 구문을 작성하는 데는 쉬운 코딩에 도움이 되는 여러 기능을 포함한 ES6 문법을 이용하겠다.

문제

1. Node.js와 npm이란 무엇인가?

2. Node.js를 설치하려면 어떻게 하는가?

3. VS Code란 무엇인가?

4. VS Code를 설치하려면 어떻게 하는가?

5. `create-react-app`으로 React.js 앱을 생성하려면 어떻게 하는가?

6. React.js 앱은 어떻게 실행하는가?

7. 앱을 수정하는 기본적인 방법은 무엇인가?

리액트
시작하기

7장에서는 리액트 프로그래밍의 기본 사항을 다룬다. 먼저 리액트 프런트엔드의 기본 기능을 작성하는 데 필요한 기술을 알아볼 것이다. 자바스크립트 구문에는 쉽게 코딩하는 데 도움이 되는 여러 기능이 있는 **ES6**ECMAScript 2015을 이용한다.

이번 장에서 다룰 주제는 다음과 같다.

- 리액트 컴포넌트를 만드는 방법

- 유용한 ES6 기능

- **JSX**JavaScript XML와 스타일링

- **프롭**prop과 상태

- 상태 비저장(stateless) 컴포넌트

- 조건부 렌더링

- 리액트 후크

- 맞춤형 후크

- 컨텍스트 API

- 리액트로 목록 구현

- 리액트로 이벤트 처리

- 리액트로 폼 구현

기술 요구 사항

이 책에서는 윈도우 운영체제를 이용하지만 모든 툴은 macOS와 리눅스 버전으로도 제공된다. 리액트 후크 관련 작업에는 리액트 버전 16.8 이상이 필요하다.

이번 장의 깃허브 저장소(https://github.com/wikibook/springboot-react/tree/main/Chapter07)를 방문하면 추가 리소스를 확인할 수 있다.

리액트 컴포넌트를 만드는 방법

메타(이전 페이스북)에 따르면 리액트는 UI를 위한 자바스크립트 라이브러리다. 리액트는 버전 15 이후로 MIT_{Massachusetts Institute of Technology} 라이선스에 따라 개발되고 있다. 리액트는 독립적이고 재사용할 수 있는 컴포넌트를 기반으로 작동한다. 리액트로 UI 개발을 시작할 때는 모의 인터페이스를 만드는 것부터 시작하는 것이 좋다. 그러면 어떤 종류의 컴포넌트를 만들어야 하고 컴포넌트 간에 어떻게 상호 작용해야 할지 쉽게 파악할 수 있다.

다음 그림에 나오는 모의 UI는 UI가 어떤 컴포넌트로 분할되는지를 보여준다. 이 예에는 애플리케이션 루트 컴포넌트, 검색 창 컴포넌트, 표 컴포넌트, 표 행 컴포넌트가 하나씩 있다.

```
┌─ Root component ──────────────────────────────────────────────────────────┐
│ ┌─ Search component ──────────────────────────────────────────────────────┐│
│ │                                                                          ││
│ │              Search _____    ┌──────────┐                        ││
│ │                                      │  SEARCH  │                        ││
│ │                                      └──────────┘                        ││
│ └──────────────────────────────────────────────────────────────────────────┘│
│ ┌─ Table component ───────────────────────────────────────────────────────┐│
│ │   Id              Description        Date          Priority              ││
│ │ ┌─ Table row component ──────────────────────────────────────────────┐  ││
│ │ │ 1               React exam         1.2.2022       High               │  ││
│ │ └────────────────────────────────────────────────────────────────────┘  ││
│ │   2               Swimming          7.6.2022       Medium               ││
│ │   3               Coffee with Mike  3.4.2022       Low                  ││
│ │   4               Movie night       5.2.2022       High                 ││
│ │                                                                          ││
│ └──────────────────────────────────────────────────────────────────────────┘│
└────────────────────────────────────────────────────────────────────────────┘
```

그림 7.1 리액트 컴포넌트

다음 그림과 같이 컴포넌트를 트리 계층으로 정리할 수 있다. 루트 컴포넌트에는 검색 컴포넌트와 표 컴포넌트라는 두 가지 하위 컴포넌트가 있다. 표 컴포넌트에는 표 행 컴포넌트라는 하위 컴포넌트 한 개가 있다. 리액트에서 데이터 흐름은 상위 컴포넌트에서 하위 컴포넌트로 향한다는 점을 기억해야 한다. 프롭을 통해 상위 컴포넌트에서 하위 컴포넌트로 데이터를 전달하는 방법은 나중에 알아볼 예정이다.

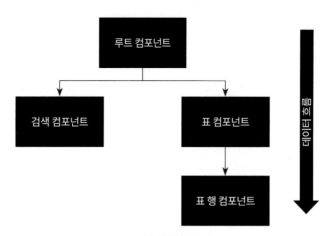

그림 7.2 컴포넌트 트리

리액트는 UI를 선택적으로 렌더링해서 효율을 높이기 위해 **VDOM**_{Virtual Document Object Model}을 이용한다. VDOM은 경량화된 DOM이며, 실제 DOM을 처리할 때보다 훨씬 빠르게 조작할 수 있다. VDOM이 업데이트된 후, 리액트는 이를 업데이트 전의 VDOM에서 얻은 스냅샷과 비교한다. 비교가 끝나면 리액트는 어떤 부분이 변경되었는지 확인하고 변경된 부분만 실제 DOM에 업데이트한다.

리액트 컴포넌트는 자바스크립트 함수나 ES6 자바스크립트 클래스로 정의할 수 있다. ES6에 관해서는 다음 절에서 자세히 알아본다. 다음은 Hello World 텍스트를 출력하는 간단한 컴포넌트의 소스코드다. 첫 번째 코드 블록은 자바스크립트 함수를 이용한다.

```
// 자바스크립트 함수 이용
function App() {
    return <h1>Hello World</h1>;
}
```

리액트 함수에 필수적인 return 문은 컴포넌트가 어떻게 표시될지를 결정한다.

다음 코드는 ES6 클래스를 이용해 컴포넌트를 만든다.

```
// ES6 클래스 이용
class App extends React.Component {
    render() {
        return <h1>Hello World</h1>;
    }
}
```

클래스로 구현된 컴포넌트에는 컴포넌트의 렌더링된 출력 결과를 표시하고 업데이트할 render() 메서드가 필요하다. App 함수 컴포넌트에는 App 클래스 컴포넌트와 달리 render() 메서드가 필요 없다. 리액트 16.8 이전에는 클래스 컴포넌트만 상태를 이용할 수 있었다. 이제 후크를 이용하면 함수 컴포넌트에서도 상태를 생성할 수 있다. 상태와 후크에 관해서는 이번 장의 뒷부분에서 다룬다.

이 책에서는 함수를 이용해 컴포넌트를 만들 것이다. 컴포넌트를 함수로 만들면 코드를 적게 작성할 수 있지만 원한다면 클래스 컴포넌트를 이용해도 된다.

참고

> 리액트 컴포넌트의 이름은 대문자로 시작해야 하며, 각 단어를 대문자로 시작하는 **파스칼 표기법**PascalCase 명명 규칙을 이용하는
> 것이 좋다.

다음과 같이 컴포넌트의 return 문을 수정하고 <p> 요소를 추가해보자.

```
function App() {
    return (
        <h1>Hello World</h1>
        <p>This is my first React component</p>
    );
}
```

앱을 실행하면 다음 그림과 같이 Adjacent JSX elements must be wrapped in an enclosing tag 오류가 발생
한다.

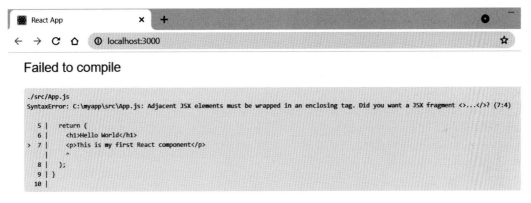

그림 7.3 인접한 JSX 오류

컴포넌트가 여러 요소를 반환할 때는 이러한 요소들을 상위 요소 안에 넣어야 한다. 다음 코드와 같이 반
환할 여러 요소를 div와 같은 상위 요소 안에 넣으면 이 오류가 해결된다.

```
// 여러 요소를 div 안에 넣음
function App() {
    return (
        <div>
```

```
        <h1>Hello World</h1>
        <p>This is my first React component</p>
    </div>
    );
}
```

리액트 버전 16.2부터는 다음 코드에 나오는 것처럼 프래그먼트를 이용할 수 있다.

```
import React from 'react';

// 프래그먼트 이용
function App() {
    return (
        <React.Fragment>
            <h1>Hello World</h1>
            <p>This is my first React component</p>
        </React.Fragment>
    );
}
```

빈 JSX 태그와 비슷한 더 간단한 프래그먼트 구문도 있다. 다음 코드를 보자.

```
// 더 짧은 프래그먼트 구문
function App() {
    return (
        <>
            <h1>Hello World</h1>
            <p>This is my first React component</p>
        </>
    );
}
```

6장, '환경과 툴 설정 – 프런트엔드'에서 create-react-app으로 만든 첫 번째 리액트 앱을 더 자세히 살펴보자. 루트 폴더에 있는 index.js 파일의 소스코드는 다음과 같다.

```
import React from 'react';
import ReactDOM from 'react-dom'
```

```
import './index.css';
import App from './App';
import reportWebVitals from './reportWebVitals';

ReactDOM.render(
    <React.StrictMode>
        <App />
    </React.StrictMode>,
    document.getElementById('root')
);
reportWebVitals();
```

파일의 처음 부분에는 컴포넌트와 정적 리소스를 로드하는 import 문이 있다. 예를 들어, 둘째 행은 node_
modules 폴더에서 react-dom 패키지를 가져오고, 넷째 행은 App 컴포넌트(src 폴더에 있는 App.js 파일)를
가져온다. 셋째 행은 index.js 파일과 같은 폴더에 있는 index.css 스타일시트를 가져온다. react-dom 패
키지에는 DOM 전용 메서드가 있다. 리액트 컴포넌트를 DOM으로 렌더링하려면 react-dom 패키지의
render 메서드를 이용한다. React.StrictMode는 리액트 앱의 잠재적인 문제를 찾는 데 이용된다. 이러한
정보는 브라우저 콘솔에 표시된다.

리액트 18 버전에는 새로운 **루트 API**가 도입됐다. 여기서는 먼저 createRoot 메서드를 호출해 루트를 생
성한다. 루트는 render 메서드를 호출해 요소를 루트로 렌더링한다. 이전의 루트 API도 아직 작동하지만
콘솔에 경고 메시지가 표시된다. 이 책에서는 다음 코드에 나오는 것처럼 리액트 18과 새로운 루트 API
를 이용한다.

```
// 새 루트 API, 리액트 18
import * as ReactDOMClient from 'react-dom/client';
import App from './App';

const container = document.getElementById('root');

// 루트를 생성
const root = ReactDOMClient.createRoot(container);

// 요소를 루트로 렌더링
root.render(<App />);
```

루트 API의 container는 `<div id="root"></div>` 요소이고, public 폴더의 index.html 파일에서 찾을 수 있다. 다음 index.html 파일을 살펴보자.

```html
<!DOCTYPE html>
<html lang="en">
    <head>
        <meta charset="utf-8" />
        <link rel="icon" href="%PUBLIC_URL%/favicon.ico" />
        <meta name="viewport" content="width=device-width, initial-scale=1" />
        <meta name="theme-color" content="#000000" />
        <meta name="description" content="Web site created using create-react-app" />
        <link rel="apple-touch-icon" href="%PUBLIC_URL%/logo192.png" />
        <link rel="manifest" href="%PUBLIC_URL%/manifest.json" />
        <title>React App</title>
    </head>
    <body>
        <noscript>You need to enable JavaScript to run this app.</noscript>
        <div id="root"></div>
    </body>
</html>
```

다음 소스코드는 첫 번째 리액트 앱의 App.js 컴포넌트를 보여준다. import 문이 이미지 및 스타일 시트와 같은 자산에도 적용되는 것을 볼 수 있다. 소스 마지막 부분에는 컴포넌트를 내보내는 export 문이 있다. 내보낸 컴포넌트는 다른 컴포넌트에서 import 문을 이용해 가져올 수 있다. 기본 export 문은 파일당 하나만 있지만 명명된 export 문은 여러 개 있을 수 있다.

```jsx
import logo from './logo.svg';
import './App.css';

function App() {
    return (
        <div className="App">
            <header className="App-header">
                <img src={logo} className="App-logo" alt="logo" />
                <p>
                    Edit <code>src/App.js</code> and save to reload.
```

```
            </p>
            <a
                className="App-link"
                href="https://reactjs.org"
                target="_blank"
                rel="noopener noreferrer"
            >
                Learn React
            </a>
        </header>
    </div>
    );
}

export default App;
```

다음 예제는 기본 및 명명 컴포넌트 가져오기를 보여준다.

```
import React from 'react' // 기본 가져오기
import { name } from … // 명명 컴포넌트 가져오기
```

내보내기는 다음과 같다.

```
export default React // 기본 내보내기
export { name } // 명명 컴포넌트 내보내기
```

지금까지 리액트 컴포넌트의 기초를 소개했다. 다음으로 ES6의 기본 기능을 살펴보자.

유용한 ES6 기능

ES6은 2015년에 여러 새로운 기능들을 품고 출시됐다. ECMAScript는 표준화된 스크립팅 언어이고 자바스크립트는 그 구현 중 하나다. 이번 절에서는 이후 절에서 이용할 ES6의 중요한 몇 가지 기능을 알아본다.

상수 및 변수

상수는 변경이 불가능한 변수이고 다음 코드와 같이 const 키워드로 정의한다. const 키워드를 지정한 변수는 재할당할 수 없다.

```
const PI = 3.14159;
```

이제 PI 값을 재할당하려고 하면 다음 그림처럼 오류가 발생한다.

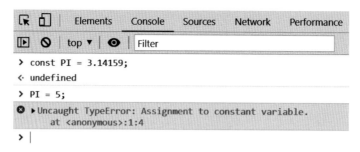

그림 7.4 상수 값 재할당

const는 블록 범위를 가진다. 즉, const 변수는 정의된 블록 내에서만 이용할 수 있다. 블록은 중괄호 {} 내부가 된다. 다음 예제는 코드 범위가 어떻게 작동하는지 보여준다.

```
let count = 10;
if (count > 5) {
    const total = count * 2;
    console.log(total); // 콘솔에 20을 출력
}

console.log(total); // 오류, 범위를 벗어남
```

두 번째 console.log 문은 total 변수를 범위 바깥에서 이용하려고 했기 때문에 오류가 발생한다.

다음 예는 const가 객체나 배열일 때를 보여준다.

```
const myObj = {foo: 3};
myObj.foo = 5; // 유효한 이용법
```

const가 객체나 배열일 때는 그 내용을 바꿀 수 있다.

let 키워드는 변경 가능한 블록 범위 변수를 선언한다. 즉, let 변수는 선언된 블록 내에서 이용할 수 있다(하위 블록 내에서도 이용할 수 있음).

화살표 함수

자바스크립트에서 함수를 정의하는 일반적인 방법은 function 키워드를 이용하는 것이다. 다음 함수는 인수 하나를 받고 2로 곱한 값을 반환한다.

```
function(x) {
    return x * 2;
}
```

ES6 화살표 함수를 이용하면 같은 기능의 함수를 다음과 같이 정의할 수 있다.

```
x => x * 2
```

보다시피 화살표 함수로 같은 함수의 선언을 훨씬 간단하게 만들었다. 이러한 함수를 익명 함수라고 하며 직접 호출할 수 없다. 익명 함수는 다른 함수의 인수로 자주 이용된다. 자바스크립트에서 함수는 일급 객체$_{first-class\ citizen}$이므로 다음과 같이 함수를 변수에 저장할 수 있다.

```
const calc = x => x * 2
```

그러면 다음과 같이 변수 이름으로 함수를 호출할 수 있다.

```
calc(5); // 10을 반환
```

인수가 둘 이상일 때는 인수를 괄호 안에 넣고 쉼표로 구분해야 한다. 예를 들어, 다음 함수는 매개변수 2개를 받고 매개변수의 합을 반환한다.

```
const calcSum = (x, y) => x + y
// 함수 호출
calcSum(2, 3); // 5를 반환
```

함수의 본문이 식일 때는 return 키워드를 이용할 필요가 없다. 식은 항상 함수에서 암시적으로 반환된다. 그러나 함수 본문이 여러 행일 때는 다음과 같이 중괄호와 return 문이 필요하다.

```
const calcSum = (x, y) => {
    console.log('Calculating sum');
    return x + y;
}
```

함수에 인수가 없을 때는 다음과 같이 빈 괄호를 지정해야 한다.

```
const sayHello = () => "Hello"
```

이 책에서는 앞으로 프런트엔드를 구현하면서 화살표 함수를 많이 이용할 예정이다.

템플릿 리터럴

템플릿 리터럴은 문자열을 결합하는 데 쓸 수 있다. 문자열을 결합하는 일반적인 방법은 다음과 같이 + 연산자를 이용하는 것이다.

```
let person = {firstName: 'John', lastName: 'Johnson'};
let greeting = "Hello " + person.firstName + " " + person.lastName;
```

다음은 템플릿 리터럴을 이용한 구문을 보여준다. 템플릿 리터럴에서는 작은따옴표나 큰따옴표 대신 백틱(`)을 이용해야 한다.

```
let person = {firstName: 'John', lastName: 'Johnson'};
let greeting = `Hello ${person.firstName} ${person.lastName}`;
```

다음으로 JavaScript ES6 구문으로 클래스를 만드는 방법을 알아보자.

클래스와 상속

ES6의 클래스 정의는 자바나 C# 등의 다른 객체지향 언어와 비슷하다. 클래스를 정의하는 키워드는 class다. 클래스에는 필드, 생성자, 클래스 메서드가 포함될 수 있다. 다음 예제 코드는 ES6에서 클래스를 작성하는 방법이다.

```
class Person {
    constructor(firstName, lastName) {
        this.firstName = firstName;
        this.lastName = lastName;
    }
}
```

상속은 extends 키워드로 지정한다. 다음 예제 코드에서 Employee 클래스는 Person 클래스를 상속한다. 즉, 상위 클래스인 Person의 모든 필드를 상속하며 Employee 자신만의 필드를 추가로 가질 수 있다. 하위 클래스는 생성자에서 super 키워드로 상위 클래스 생성자를 호출해야 한다. 이 호출은 코드의 나머지 부분에 필요하며 누락되면 오류가 발생한다.

```
class Employee extends Person {
    constructor(firstName, lastName, title, salary) {
        super(firstName, lastName);
        this.title = title;
        this.salary = salary;
    }
}
```

ES6은 나온 지 오래됐지만 최근에서야 웹 브라우저에서 부분적으로 지원되기 시작했다. **바벨**Babel은 ES6을 모든 브라우저에서 호환되는 이전 버전으로 컴파일하는 자바스크립트 컴파일러다. 바벨 웹사이트(https://babeljs.io)에서 컴파일러를 테스트할 수 있다. 다음 그림은 화살표 함수를 이전 자바스크립트 구문으로 컴파일한 예를 보여준다.

그림 7.5 바벨

지금까지 ES6의 기초에 관해 알아봤다. 다음으로 JSX와 스타일링에 관해 살펴보자.

JSX와 스타일링

JSX는 자바스크립트를 위한 확장 문법이다. JSX는 리액트에 필수는 아니지만 개발을 쉽게 만들어주는 몇 가지 이점이 있다. JSX를 이용하면 모든 값이 렌더링되기 전에 JSX로 이스케이프를 거치므로 주입 공격이 예방된다. 특히 자바스크립트 식을 중괄호 안에 넣어서 포함하는 기능이 유용하다. 이 기법은 이후 장에서 자주 이용된다.

다음 예제에서는 JSX로 컴포넌트 프롭에 접근한다. 컴포넌트 프롭에 관해서는 다음 절에서 알아볼 예정이다.

```
function App() {
    return <h1>Hello World {props.user}</h1>;
}
```

다음 코드에 나온 것처럼 자바스크립트 식을 프롭을 통해 전달할 수도 있다.

```
<Hello count={2+2} />
```

JSX는 바벨을 통해 일반 자바스크립트로 컴파일된다.

리액트 JSX 요소에 내부 및 외부 스타일링을 이용할 수도 있다. 다음은 인라인 스타일링의 두 가지 예를 보여준다. 첫 번째 예에서는 div 요소 안에 스타일을 정의했다.

```
<div style={{ height: 20, width: 200 }}>
    Hello
</div>
```

두 번째 예에서는 스타일 객체를 먼저 만들고 div 요소 안에서 이용한다. 객체 이름에는 **카멜 표기법**
camelCase 명명 규칙을 이용한다.

```
const divStyle = { color: 'red', height: 30 };

const MyComponent = () => (
    <div style={divStyle}>Hello</div>
);
```

이전 절에서 언급했듯이, 스타일 시트를 리액트 컴포넌트로 가져올 수 있다. 외부 CSS_{Cascading Style Sheets} 파일에서 클래스를 참조하려면 다음 코드에 나오는 것처럼 className 특성을 이용한다.

```
import './App.js';
...
<div className="App-header"> This is my app</div>
```

다음 절에서는 리액트 프롭과 상태에 관해 알아보자.

프롭과 상태

프롭_{prop}과 **상태**_{state}는 컴포넌트를 렌더링하기 위한 입력 데이터다. 컴포넌트는 프롭이나 상태가 바뀌면 다시 렌더링된다.

프롭

프롭은 컴포넌트에 대한 입력이며, 상위 컴포넌트에서 하위 컴포넌트로 데이터를 전달하는 메커니즘이다. 프롭은 자바스크립트 객체이므로 여러 키-값 쌍을 포함할 수 있다.

프롭은 변경이 불가능하므로 컴포넌트가 값을 바꿀 수 없다. 프롭은 상위 컴포넌트에서 받는다. 컴포넌트는 함수 컴포넌트에 매개변수로 전달된 props 객체를 통해 프롭에 접근할 수 있다. 예를 들어, 다음 컴포넌트를 살펴보자.

```
function Hello() {
    return <h1>Hello John</h1>;
}
```

이 컴포넌트는 이름을 정적 메시지로 렌더링하므로 다른 용도로 재사용할 수 없다. 하드코드된 이름 대신 다음과 같이 프롭을 통해 이름을 Hello 컴포넌트로 전달할 수 있다.

```
function Hello(props) {
    return <h1>Hello {props.user}</h1>;
}
```

상위 컴포넌트는 다음과 같이 Hello 컴포넌트에 프롭을 보낼 수 있다.

```
<Hello user="John" />
```

이제 Hello 컴포넌트가 렌더링되면 Hello John 텍스트를 표시한다.

다음과 같이 여러 프롭을 컴포넌트에 전달할 수 있다.

```
<Hello firstName="John" lastName="Johnson" />
```

이 경우 다음과 같이 props 객체를 통해 두 프롭에 접근할 수 있게 된다.

```
function Hello(props) {
    return <h1>Hello {props.firstName} {props.lastName}</h1>;
}
```

이제 컴포넌트가 Hello John Johnson 텍스트를 표시한다.

상태

상태 값은 컴포넌트 안에서 업데이트할 수 있다. 상태는 useState 후크 함수로 만든다. 이 함수는 상태의 초기 값을 인수로 받고 두 요소가 들어 있는 배열을 반환한다. 이 배열의 첫 번째 요소는 상태의 이름이고 두 번째 요소는 상태 값을 업데이트하는 함수다. useState 함수의 구문은 다음과 같다.

```
const [state, setState] = React.useState(intialValue);
```

다음 코드는 이름이 name이고 초기값이 Jim인 상태 변수를 생성한다.

```
const [name, setName] = React.useState('Jim');
```

다음과 같이 리액트에서 useState 함수를 가져올 수도 있다.

```
import React, { useState } from 'react';
```

그러면 React 키워드를 지정할 필요가 없다.

```
const [name, setName] = useState('Jim');
```

이제 다음 코드와 같이 setName 함수로 상태의 값을 업데이트할 수 있다. 상태 값을 업데이트하는 유일한 방법이다.

```
// name 상태 값 업데이트
setName('John');
```

= 연산자로 상태 값을 직접 업데이트하면 안 된다. 상태를 직접 업데이트하면 리액트가 UI를 다시 렌더링하지 않아 const 변수를 재할당할 수 없으므로 오류가 발생한다.

```
// 이 경우 UI가 다시 렌더링되지 않음
name = 'John';
```

상태가 여러 개일 경우 다음과 같이 useState 함수를 여러 번 호출할 수 있다.

```
// firstName과 lastName이라는 상태 두 개를 만듦
const [firstName, setFirstName] = useState('John');
const [lastName, setLastName] = useState('Johnson');
```

이제 다음과 같이 setFirstName 및 setLastName 함수로 상태를 업데이트할 수 있다.

```
// 여러 상태 값 업데이트
setFirstName('Jim');
setLastName('Palmer');
```

객체를 이용해 상태를 정의할 수도 있다.

```
const [name, setName] = useState({
    firstName: 'John',
    lastName: 'Johnson'
});
```

이제 setName 함수로 firstName 및 lastName 상태 객체 매개변수를 모두 업데이트할 수 있다.

```
setName({ firstName: 'Jim', lastName: 'Palmer' })
```

객체를 부분적으로 업데이트하려면 스프레드(spread) 연산자를 이용할 수 있다. 다음 예에서는 ES2018에 도입된 객체 스프레드 구문(...)을 이용한다. 이 코드는 name 상태 객체를 복제하고 firstName 값을 Jim으로 업데이트한다.

```
setName({ ...name, firstName: 'Jim' })
```

다음 예에 나오는 것처럼 상태 이름으로 상태에 접근할 수 있다. 상태의 범위는 컴포넌트이므로 정의된 컴포넌트 바깥에서는 이용할 수 없다.

```
// Hello John 렌더링
import React, { useState } from 'react';

function MyComponent() {
    const [firstName, setFirstName] = useState('John');

    return <div>Hello {firstName}</div>;
}
```

지금까지 상태와 프롭의 기초에 관해 알아봤다. 이번 장의 뒷부분에서는 프롭에 관한 더 자세한 내용을 다룬다.

상태 비저장 컴포넌트

리액트 **상태 비저장 컴포넌트**_{Stateless Component}는 프롭을 인수로 받고 리액트 요소를 반환하는 순수 자바스크립트 함수다. 다음 코드에 상태 비저장 컴포넌트의 예가 나온다.

```
function HeaderText(props) {
    return (
        <h1>
            {props.text}
```

```
        </h1>
    )
}


export default HeaderText;
```

예제의 HeaderText 컴포넌트는 **순수 컴포넌트**Pure Component 다. 순수 컴포넌트란 입력 값이 같으면 같은 일관된 값을 반환하는 컴포넌트다. 리액트에는 순수 함수형 컴포넌트의 성능을 최적화하는 React.memo()가 있다. 다음 코드에서는 컴포넌트를 memo() 안에 포함했다.

```
import React, { memo } from 'react';

function HeaderText(props) {
    return (
        <h1>
            {props.text}
        </h1>
    )
}


export default memo(HeaderText);
```

이제 컴포넌트가 렌더링되고 메모된다. 리액트는 다음 렌더링 시 프롭이 변경되지 않은 경우 메모된 결과를 렌더링한다. React.memo() 구에는 렌더링 조건을 맞춤 구성하는 두 번째 인수 arePropsEqual()이 있는데 여기서는 다루지 않는다. 함수형 컴포넌트는 같은 입력 값에 대해 항상 같은 값을 반환하므로 단위 테스트 시 이점이 있다.

조건부 렌더링

조건문으로 조건이 true 또는 false인지에 따라 UI를 렌더링할 수 있다. 이 기능은 요소를 표시하거나 숨길 때, 또는 인증을 처리하는 등의 용도로 쓸 수 있다.

다음 예에서는 props.isLoggedin이 true인지 확인한다. props.isLoggedin이 true이면 <Logout /> 컴포넌트를 렌더링하고, 그렇지 않으면 <Login /> 컴포넌트를 렌더링한다. 이제 컴포넌트는 별도의 return 문 두 개로 구현된다.

```
function MyComponent(props) {
    const isLoggedin = props.isLoggedin;

    if (isLoggedin) {
        return (
            <Logout />
        )
    }

    return (
        <Login />
    )
}
```

이를 condition ? true : false 논리 연산자로 구현할 수도 있으며, 그러면 다음과 같이 return 문은 하나만 있으면 된다.

```
function MyComponent(props) {
    const isLoggedin = props.isLoggedin;

    return (
      <div>
          { isLoggedin ? <Logout /> : <Login /> }
      </div>
    );
}
```

리액트 후크

리액트에서 후크(hook)를 이용할 때는 몇 가지 중요한 규칙이 있다. 후크는 리액트 함수 컴포넌트의 최상위 수준에서 호출해야 한다. 루프, 조건문 또는 중첩된 함수 안에서는 후크를 호출할 수 없다.

useState

상태를 선언하는 데 이용하는 useState 후크 함수에 관해서는 이미 익숙할 것이다. useState 후크를 이용한 예를 하나 더 살펴보자. 다음 그림과 같이 버튼 하나를 표시하고 누를 때마다 카운터가 1씩 증가하는 카운터 예제를 만들어보자.

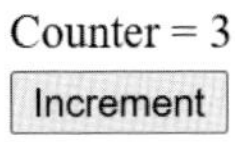

Counter = 3

Increment

그림 7.6 카운터 컴포넌트

먼저 Counter 컴포넌트를 만들고 count라는 상태를 초기값 0으로 선언한다. 카운터 상태의 값은 setCount 함수로 업데이트할 수 있다. 코드는 다음과 같다.

```
import React, { useState } from 'react';

function Counter() {
    // 초기값이 0인 카운트 상태
    const [count, setCount] = useState(0);

    return <div></div>;
};

export default Counter;
```

다음은 상태를 1씩 증가시키는 버튼 요소 하나를 렌더링한다. onClick 이벤트 특성을 이용해 setCount 함수를 호출하고 현재 값에 1을 더해 새 값을 설정한다. 그리고 카운터 상태 값을 렌더링한다. 코드는 다음과 같다.

```
import React, { useState } from 'react';

function Counter() {
    const [count, setCount] = useState(0);

    return (
        <div>
            <p>Counter = {count}</p>
```

```
            <button onClick={() => setCount(count + 1) }>
                Increment
            </button>
        </div>
    );
};


export default Counter;
```

이제 Counter 컴포넌트가 준비됐고, 버튼을 누를 때마다 카운터가 1씩 증가한다. 상태가 업데이트되면 리액트가 컴포넌트를 다시 렌더링하므로 새 count 값이 표시된다.

참고

리액트에서 이벤트는 카멜 표기법(예: onClick)으로 지정한다.

상태 업데이트는 비동기로 수행되므로 새 상태 값이 현재 상태 값에 의존할 때는 주의해야 한다. 최신 값이 이용되게 하려면 다음 예와 같이 함수를 업데이트 함수에 전달하면 된다.

```
setCount(prevCount => prevCount + 1)
```

이 예에서는 이전 값이 함수로 전달되고 업데이트된 값이 반환되며 count 상태에 저장된다. 복합 상태가 있을 때 권장되는 useReducer라는 후크 함수도 있으나 이 책에서는 다루지 않는다.

또한 리액트는 다시 렌더링하는 횟수를 줄이기 위해 상태 업데이트에 일괄 처리를 이용한다. 리액트 버전 18 이전에는 브라우저 이벤트(예: 버튼 클릭) 중의 상태 업데이트만 일괄 처리가 가능했다. 다음 예는 일괄 업데이트의 개념을 보여준다.

```
import React, { useState } from 'react';

function App() {
    const [count, setCount] = useState(0);
    const [count2, setCount2] = useState(0);

    const increment = () => {
        setCount(count + 1); // 아직 다시 렌더링되지 않음
```

```
        setCount2(count2 + 1);
        // 모든 상태가 업데이트된 후 컴포넌트를 다시 렌더링
    }

    return (
        <div>
            <p>Counters: {count} {count2}</p>
            <button onClick={increment}>Increment</button>
        </div>
    );
};

export default App;
```

리액트 18 이후로는 모든 상태가 일괄 업데이트된다. 어떤 이유로 일괄 업데이트를 원하지 않을 때는
react-dom 라이브러리 flushSync API로 일괄 처리를 피할 수 있다. 예를 들어, 다음 상태를 업데이트하기
전에 일부 상태를 업데이트하고 싶을 수 있다. 다음 코드는 그렇게 하는 방법을 보여준다.

```
import { flushSync } from "react-dom";
...
const increment = () => {
    flushSync( () => {
        setCount(count + 1); // 일괄 업데이트 하지 않음
    }
}
```

useEffect

useEffect 후크 함수로 리액트 함수 컴포넌트에서 보조 작업(side-effect)을 수행할 수 있다. 보조 작업
의 예를 들면 fetch 요청 등이 될 수 있다. useEffect 후크 함수는 다음과 같이 인수 두 개를 받는다.

```
useEffect(callback, [dependencies])
```

callback 함수는 보조 작업의 논리를 포함하며 dependencies는 의존성을 포함하는 배열을 나타내는 인수
로서 선택 사항이다.

다음 코드는 이전의 카운터 예제에 useEffect 후크를 추가한 것이다. 이제 버튼을 누르면 count 상태 값이 증가하고 컴포넌트가 다시 렌더링된다. 각 렌더링 이후 useEffect 콜백 함수가 호출되고 콘솔에 Hello from useEffect 메시지가 출력된다.

```
import React, { useState, useEffect } from 'react';

function Counter() {
    const [count, setCount] = useState(0);

    // 렌더링이 끝나면 매번 호출됨
    useEffect(() => {
        console.log('Hello from useEffect')
    });

    return (
        <div>
            <p>{count}</p>
            <button onClick={() => setCount(count + 1)}>Increment
            </button>
        </div>
    );
};

export default Counter;
```

다음 그림을 보면 콘솔에 표시되는 내용을 확인하고 각 렌더링 이후 useEffect 콜백이 호출된다는 사실을 알 수 있다. 첫 번째 로그 행은 초기 렌더링 후 출력된 것이고 나머지 두 행은 버튼을 두 번 눌러 상태가 업데이트되어 컴포넌트가 다시 렌더링될 때 출력된 것이다.

그림 7.7 useEffect

useEffect 후크에는 렌더링될 때마다 실행되는 것을 방지하는 두 번째 선택적인 인수가 있다. 다음 코드에서는 count 상태 값이 변경되면(즉, 이전 값과 현재 값이 다르면) useEffect 콜백 함수가 호출된다. 두 번째 인수에 여러 상태를 정의할 수도 있다. 이러한 상태 중 하나가 변경되면 useEffect 후크가 호출된다.

```
// 카운트 값이 변경되면 실행되고 컴포넌트가 다시 렌더링됨
useEffect(() => {
    console.log('Counter value is now ' + count);
}, [count]);
```

두 번째 인수로 빈 배열을 전달하면 첫 번째 렌더링 후에만 useEffect 콜백 함수가 실행된다.

```
// 첫 번째 렌더링 후에만 실행
useEffect(() => {
    console.log('Hello from useEffect')
}, []);
```

이제 첫 번째 렌더링 후에만 Hello from useEffect 메시지가 출력되며 버튼을 눌러도 메시지가 표시되지 않는다.

그림 7.8 빈 배열을 전달한 useEffect

useEffect 함수는 다음 코드에 나오는 것처럼 모든 보조 작업 이전에 실행되는 함수를 반환할 수도 있다. 이 메커니즘을 이용하면 다음 보조 작업을 실행하기 전에 이전 렌더링의 보조 작업을 정리할 수 있다.

```
useEffect(() => {
    console.log('Hello from useEffect');

    return () => {
        console.log('Clean up function');
    }
}, [count]);
```

이렇게 수정된 코드로 카운터 앱을 실행하면 다음 그림과 같이 작업이 실행되는 과정을 순서대로 볼 수 있다.

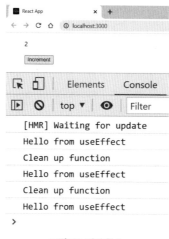

그림 7.9 정리 함수

useRef

useRef 후크는 변경할 수 있는 ref 객체를 반환하며 DOM 노드에 접근하는 등의 작업에 쓸 수 있다. 다음 코드에 이를 이용하는 예가 나온다.

```
const ref = useRef(initialValue)
```

반환되는 ref 객체에는 전달된 인수(initialValue)로 초기화되는 current 속성이 있다. 다음 예제에서는 inputRef라는 ref 객체를 만들고 null로 초기화한다. 그런 다음 JSX 요소 ref 속성을 이용하고 여기에 ref 객체를 전달한다. 이제 여기에 input 요소가 들어 있으며 current 속성으로 input 요소의 focus 함수를 실행할 수 있다.

```
import React, { useRef } from 'react';
import './App.css';

function App() {
    const inputRef = useRef(null);
```

```
    return (
        <div>
            <input ref={inputRef} />
            <button onClick={() => inputRef.current.focus()}>
                Focus input
            </button>
        </div>
    );
}

export default App;
```

이 책의 뒷부분에서는 이 밖에 다른 유용한 후크 함수를 소개할 것이다. 이번 절에서는 리액트 후크에 관한 기초를 배웠다. 다음 절에서 프런트엔드를 구현할 때 후크를 실제로 이용하는 과정을 더 알아본다.

맞춤형 후크

리액트에서 후크를 직접 작성할 수도 있다. 후크는 자바스크립트 함수이며, 이름이 use라는 단어로 시작해야 한다. 맞춤형 후크도 다른 후크를 호출할 수 있다. 맞춤형 후크는 컴포넌트 코드의 복잡성을 낮춘다.

간단한 맞춤형 후크를 작성해보자. 이번 예에서 작성할 useTitle 후크는 문서 제목을 업데이트한다. useTitle.js라는 자체 파일에 이 후크를 정의한다. 함수를 정의하고 인수 title을 지정한다. 코드는 다음과 같다.

```
// useTitle.js
function useTitle(title) {
}
```

다음으로 title 인수가 변경될 때마다 문서 제목을 업데이트하도록 useEffect 후크를 이용한다.

```
import { useEffect } from 'react';

function useTitle(title) {
    useEffect(() => {
```

```
        document.title = title;
    }, [title]);
}


export default useTitle;
```

이제 맞춤형 후크를 이용할 수 있다. 현재 카운터 값을 문서 제목에 출력하도록 카운터 예제를 수정해보자. 먼저 다음과 같이 useTitle 후크를 Counter 컴포넌트로 가져와야 한다.

```
import useTitle from './useTitle';

function Counter() {
    return (
        <div>
        </div>
    );
};


export default Counter;
```

그다음에는 useTitle 후크로 count 상태 값을 문서 제목에 표시한다. Counter 컴포넌트 함수의 최상위 수준에서 후크 함수를 호출하며 컴포넌트가 렌더링될 때마다 useTitle 후크 함수가 호출되고 현재 카운트 값이 문서 제목에 출력된다. 코드는 다음과 같다.

```
import React, { useState } from 'react';
import useTitle from './useTitle';

function App() {
    const [count, setCount] = useState(0);

    useTitle('You clicked ${count} times');

    return (
        <div>
            <p>Counter = {count}</p>
            <button onClick={ () => setCount(count + 1) }>
                Increment
```

```
        </button>
    </div>
  );
};


export default App;
```

이제 버튼을 클릭하면 다음 그림과 같이 맞춤형 후크를 통해 count 상태 값이 업데이트되고 문서 제목에 도 표시된다.

그림 7.10 맞춤형 후크

지금까지 리액트 후크에 관한 기초를 모두 알아보고 직접 맞춤형 후크를 작성해봤다.

컨텍스트 API

컴포넌트 트리가 깊고 복잡하면 프롭을 통해 데이터를 전달하기가 까다로워진다. 컴포넌트 트리의 모든 컴포넌트를 거쳐 데이터를 전달해야 하기 때문이다. 컨텍스트 API로 이 문제를 해결할 수 있으며 컴포 넌트 트리의 여러 컴포넌트를 거쳐 전달해야 하는 전역 데이터(예: 테마 또는 인증된 사용자)에 이를 이 용하는 것이 좋다.

컨텍스트는 기본값을 정의하는 인수 하나를 받는 createContext 메서드로 만든다. 컨텍스트를 위한 자체 파일을 만들 수 있으며 다음은 그 예다.

```
import React from 'react';


const AuthContext = React.createContext('');


export default AuthContext;
```

다음으로 다른 컴포넌트에 컨텍스트를 제공하는 컨텍스트 공급자 컴포넌트를 이용한다. 컨텍스트 공급자 컴포넌트에는 이를 소비하는 컴포넌트로 전달되는 value 프롭이 있다. 다음 예제에서는 <MyComponent />를 컨텍스트 공급자 컴포넌트로 감쌌으므로 <MyComponent /> 아래의 컴포넌트 트리에서 userName 값을 이용할 수 있다.

```
import React from 'react';
import AuthContext from './AuthContext';
import MyComponent from './MyComponent';

function App() {
    // 사용자를 인증하고 사용자명을 가져온다.
    const userName = 'john';

    return (
        <AuthContext.Provider value={userName}>
            <MyComponent />
        </AuthContext.Provider>
    );

};
export default App;
```

이제 다음과 같이 useContext() 후크를 이용하면 어떤 컴포넌트에서든 제공된 값에 접근할 수 있다.

```
import React from 'react';
import AuthContext from './AuthContext';

function MyComponent() {
    const authContext = React.useContext(AuthContext);

    return(
        <div>
            Welcome {authContext}
        </div>
    );
}

export default MyComponent;
```

이제 컴포넌트는 전달된 Welcome john 텍스트를 출력한다.

리액트로 목록 처리

목록을 처리하려면 자바스크립트의 새 map() 메서드에 관해 알아둘 필요가 있다. map() 메서드는 원래 배열의 각 요소에 대한 함수 호출 결과를 포함하는 새 배열을 만든다. 다음 예에서 각 배열 요소는 2로 곱해진다.

```
const arr = [1, 2, 3, 4];
const resArr = arr.map(x => x * 2); // resArr = [2, 4, 6, 8]
```

map() 메서드의 두 번째 인수인 index는 리액트에서 목록을 처리할 때 유용하다. 리액트의 목록 항목에는 업데이트나 추가, 삭제된 행을 감지하기 위한 고유 키가 필요하다.

다음 예제 코드의 컴포넌트는 정수의 배열을 목록 항목의 배열로 변환하고 이를 ul 요소로 렌더링한다.

```
import React from 'react';

function MyList() {
    const data = [1, 2, 3, 4, 5];

    return (
        <div>
            <ul>
                {
                data.map((number, index) =>
                    <li key={index}>Listitem {number}</li>)
                }
            </ul>
        </div>
    );
};

export default MyList;
```

다음 그림에서 렌더링된 컴포넌트를 볼 수 있다.

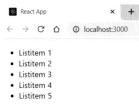

그림 7.11 리액트 목록 컴포넌트

데이터가 객체의 배열이면 표 형식으로 표시하는 것이 좋을 것이다. 목록을 처리할 때와 거의 같은 방법이지만 배열을 테이블 행(tr 요소)에 매핑하고 table 요소 안에서 렌더링할 수 있다. 다음 컴포넌트 코드에 그 방법이 나온다.

```
import React from 'react';

function MyTable() {
    const data = [
        {brand: 'Ford', model: 'Mustang'},
        {brand: 'VW', model: 'Beetle'},
        {brand: 'Tesla', model: 'Model S'}];

    return (
        <div>
            <table>
                <tbody>
                {
                data.map((item, index) =>
                    <tr key={index}>
                        <td>{item.brand}</td><td>{item.model}</td>
                    </tr>)
                }
                </tbody>
            </table>
        </div>
    );
};

export default MyTable;
```

다음 그림에서 렌더링된 컴포넌트를 볼 수 있다. 이제 HTML 테이블 형식으로 데이터가 표시된다.

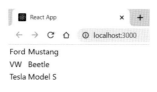

그림 7.12 리액트 테이블

지금까지 목록 데이터를 map() 메서드로 처리하고 HTML table 요소로 렌더링하는 방법을 알아봤다.

리액트로 이벤트 처리

리액트의 이벤트 처리는 DOM 요소 이벤트 처리와 비슷하다. HTML 이벤트 처리와의 차이점은 리액트에서는 이벤트 이름을 카멜 표기법으로 지정한다는 점이다. 다음 예제 코드에서는 눌렀을 때 알림 메시지를 보여주는 이벤트 리스너를 버튼에 추가한다.

```
import React from 'react';

function MyComponent() {
    // 버튼을 누르면 호출됨
    const buttonPressed = () => {
        alert('Button pressed');
    }

    return (
        <div>
            <button onClick={buttonPressed}>Press Me</button>
        </div>
    );
};

export default MyComponent;
```

리액트에서는 이벤트 핸들러의 기본 동작을 방지하기 위해 false를 반환하는 방법을 쓸 수 없다. 대신 preventDefault() 메서드를 호출해야 한다. 다음 예제의 form 요소에는 기본 동작인 제출을 방지하는 코드가 포함돼 있다.

```
import React from 'react';

function MyForm() {
    // 폼이 제출될 때 호출됨
    const handleSubmit = (event) => {
        event.preventDefault(); // 기본 동작을 방지
        alert('Form submit');
    }

    return (
        <form onSubmit={handleSubmit}>
            <input type="submit" value="Submit" />
        </form>
    );
};

export default MyForm;
```

이제 **제출** 버튼을 누르면 알림 메시지가 표시되고 폼이 제출되지 않는다.

리액트로 폼 처리

리액트에서는 폼을 처리하는 방법이 약간 다르다. HTML form 폼을 제출하면 기본적으로 다음 페이지로 이동한다. 다음 페이지로 이동하기보다 제출한 후 폼 데이터에 접근할 수 있는 자바스크립트 함수를 호출하고 싶을 때가 많다. preventDefault()로 폼 제출을 방지하는 방법은 이미 앞에서 확인했다.

먼저 입력 필드와 제출 버튼을 하나씩 포함하는 간단한 폼을 만든다. 입력 필드의 값을 얻으려면 onChange 이벤트 핸들러를 이용한다. useState 후크로 text라는 상태 변수를 만든다. 입력 필드의 값이 변경되면 새 값이 이 상태에 저장된다. 이 폼 데이터를 리액트가 처리하므로 이러한 컴포넌트를 **제어되는 컴포넌트**라고 한다.

setText(event.target.value) 문은 input 필드의 값을 상태에 저장한다. 마지막으로 사용자가 제출 버튼을 누르면 입력한 값을 표시한다. 첫 번째 폼의 코드는 다음과 같다.

```
import React, { useState } from 'react';

function MyList() {
    const [text, setText] = useState('');

    // 입력 요소의 내용이 변경되면 값을 저장
    const inputChanged = (event) => {
        setText(event.target.value);
    }

    const handleSubmit = (event) => {
        alert('You typed: ${text}');
        event.preventDefault();
    }

    return (
        <form onSubmit={handleSubmit}>
            <input type="text" onChange={inputChanged}
                value={text}/>
            <input type="submit" value="Press me"/>
        </form>
    );
};

export default MyList;
```

다음 그림은 제출 버튼을 누른 후 폼 컴포넌트의 모습을 보여준다.

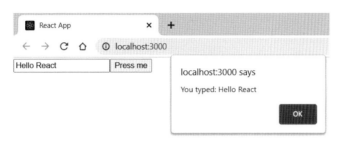

그림 7.13 폼 컴포넌트

다음 예제와 같이 JSX를 이용해 인라인 onChange 처리기 함수를 작성할 수도 있다.

```
return (
    <form onSubmit={handleSubmit}>
        <input
            type="text"
            onChange={event => setText(event.target.value)}
            value={text}/>
        <input type="submit" value="Press me"/>
    </form>
);
```

잠시 리액트 앱을 디버깅할 때 유용한 리액트 개발자 툴을 살펴보자. 지금 실행 중인 리액트 폼 앱과 리액트 개발자 툴을 함께 열어두고 입력 필드에 내용을 입력하면 상태 값이 어떻게 변하는지 보면서 현재 프롭과 상태 값을 확인할 수 있다.

다음 그림은 입력 필드에 내용을 입력할 때 상태가 어떻게 변하는지 보여준다.

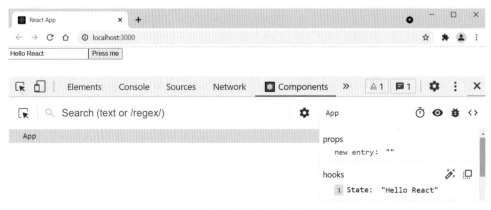

그림 7.14 리액트 개발자 툴

폼에는 입력 필드가 둘 이상인 경우가 많다. 객체 상태를 이용해 이를 처리하는 방법을 알아보자. 먼저 다음 코드와 같이 useState 후크를 이용해 user라는 상태를 추가한다. user 상태는 각각 이름, 성, 이메일을 저장하는 firstName, lastName, email 특성을 포함하는 객체다.

```
const [user, setUser] = useState({
    firstName: '',
    lastName: '',
    email: ''
});
```

입력 필드의 수만큼 변경 처리기를 추가하면 여러 입력 필드를 처리할 수 있지만 이렇게 하면 많은 반복 코드를 작성해야 해서 불편하다. 이 문제를 해결하려면 입력 필드에 name 특성을 추가하고 변경 처리기로 이 특성을 확인하면 어떤 입력 필드가 변경 처리기를 트리거했는지 구분할 수 있다. input 요소의 name 특성 값은 값을 저장하려는 상태 객체 속성의 이름이어야 하고 value 특성은 object.property여야 한다. 다음 코드를 살펴보자.

```
<input type="text" name="lastName" onChange={inputChanged} value={user.lastName}/>
```

이제 입력 변경 처리기를 다음과 같이 작성할 수 있다. 처리기를 트리거한 입력 필드가 이름 필드였다면 event.target.name은 firstName이며 입력한 값은 상태 객체의 firstName 필드에 저장된다. 여기서도 리액트 후크 절에서 알아본 객체 스프레드 표기법을 이용한다. 이와 같이 모든 입력 필드를 하나의 변경 처리기로 처리할 수 있다.

```
const inputChanged = (event) => {
    setUser({...user, [event.target.name]: event.target.value});
}
```

컴포넌트의 전체 코드는 다음과 같다.

```
import React, { useState } from 'react';

function MyForm() {
    const [user, setUser] = useState({
        firstName: '',
        lastName: '',
        email: ''
    });

    // 입력 상자의 내용이 변경되면 값을 저장
```

```
    const inputChanged = (event) => {
        setUser({...user, [event.target.name]: event.target.value});
    }

    const handleSubmit = (event) => {
        alert('Hello ${user.firstName} ${user.lastName}');
        event.preventDefault();
    }

    return (
        <form onSubmit={handleSubmit}>
            <label>First name </label>
                <input type="text" name="firstName" onChange={inputChanged}
                value={user.firstName}/><br/>
            <label>Last name </label>
            <input type="text" name="lastName" onChange={inputChanged}
                value={user.lastName}/><br/>
            <label>Email </label>
            <input type="email" name="email" onChange={inputChanged}
                value={user.email}/><br/>
            <input type="submit" value="Press me"/>
        </form>
    );
};

export default MyForm;
```

다음 그림은 제출 버튼을 누른 후 폼 컴포넌트의 모습을 보여준다.

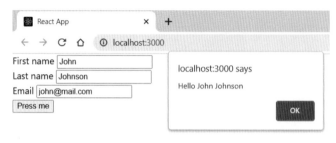

그림 7.15 리액트 폼 컴포넌트

앞의 예제는 하나의 상태와 객체 대신 별도의 상태로 구현할 수도 있다. 다음 코드에 그 예가 나온다. 이
번에는 3개의 상태가 있고 입력 요소의 onChange 이벤트 핸들러에서는 올바른 업데이트 함수를 호출해
이러한 값을 상태에 저장한다. 이 예에서는 이름 입력 요소의 name 특성이 필요 없다.

```javascript
import React, { useState } from 'react';

function MyForm() {
    const [firstName, setFirstName] = useState('');
    const [lastName, setLastName] = useState('');
    const [email, setEmail] = useState('');

    const handleSubmit = (event) => {
        alert('Hello ${firstName} ${lastName}');
        event.preventDefault();
    }


    return (
        <form onSubmit={handleSubmit}>
            <label>First name </label>
            <input
                onChange={e => setFirstName(e.target.value)}
                value={firstName}/><br/>
            <label>Last name </label>
            <input
                onChange={e => setLastName(e.target.value)}
                value={lastName}/><br/>
            <label>Email </label>
            <input
                onChange={e => setEmail(e.target.value)}
                value={email}/><br/>
            <input type="submit" value="Press me"/>
        </form>
    );
};


export default MyForm;
```

지금까지 리액트로 폼을 처리하는 방법을 배웠다. 나중에 프런트엔드를 구현할 때 이 기술을 응용해보자.

요약

이번 장에서는 프런트엔드를 구현하는 데 이용할 리액트에 관한 내용을 살펴봤다. 리액트로 본격적인 개발을 시작하기 전에 리액트 컴포넌트, JSX, 프롭, 상태, 후크와 같은 기본 개념을 알아봤다. 프런트엔드 개발에는 코드를 더 깔끔하게 작성할 수 있는 ES6을 이용했다. 그다음, 이후 개발에 필요한 여러 기능을 소개했다. 리액트로 폼과 이벤트를 처리하는 방법도 배웠다.

다음 장에서는 리액트를 이용한 네트워킹에 초점을 맞춘다. 또한 깃허브 REST API를 이용해 리액트로 RESTful 웹 서비스를 사용하는 방법을 배운다.

문제

1. 리액트 컴포넌트란 무엇인가?

2. 상태와 프롭이란 무엇인가?

3. 리액트 앱에서 데이터 흐름은 어떻게 수행되는가?

4. 상태 비저장 컴포넌트와 상태 저장 컴포넌트는 어떻게 다른가?

5. JSX란 무엇인가?

6. 컴포넌트 수명주기 메서드란 무엇인가?

7. 리액트에서 이벤트는 어떻게 처리할 수 있는가?

8. 리액트에서 폼은 어떻게 처리할 수 있는가?

리액트로
REST API 이용하기

이번 장에서는 리액트를 이용한 네트워킹을 다룬다. 네트워킹은 리액트 앱을 최대한 활용하기 위해 아주 중요한 기술이다. 또한 비동기 코드를 더 깔끔하고 읽기 쉽게 작성할 수 있게 해주는 프로미스에 관해 배운다. 네트워킹을 위해서는 fetch 및 axios 라이브러리를 이용한다. 이번 장의 예제로는 깃허브 REST API를 통해 리액트로 RESTful 웹 서비스를 이용하는 방법을 알아본다.

이번 장에서 다룰 주제는 다음과 같다.

- 프로미스 이용
- fetch API 이용
- axios 라이브러리 이용
- 실용적인 예제
- REST API의 응답 처리

기술 요구 사항

이 책에서는 윈도우 운영체제를 이용하지만 모든 툴은 Node.js를 통해 macOS와 리눅스 버전으로도 제공된다.

이번 장의 깃허브 저장소는 https://github.com/wikibook/springboot-react/tree/main/Chapter08이다.

프로미스 이용

비동기 작업을 처리하는 기존 방법은 작업의 성공 또는 실패에 따르는 콜백 함수를 이용하는 것이다. 즉, 호출의 결과에 따라 success 또는 failure 콜백 함수를 이용할 수 있다. 다음 예제는 콜백 함수를 이용하는 개략적인 방법을 보여준다.

```
function doAsyncCall(success, failure) {
    // API 호출
    if (SUCCEED)
        success(resp);
    else
        failure(err);
}

success(response) {
    // 응답으로 필요한 작업을 수행
}

failure(error) {
    // 오류 처리
}

doAsyncCall(success, failure);
```

프로미스promise는 비동기 작업의 결과를 나타내는 객체다. 프로미스를 이용하면 비동기 호출을 실행할 때 코드를 간소화할 수 있다. 프로미스는 비차단(non-blocking) 방식이다.

프로미스는 다음 세 가지 상태 중 하나일 수 있다.

- **대기**Pending: 초기 상태
- **이행**Fulfilled: 작업 성공
- **거부**Rejected: 작업 실패

사용 중인 API가 프로미스를 지원하면 프로미스로 비동기 호출을 실행할 수 있다. 다음 예에서는 응답이 반환되면 비동기 호출이 수행되고 then 메서드 내의 콜백 함수가 response를 인수로 받고 실행된다.

```
doAsyncCall()
.then(response => // response로 필요한 작업을 수행)
```

then 메서드는 프로미스 하나를 반환한다. 여러 then 인스턴스를 체인으로 연결할 수 있다. 즉, 여러 비동기 작업을 순서대로 실행할 수 있다.

```
doAsyncCall()
.then(response => // response에서 data를 얻음)
.then(data => // data로 필요한 작업을 수행
```

catch()를 이용하면 프로미스에 예외 처리를 추가할 수 있다.

```
doAsyncCall()
.then(response => // response에서 data를 얻음)
.then(data => // data로 필요한 작업을 수행)
.catch(error => console.error(error))
```

ECMAScript 2017에는 async/await를 이용하는 최신 비동기 호출 처리 방식이 추가됐지만 아직은 프로미스만큼 브라우저에서 널리 지원되지 않는다. async/await는 프로미스 기반이다. async/await를 이용하려면 await 식을 포함할 수 있는 async 함수를 정의해야 한다. 다음은 async/await를 포함하는 비동기 호출의 예다. 보다시피 비동기 코드와 비슷한 방식으로 코드를 작성할 수 있다.

```
doAsyncCall = async () => {
    const response = await fetch('http://someapi.com');
    const data = await response.json();
    // data로 필요한 작업을 수행
}
```

예외 처리를 위해서는 다음 예제에 나오는 것처럼 async/await에 try...catch를 이용할 수 있다.

```
doAsyncCall = async () => {
    try {
```

```
        const response = await fetch('http://someapi.com');
        const data = await response.json();
        // data로 필요한 작업을 수행
    }
    catch(err) {
        console.error(err);
    }
}
```

다음으로 리액트 앱에서 요청을 만드는 데 이용할 수 있는 fetch API에 관해 알아보자.

fetch API 이용

fetch API를 이용하면 웹 요청을 만들 수 있다. fetch API는 기존의 XMLHttpRequest와 비슷한 개념이지만 프로미스를 지원하므로 더 직관적으로 이용할 수 있다. fetch를 이용하려면 다른 라이브러리를 설치할 필요가 없다.

fetch API는 호출하는 리소스의 경로를 지정하는 필수 인수 하나를 가진 fetch() 메서드를 제공한다. 웹 요청의 경우 이 인수는 서비스의 URL이 된다. JSON 응답을 반환하는 간단한 GET 메서드의 호출 구문은 다음과 같다. fetch() 메서드는 응답을 포함하는 프로미스를 반환한다. 응답의 JSON 본문을 읽어 들이는 데는 json() 메서드를 이용할 수 있다.

```
fetch('http://someapi.com')
.then(response => response.json())
.then(data => console.log(data));
.catch(error => console.error(error))
```

다른 HTTP 방식(예: POST)을 이용하려면 fetch() 메서드의 두 번째 인수에 정의해야 한다. 두 번째 인수는 여러 요청 설정을 정의할 수 있는 객체다. 다음 코드는 POST 방식으로 요청을 수행한다.

```
fetch('http://someapi.com', {method: 'POST'})
.then(response => response.json())
.then(data => console.log(data))
.catch(error => console.error(error));
```

두 번째 인수 안에 헤더를 추가할 수도 있다. 다음 fetch() 호출에는 'Content-Type':'application/json' 헤더가 들어 있다.

```
fetch('http://someapi.com',
    {
        method: 'POST',
        headers: {'Content-Type':'application/json'}
    }
.then(response => response.json())
.then(data => console.log(data))
.catch(error => console.error(error));
```

요청 본문에 JSON으로 인코딩된 데이터를 넣는 구문은 다음과 같다.

```
fetch('http://someapi.com',
{
    method: 'POST',
    headers: {'Content-Type':'application/json'},
    body: JSON.stringify(data)
}
.then(response => response.json())
.then(data => console.log(data))
.catch(error => console.error(error));
```

리액트 앱에서 요청을 실행하는 방법은 fetch API만 있는 것은 아니며 다른 선택지도 있다. 다음 절에서는 다른 라이브러리인 axios에 관해 알아본다.

axios 라이브러리 이용

네트워크 호출에 많이 이용되는 다른 라이브러리로 axios(https://github.com/axios/axios)가 있으며, 다음 npm 명령으로 리액트 앱에 설치할 수 있다.

```
npm install axios
```

우선 리액트 컴포넌트에 다음 import 문을 추가해야 한다.

```
import axios from 'axios';
```

axios 라이브러리에는 JSON 데이터의 자동 변환과 같은 몇 가지 이점이 있다. 다음 코드에 axios 호출의 예가 나온다.

```
axios.get('http://someapi.com')
.then(response => console.log(response))
.catch(error => console.log(error));
```

axios 라이브러리는 HTTP 방식마다 호출 메서드가 다르다. 예를 들어, POST 요청을 수행하고 요청 본문에 객체를 넣으려면 axios.post 메서드를 이용하면 된다.

```
axios.post('http://someapi.com', { newObject })
.then(response => console.log(response))
.catch(error => console.log(error));
```

이제 리액트에서 네트워크 작업을 수행하는 실용적인 예제를 살펴볼 차례다.

실용적인 예제

이번 장에서는 리액트 앱으로 몇 가지 공개 REST API를 이용하는 두 가지 예제를 작성한다.

OpenWeatherMap API

먼저 리액트 앱으로 현재 런던의 날씨를 표시해보자. 예제의 날씨 데이터는 **OpenWeatherMap** (https://openweathermap.org/)에서 가져온다. 이를 위해 먼저 OpenWeatherMap에 계정을 등록해서 API 키를 받아야 한다. 예제에 이용할 용도로는 무료 계정으로 충분하다. 등록한 다음 계정 정보로 이동해서 **API keys** 탭을 선택하면 API 키를 볼 수 있다.

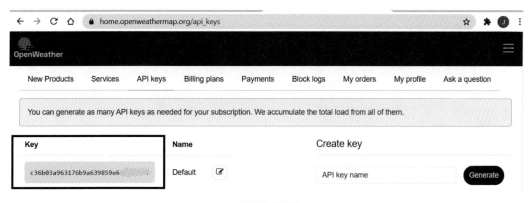

그림 8.1 API 키

먼저 create-react-app으로 리액트 앱을 생성한다.

01. 이용 중인 운영체제의 터미널을 열고 다음 명령을 실행한다.

```
npx create-react-app weatherapp
```

02. weatherapp 폴더로 이동한다.

```
cd weatherapp
```

03. 다음 명령으로 앱을 시작한다.

```
npm start
```

04. VS Code로 프로젝트 폴더를 열고 편집기 뷰에서 App.js 파일을 연다. `<div className="App"></div>` 구분자 안에 있는 모든 코드를 제거한다. 이제 코드는 다음과 같을 것이다.

```
import './App.css';

function App() {
    return (
        <div className="App">
        </div>
    );
}


export default App;
```

05. 먼저 응답 데이터에 필요한 상태를 추가해야 한다. 예제 앱에서는 온도, 설명, 날씨 아이콘을 표시하려고 한다. 따라서 상태 값 세 개를 정의해야 한다. 또한 데이터 로딩 상태를 나타내는 부울 상태 하나가 필요하다.

```jsx
import React, { useState } from 'react';
import './App.css';

function App() {
    const [temp, setTemp] = useState('');
    const [desc, setDesc] = useState('');
    const [icon, setIcon] = useState('');
    const [isReady, setReady] = useState(false);

    return (
        <div className="App">
        </div>
    );
}

export default App;
```

REST API를 이용할 때는 JSON 데이터에서 값을 가져오기 위해 응답을 검사해야 한다. 다음 예제는 현재 런던의 날씨를 반환하는 주소다. 브라우저의 주소창에 http://api.openweathermap.org/data/2.5/weather?q=London&units=metric&APPID=[API 키]라는 주소를 붙여넣으면 JSON 응답 데이터가 반환된다. 여기서 [API 키] 부분은 자신의 API 키 값으로 대체해야 한다.

응답을 보면 온도를 나타내는 temp에 접근하려면 main.temp를 이용하면 된다는 것을 알 수 있다. description과 icon은 하나의 요소만 있는 weather 배열에 있으며 weather[0].description과 weather[0].icon으로 각각 접근할 수 있다.

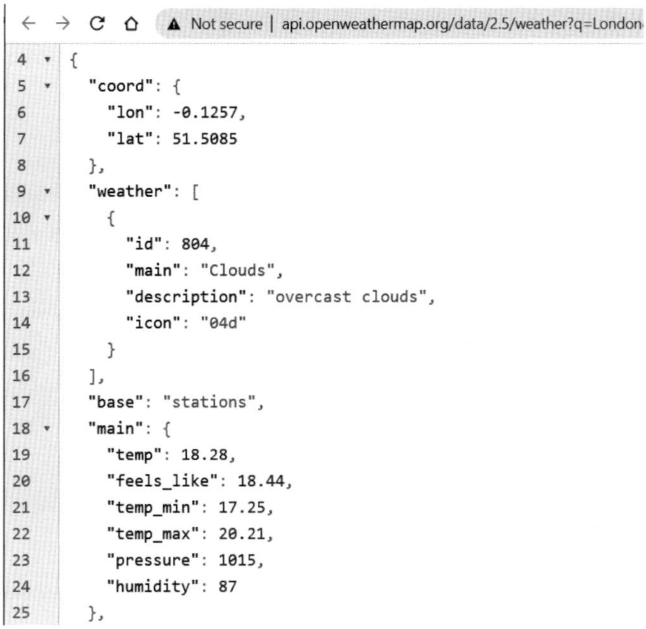

그림 8.2 런던의 날씨 정보

REST API 호출은 useEffect 후크 함수에서 fetch로 빈 배열을 두 번째 인수로 전달해서 수행된다. 즉, fetch는 첫 번째 렌더링 이후 한 번 호출된다. 응답이 성공하면 날씨 데이터를 상태에 저장하고 isReady 상태를 true로 변경한다. 상태 값이 변경되면 컴포넌트가 다시 렌더링된다. return 문은 다음 단계에서 구현한다.

06. 다음 코드는 첫 번째 렌더링 후 fetch 함수를 호출하는 useEffect 후크 함수를 보여준다.

```
React.useEffect(() => { fetch('http://api.openweathermap.org/data/2.5/weather?q=London&APPID=
[API 키]&units=metric')
    .then(result => result.json())
    .then(jsonresult => {
        setTemp(jsonresult.main.temp);
        setDesc(jsonresult.weather[0].main);
        setIcon(jsonresult.weather[0].icon);
        setReady(true);
    })
    .catch(err => console.error(err))
}, [])
```

07. useEffect 함수를 추가하면 첫 번째 렌더링 후 요청이 실행된다. 리액트 개발 툴을 이용하면 모든 작업이 제대로 수행되었는지 확인할 수 있다. 브라우저에서 앱을 열고 리액트 개발자 툴의 **Components** 탭을 연다. 다음 그림과 같이 상태가 응답에서 얻은 값으로 업데이트된 것을 확인할 수 있다.

그림 8.3 날씨 컴포넌트

또한 **Network** 탭을 보면 응답 상태가 `200 OK`임을 알 수 있다. 마지막으로 날씨 값을 보여주도록 `return` 문을 구현해보자. 여기서는 조건부 렌더링을 이용한다. 그렇지 않으면 첫 번째 렌더링 호출에 이미지 코드가 없으므로 이미지 업로드가 실패하고 오류가 발생한다.

08. 날씨 아이콘을 표시하려면 아이콘 코드 앞에 `http://openweathermap.org/img/wn/`과 뒤에 `@2x.png`를 추가해야 한다. 그런 다음 연결된 이미지 URL을 `img` 요소의 `src` 특성으로 설정할 수 있다. 온도를 나타내는 `temperature`와 설명을 나타내는 `description`은 p 요소 안에 표시된다. `° C` HTML 엔티티는 섭씨 기호를 보여준다.

```
if (isReady) {
    return (
        <div className="App">
            <p>Temperature: {temp} ° C</p>
            <p>Description: {desc}</p>
            <img src={'http://openweathermap.org/img/wn/${icon}@2x.png'}
                alt="Weather icon" />
        </div>
    );
}
else {
    return <div>Loading...</div>
}
```

09. 이제 앱이 준비됐다. 이를 브라우저에서 열면 다음 이미지와 같은 결과를 볼 수 있다.

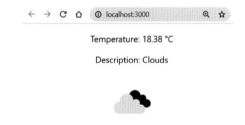

그림 8.4 WeatherApp

전체 App.js 파일의 소스코드는 다음과 같다.

```
import React, { useState } from 'react';
import './App.css';

function App() {
    const [temp, setTemp] = useState('');
    const [desc, setDesc] = useState('');
    const [icon, setIcon] = useState('');
    const [isReady, setReady] = useState(false);

    React.useEffect(() => {
        fetch('http://api.openweathermap.org/data/2.5/weather?q=London&APPID=[API 키]&units=
metric')
        .then(result => result.json())
        .then(jsonresult => {
            setTemp(jsonresult.main.temp);
            setDesc(jsonresult.weather[0].main);
            setIcon(jsonresult.weather[0].icon);
            setReady(true);
        })
        .catch(err => console.error(err))
    }, [])

    if (isReady) {
        return (
            <div className="App">
```

```
            <p>Temperature: {temp} °C</p>
            <p>Description: {desc}</p>
            <img src={'http://openweathermap.org/img/wn/${icon}@2x.png'}
                alt="Weather icon" />
        </div>
    );
    }
    else {
        return <div>Loading...</div>
    }
}
export default App;
```

두 번째 예제에서는 깃허브 API를 이용해 키워드에 따라 리포지터리를 가져오는 방법을 알아본다. 이전 예제와 같은 단계를 수행해서 restgithub라는 새 리액트 앱을 생성한다.

01. 앱을 시작하고 VS Code로 프로젝트 폴더를 연다.

02. App.js 파일에서 `<div className="App"></div>` 구분자 안에 있는 추가 코드를 제거한다. 이제 App.js 코드는 다음 과 같을 것이다.

```
import './App.css';

function App() {
    return (
        <div className="App">
        </div>
    );
}
export default App;
```

깃허브 REST API의 URL은 https://api.github.com/search/repositories?q={키워드}다.

이 URL을 브라우저에 입력하고 react 키워드를 이용해 JSON 응답을 확인해보자. 응답을 보면 리포지터리가 **items** 라는 JSON 배열로 반환된 것을 알 수 있다. 개별 리포지터리에서는 full_name과 html_url 값을 볼 수 있다. 예제에 서는 이전 장에서 했던 것처럼 데이터를 표로 표시하고 map() 함수로 값을 테이블 행으로 변환할 것이다.

```
7    ▼    "items": [
8    ▼      {
9            "id": 10270250,
10           "node_id": "MDEwOlJlcG9zaXRvcnkxMDI3MDI1MA==",
11           "name": "react",
12           "full_name": "facebook/react",
13           "private": false,
14   ▼       "owner": {
15             "login": "facebook",
16             "id": 69631,
17             "node_id": "MDEyOk9yZ2FuaXphdGlvbjY5NjMx",
18             "avatar_url": "https://avatars.githubusercontent.com/u/69631?v=4",
19             "gravatar_id": "",
20             "url": "https://api.github.com/users/facebook",
21             "html_url": "https://github.com/facebook",
22             "followers_url": "https://api.github.com/users/facebook/followers",
23             "following_url": "https://api.github.com/users/facebook/following{/other_user}",
24             "gists_url": "https://api.github.com/users/facebook/gists{/gist_id}",
25             "starred_url": "https://api.github.com/users/facebook/starred{/owner}{/repo}",
26             "subscriptions_url": "https://api.github.com/users/facebook/subscriptions",
27             "organizations_url": "https://api.github.com/users/facebook/orgs",
28             "repos_url": "https://api.github.com/users/facebook/repos",
29             "events_url": "https://api.github.com/users/facebook/events{/privacy}",
30             "received_events_url": "https://api.github.com/users/facebook/received_events",
31             "type": "Organization",
32             "site_admin": false
33           },
34           "html_url": "https://github.com/facebook/react",
35           "description": "A declarative, efficient, and flexible JavaScript library for building user interfaces.",
```

그림 8.5 깃허브 REST API

예제에서는 REST API를 호출할 때 사용자가 입력한 키워드를 이용할 것이다. 따라서 사용자 입력을 이용할 수 없는 useEffect() 후크 함수 단계에서는 REST API를 호출할 수 없다. 이를 구현하는 한 가지 방법은 입력 필드와 버튼을 만드는 것이다.

사용자가 입력 필드에 키워드를 입력하고 버튼을 누르면 REST API 호출을 수행한다. 이를 위해 두 개의 상태(사용자 입력에 대한 상태와 JSON 응답 데이터에 대한 상태)가 필요하다. 리포지터리는 응답에서 JSON 배열로 반환되므로 data 상태의 형식은 배열이다.

```jsx
import React, { useState } from 'react';
import './App.css';


function App() {
    const [keyword, setKeyword] = useState('');
    const [data, setData] = useState([]);


    return (
        <div className="App">
```

```
        </div>
    );
}
export default App;
```

03. 다음으로 return 문에 입력 필드와 버튼을 만들어야 한다. 또한 입력 값을 keyword라는 상태에 저장하는 변경 수신기를 입력 필드에 추가해야 한다. 버튼에는 클릭 수신기를 지정하며 여기서 키워드로 REST API 호출을 수행하는 함수를 호출한다.

```
const fetchData = () => {
    // REST API 호출
}


return (
    <div className="App">
        <input
            value={keyword}
            onChange={e => setKeyword(e.target.value)} />
        <button onClick={fetchData}>Fetch</button>
    </div>
);
```

fetchData 함수에서는 템플릿 리터럴을 이용해 url과 keyword 상태를 연결한다. 그런 다음, 응답에서 얻은 items 배열을 data 상태에 저장한다. 다음은 fetchData 함수의 코드를 보여준다.

```
const fetchData = () => {
    fetch('https://api.github.com/search/repositories?q=${keyword}')
    .then(response => response.json())
    .then(data => setData(data))
    .catch(err => console.error(err))
}
```

04. return 문에서는 map 함수로 data 상태를 테이블 행으로 변환한다. 리포지터리의 url 속성은 <a> 요소의 href 값이 된다.

```
return (
    <div className="App">
        <input value={keyword} onChange={e => setKeyword(e.target.value)} />
        <button onClick={fetchData}>Fetch</button>
```

```
    <table>
        <tbody>
        {
            data.map(repo =>
                <tr>
                    <td>{repo.full_name}</td>
                    <td>
                        <a href={repo.html_url}>{repo.html_url}</a>
                    </td>
                </tr>
            )
        }
        </tbody>
    </table>
    </div>
);
```

다음 그림은 완성된 앱에서 React 키워드로 REST API를 호출한 결과를 보여준다.

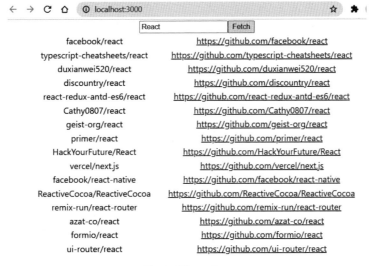

그림 8.6 깃허브 REST API

App.js 파일의 소스코드는 다음과 같다.

```jsx
import React, { useState } from 'react';
import './App.css';

function App() {
    const [keyword, setKeyword] = useState('');
    const [data, setData] = useState([]);

    const fetchData = () => {
        fetch('https://api.github.com/search/repositories?q=${keyword}')
        .then(response => response.json())
        .then(data => setData(data.items))
        .catch(err => console.error(err))
    }

    return (
        <div className="App">
            <input value={keyword} onChange={e => setKeyword(e.target.value)} />
            <button onClick={fetchData}>Fetch</button>
            <table>
                <tbody>
                    {
                        data.map(repo =>
                            <tr key={repo.id}>
                                <td>{repo.full_name}</td>
                                <td>
                                    <a href={repo.html_url}>{repo.html_url}</a>
                                </td>
                            </tr>
                        )
                    }
                </tbody>
            </table>
        </div>
    );
}

export default App;
```

이제 리액트에서 네트워킹을 활용하는 방법을 배워 프런트엔드 구현에 이 기술을 적용할 수 있게 됐다.

요약

이번 장에서는 리액트를 이용한 네트워킹에 초점을 맞췄다. 먼저 비동기 네트워크 호출을 더 쉽게 구현할 수 있게 해주는 프로미스에 관해 알아봤다. 프로미스로 호출을 더 깔끔하게 관리할 수 있으며 기존의 콜백 함수보다 장점이 많다.

이 책에서는 네트워킹에 fetch API를 이용할 예정이므로 fetch를 이용하기 위해 필요한 내용을 개략적으로 알아봤다. fetch API를 이용해 REST API를 호출하고 브라우저에 응답을 표시하는 두 가지 실용적인 리액트 앱을 구현했다.

다음 장에서는 프런트엔드에 이용할 몇 가지 유용한 리액트 컴포넌트를 살펴본다.

문제

이번 장에서 배운 내용에 관한 다음 질문에 답해보자.

1. 프로미스란 무엇인가?

2. fetch란 무엇인가?

3. 리액트 앱에서 REST API를 호출하려면 어떻게 하는가?

4. REST API 호출의 응답을 처리하려면 어떻게 하는가?

09

유용한 리액트용
서드파티 컴포넌트

리액트는 컴포넌트 기반 라이브러리이므로 유용한 서드파티 컴포넌트를 이용해 앱을 개발할 수 있다. 이번 장에서는 프런트엔드에 이용할 몇 가지 컴포넌트를 살펴본다. 먼저 적절한 컴포넌트를 찾는 방법을 알아보고 이를 자신의 앱에 이용하는 방법을 배운다.

이번 장에서 다룰 주제는 다음과 같다.

- 서드파티 리액트 컴포넌트 이용

- AG Grid 이용

- MUI 컴포넌트 라이브러리 이용

- 리액트에서 라우팅 관리

기술 요구 사항

이 책에서는 윈도우 운영체제를 이용하지만 모든 툴은 macOS와 리눅스 버전으로도 제공된다.

Node.js도 설치돼 있어야 한다. 이번 장의 깃허브 저장소는 https://github.com/wikibook/springboot-react/tree/main/Chapter09다.

서드파티 리액트 컴포넌트 이용

리액트와 함께 다양한 용도로 이용할 수 있는 컴포넌트가 많다. 이러한 컴포넌트를 사용하기 위해 가장 먼저 할 일은 필요한 컴포넌트를 검색하는 것이다. 컴포넌트를 검색하기 좋은 사이트로 JS.coach(https://js.coach/)가 있다. 해당 사이트에 접속해 키워드를 입력해 검색하고 라이브러리 목록에서 **React**를 선택해보자.

다음 그림은 리액트용 표 컴포넌트를 검색한 결과를 보여준다.

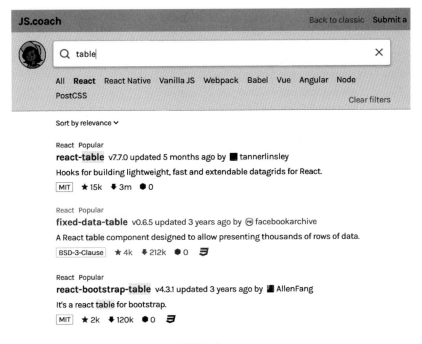

그림 9.1 JS.coach

리액트 컴포넌트를 찾을 수 있는 다른 좋은 웹사이트로는 awesome-react-components(https://github.com/brillout/awesome-react-components)가 있다.

컴포넌트를 제공하는 페이지들은 리액트 앱에서 해당 컴포넌트를 활용하는 방법을 알려주는 설명서를 포함하는 경우가 많다. 서드파티 컴포넌트를 앱에 설치하고 이용하는 과정을 알아보자.

01. JS.coach 사이트로 이동한다. 검색어로 date를 입력하고 **React**로 필터링한다. 검색 결과에서 다음 그림과 같이 react-datepicker라는 목록 컴포넌트를 찾을 수 있다.

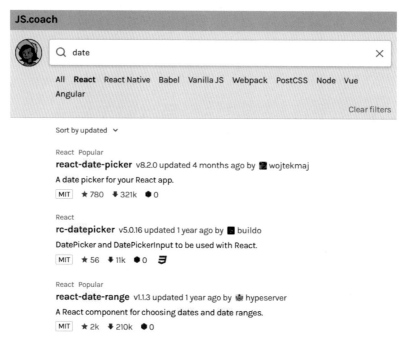

그림 9.2 react–date–picker

02. 컴포넌트에 관한 더 자세한 내용을 볼 수 있도록 컴포넌트 링크를 클릭한다.

그러면 설치 지침과 컴포넌트 이용 방법에 관한 몇 가지 간단한 예를 볼 수 있다. 해당 컴포넌트 개발이 아직 진행 중인지도 확인해야 한다. 정보 페이지에는 전체 설명서가 있는 컴포넌트의 웹 사이트나 깃허브 리포지터리를 안내하는 경우가 많다. 다음 그림에서 react-date-picker의 정보 페이지를 볼 수 있다.

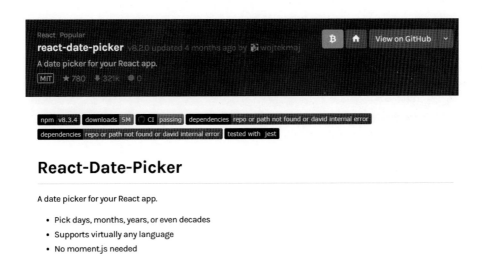

그림 9.3 react-date-picker

정보 페이지에 나오는 것처럼, 컴포넌트는 npm 패키지를 이용해 설치한다. 컴포넌트를 설치하는 명령은 다음과 같다.

```
npm install [컴포넌트 이름]
```

또는 yarn으로 다음과 같이 실행해도 된다.

```
yarn add [컴포넌트 이름]
```

npm install과 yarn add 명령은 리액트 앱의 루트 폴더에 있는 package.json 파일에 컴포넌트의 의존성을 저장한다.

03. 이제 6장, '환경과 툴 설정 – 프런트엔드'에서 작성한 myapp 앱에 react-date-picker 컴포넌트를 설치해보자. 앱의 루트 폴더로 이동하고 다음 명령을 실행한다.

```
npm install react-date-picker
```

앱의 루트 폴더에 있는 package.json 파일을 열어 보면 다음 코드와 같이 컴포넌트가 dependencies 절에 추가된 것을 알 수 있다.

```
{
    "name": "myapp",
    "version": "0.1.0",
    "private": true,
    "dependencies": {
```

```
    "@testing-library/jest-dom": "^5.11.4",
    "@testing-library/react": "^11.1.0",
    "@testing-library/user-event": "^12.1.10",
    "react": "^18.0.0",
    "react-dom": "^18.0.0",
    "react-date-picker": "^8.3.4",
    "react-scripts": "4.0.3",
    "web-vitals": "^1.0.1"
},
```

설치된 버전 번호는 `package.json` 파일에서도 확인할 수 있다. 특정 버전의 컴포넌트를 설치하려면 다음 명령을 이용하면 된다.

```
npm install [컴포넌트 이름@버전]
```

리액트에 설치된 컴포넌트를 제거하려면 다음 명령을 이용할 수 있다.

```
npm uninstall [컴포넌트 이름]
```

설치된 컴포넌트는 앱의 node_modules 폴더에 저장된다. 이 폴더를 열어보면 다음 그림과 같이 `react-date-picker` 폴더를 찾을 수 있다.

그림 9.4 node_modules 폴더

04. node_modules 폴더는 너무 크기 때문에 리액트 앱 소스코드를 깃허브에 푸시할 때 제외해야 한다. create-react-app에는 리포지터리에서 node_modules 폴더를 제외하는 `.gitignore` 파일이 들어 있다. `.gitignore` 파일의 내용은 다음과 같다.

```
# 파일 무시에 관해서는 https://help.github.com/articles/ignoring-files/ 참조
# 의존성
/node_modules
/.pnp
.pnp.js

# 테스트
/coverage

# 운영
/build

# 기타
.DS_Store
.env.local
.env.development.local
.env.test.local
.env.production.local


npm-debug.log*
yarn-debug.log*
yarn-error.log*
```

깃허브 리포지터리에서 앱을 복제할 때 `npm install` 명령을 입력하면 `package.json` 파일에서 의존성을 읽고 이를 앱으로 다운로드한다.

05. 설치한 컴포넌트를 사용하기 위한 마지막 단계는 다음과 같이 이를 이용할 위치로 가져오는 것이다.

```
import DatePicker from 'react-date-picker';
```

지금까지 리액트 컴포넌트를 리액트 앱에 설치하고 이용하는 방법을 살펴보았다.

AG Grid 이용

AG Grid(https://www.ag-grid.com/)는 리액트 앱을 위한 유연한 표 컴포넌트이며 필터링, 정렬, 피벗과 같은 여러 유용한 기능을 제공한다. 이 책에서는 **MIT** 라이선스에 따라 무료로 이용할 수 있는 커뮤니티 버전을 쓴다.

8장, '리액트로 REST API 이용하기'에서 작성한 깃허브 **REST API** 앱을 이용해보자. 다음과 같이 진행한다.

01. ag-grid 커뮤니티 컴포넌트를 설치하려면 PowerShell을 열고 앱의 루트 폴더인 restgithub 폴더로 이동한다. 그러고 나서 다음 명령을 실행한다.

```
npm install ag-grid-community ag-grid-react
```

02. VS Code에서 App.js 파일을 열고 return 문 안에 있는 table 요소를 제거한다. App.js 파일은 다음과 같을 것이다.

```
import React, { useState } from 'react';
import './App.css';

function App() {
    const [keyword, setKeyword] = useState('');
    const [data, setData] = useState([]);

    const fetchData = () => {
        fetch('https://api.github.com/search/repositories?q=${keyword}')
        .then(response => response.json())
        .then(data => setData(data.items))
        .catch(err => console.error(err))
    }

    return (
        <div className="App">
            <input value={keyword} onChange={e => setKeyword(e.target.value)} />
            <button onClick={fetchData}>Fetch</button>
        </div>
    );
}

export default App;
```

03. App.js 파일의 시작 부분에 다음 코드 행을 추가해 ag-grid 컴포넌트와 스타일시트를 가져온다. ag-grid는 미리 정의된 여러 스타일을 지원하며, 예제에서는 간결한 느낌을 주는 머티리얼 디자인을 이용한다.

```
import { AgGridReact } from 'ag-grid-react';
```

```
import 'ag-grid-community/dist/styles/ag-grid.css';
import 'ag-grid-community/dist/styles/ag-theme-material.css';
```

04. 그런 다음 가져온 AgGridReact 컴포넌트를 return 문에 추가한다. ag-grid 컴포넌트를 데이터로 채우려면 rowData 프롭을 컴포넌트에 전달해야 한다. 데이터는 객체의 배열일 수 있으므로 data라는 상태를 이용할 수 있다. ag-grid 컴포넌트는 스타일을 정의하는 div 요소 안에 포함해야 한다. 코드는 다음과 같다.

```
return (
    <div className="App">
        <input value={keyword} onChange={e => setKeyword(e.target.value)} />
        <button onClick={fetchData}>Fetch</button>
        <div className="ag-theme-material" style={{height: 500, width: '90%'}}>
            <AgGridReact
                rowData={data}
                columnDefs={columns}
            />
        </div>
    </div>
);
```

05. 다음으로 ag-grid의 열을 정의해야 한다. 우선 열 객체의 배열인 columns라는 상수를 정의한다. 열 객체에서는 field 프롭으로 데이터 접근자를 정의해야 한다. field 값은 REST API 응답 데이터에서 얻는다. 다음 코드를 보면 응답 데이터에 owner 객체가 포함되어 있으며 owner.[필드 이름] 구문으로 값에 접근하는 것을 알 수 있다.

```
const columns = [
    {field: 'full_name'},
    {field: 'html_url'},
    {field: 'owner.login'}
]
```

06. 마지막으로 다음과 같이 ag-grid의 columnDefs 프롭으로 이러한 열을 정의한다.

```
<AgGridReact
    rowData={data}
    columnDefs={columns}
/>
```

07. 앱을 실행하고 `http://localhost:3000`으로 이동한다.[1] 다음 그림에서 볼 수 있듯이 기본 상태의 표도 보기 좋다.

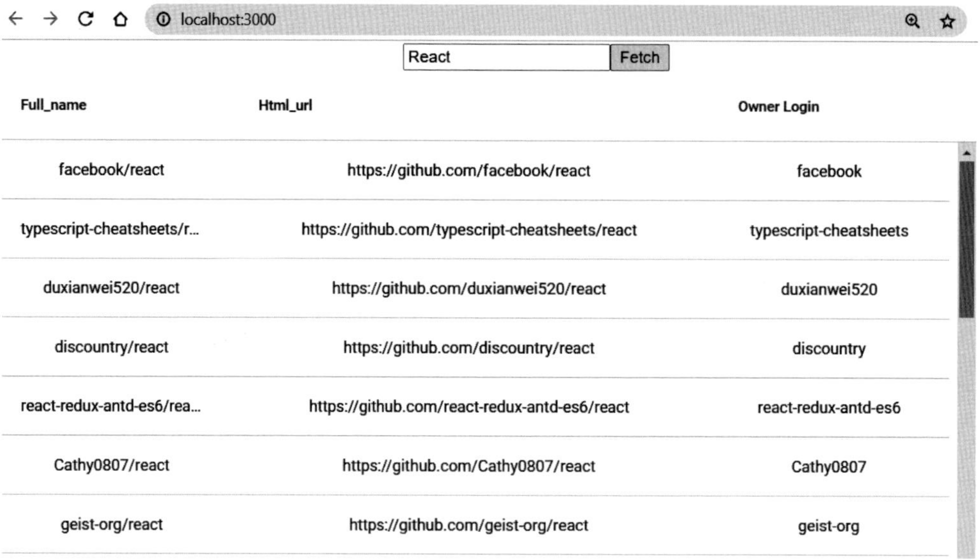

그림 9.5 ag-grid 컴포넌트

08. 정렬과 필터링은 기본값으로 비활성화된 상태지만 다음과 같이 ag-grid 열의 `sortable` 및 `filter` 프롭으로 활성화할 수 있다.

```
const columns = [
    {field: 'full_name', sortable: true, filter: true},
    {field: 'html_url', sortable: true, filter: true},
    {field: 'owner.login', sortable: true, filter: true}
]
```

09. 이제 다음 그림에 나오는 것처럼 열 머리글을 클릭해서 표의 열을 필터링하고 정렬할 수 있다.

---

1 (옮긴이) 앱이 실행되지 않을 경우 터미널에서 `npm i web-vitals --save-dev` 명령어로 web-vitals를 설치한 후 리액트 앱을 실행한다.

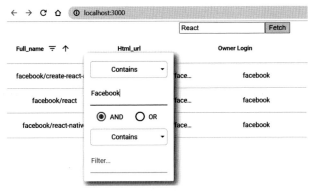

그림 9.6 ag-grid 필터링과 정렬

10. 다음과 같이 pagination과 paginationPageSize 프롭을 이용하면 ag-grid에서 페이지 매김을 활성화하고 페이지 크기를 설정할 수도 있다.

```
<AgGridReact
    rowData={data}
    columnDefs={columns}
    pagination={true}
    paginationPageSize={8}
/>
```

11. 이제 다음 그림에 나오는 것처럼 표에 페이지 매김이 적용된다.

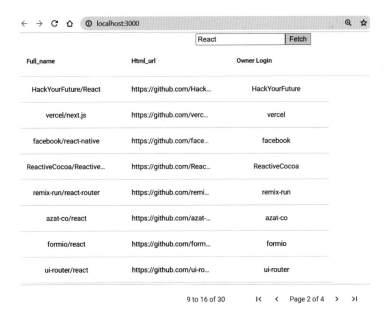

그림 9.7 ag-grid 페이지 매김

다른 표 및 열 프롭에 관한 자세한 내용은 AG Grid 웹 사이트에서 설명서를 참조하기 바란다.

표 셀의 내용을 맞춤 구성하려면 cellRendererFramework 프롭을 이용한다. 다음 예에는 표 셀에 버튼을 렌더링하는 방법이 나온다. 셀 렌더러의 함수에는 params를 인수로 전달한다. params.value는 열의 접근자에 정의된 full_name 셀의 값이 된다. 전체 행 객체를 나타내는 params.row를 이용할 수도 있다. 버튼을 누르면 full_name 셀의 값을 보여주는 alert 창을 표시한다.

```
const columns = [
    {field: 'full_name', sortable: true, filter: true},
    {field: 'html_url', sortable: true, filter: true},
    {field: 'owner.login', sortable: true, filter: true},
    {
        field: 'full_name',
        cellRenderer: params =>
            <button
                onClick={() => alert(params.value)}>
                Press me
            </button>
    }
]
```

위 코드를 추가하면 다음 그림처럼 버튼이 포함된 표가 나온다. 버튼을 누르면 full_name 셀의 값을 보여주는 alert 창이 표시된다.

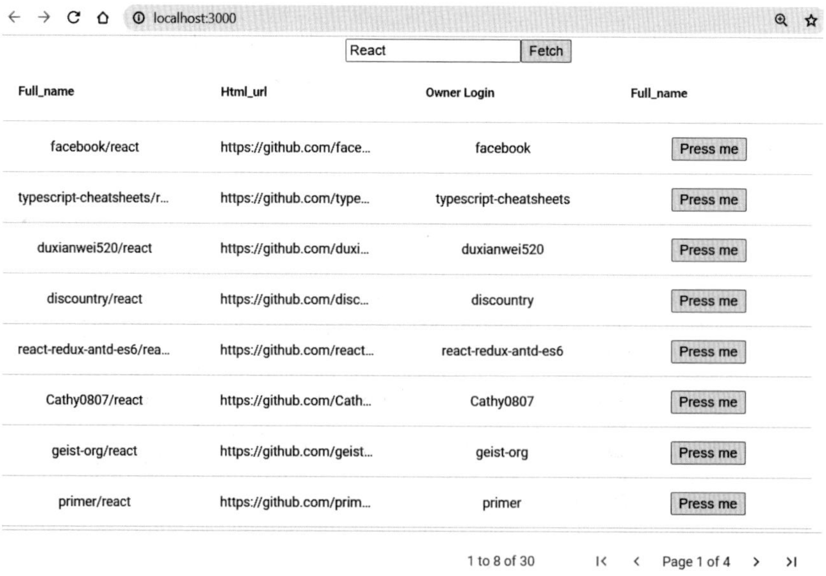

그림 9.8 버튼이 포함된 표

기본적으로 필드 이름이 헤더 이름으로 이용되므로 버튼 열에 Full_name 헤더가 표시된다. 다른 이름으로 바꾸고 싶다면 열 정의에서 headerName 프롭을 이용할 수 있다.

다음으로 가장 많이 이용되는 리액트 컴포넌트 라이브러리인 MUI 컴포넌트 라이브러리에 관해 알아보자.

MUI 컴포넌트 라이브러리 이용

MUI(https://mui.com/)는 구글의 머티리얼 디자인을 구현하는 리액트 컴포넌트다. 이 책에서는 MUI 버전 5를 이용하며 다른 버전을 이용하려면 공식 설명서의 안내를 따라야 한다. MUI에는 멋지고 균일한 UI를 구현하는 데 이용할 수 있는 버튼, 목록, 표 및 카드 등의 다양한 컴포넌트가 많이 포함되어 있다.

여기서는 간단한 쇼핑 목록 앱을 만들고 MUI 컴포넌트로 UI를 스타일링하는 과정을 진행한다.

01. 다음 명령을 실행해서 shoppinglist라는 새로운 리액트 앱을 생성한다.

```
npx create-react-app shoppinglist
```

02. VS Code로 쇼핑 목록 앱을 연다. PowerShell 또는 이용 중인 터미널에 다음 명령을 입력해서 프로젝트 루트 폴더에 MUI를 설치한다.

```
npm install @mui/material @emotion/react @emotion/styled
```

03. App.js 파일을 열고 App div 태그 안에 있는 코드를 모두 제거한다. 그럼 App.js 파일은 다음과 같고 브라우저에서 빈 페이지를 표시할 것이다.

```
import './App.css';

function App() {
    return (
        <div className="App">
        </div>
    );
}


export default App;
```

04. MUI는 여러 레이아웃 컴포넌트를 제공하며, 그중 Container는 기본 레이아웃 컴포넌트다. 컨테이너는 내용을 가로로 가운데 정렬할 수 있게 해주고 maxWidth 프롭으로 최대 너비를 지정할 수 있다(기본값은 lg). 다음과 같이 App.js 파일에서 Container 컴포넌트를 이용해보자.

```
import Container from '@mui/material/Container';

function App() {
    return (
        <Container>
        </Container>
    );
}
export default App;
```

05. MUI AppBar 컴포넌트로 앱에 툴바를 표시해보자. App.js 파일에 AppBar, ToolBar, Typography 컴포넌트를 가져온다. 또한 나중에 필요한 React와 useState도 가져온다. 코드는 다음과 같다.

```
import React, { useState } from 'react';
import Container from '@mui/material/Container';
import AppBar from '@mui/material/AppBar';
import Toolbar from '@mui/material/Toolbar';
import Typography from '@mui/material/Typography';
```

06. 다음 코드를 App 컴포넌트의 return 문에 추가한다. Typography 컴포넌트는 미리 정의된 텍스트 크기를 지원하며, 이를 툴바 텍스트에 이용할 것이다. 텍스트 크기는 variant 프롭으로 정의한다.

```
function App() {
    return (
        <Container>
            <AppBar position="static">
                <Toolbar>
                    <Typography variant="h6">
                        Shopping List
                    </Typography>
                </Toolbar>
            </AppBar>
        </Container>
    );
}
```

이제 앱은 다음 그림과 같다.

그림 9.9 AppBar 컴포넌트

07. App 컴포넌트에서는 상태 하나로 쇼핑 목록 항목을 유지할 수 있다. 쇼핑 목록 항목 하나에는 product 및 amount라는 두 개의 필드가 있다. items 상태에 새 항목을 추가할 메서드도 필요하다. 다음에 상태를 정의하는 코드와 상태에 새 항목을 추가하는 함수 코드가 나온다. addItem 함수에서는 스프레드 표기법(...)을 이용해 기존 배열의 앞부분에 새 항목을 추가한다.

```
const [items, setItems] = useState([]);

const addItem = (item) => {
    setItems([item, ...items]);
}
```

08. 쇼핑 항목을 추가하기 위해 새 컴포넌트를 추가한다. 앱의 루트 폴더에 AddItem.js라는 새 파일을 만들고 이 파일에 다음 코드를 추가한다. AddItem 컴포넌트는 상위 컴포넌트에서 props를 받는다. 코드는 다음과 같다.

```
import React from 'react';

function AddItem(props) {
    return(
        <div></div>
    );
}

export default AddItem;
```

AddItem 컴포넌트는 데이터를 수집하기 위해 MUI 모달 대화상자를 이용한다. 폼에는 입력 필드 두 개(product 및 amount)와 App 컴포넌트의 addItem 함수를 호출하는 버튼 하나가 있다. App 컴포넌트에 있는 addItem 함수를 호출하려면 AddItem 컴포넌트를 렌더링할 때 여기에 props를 전달해야 한다. 그리고 모달 Dialog 컴포넌트 바깥에 누르면 모달 폼을 여는 버튼 하나를 추가한다. 이 버튼은 컴포넌트가 처음 렌더링될 때 유일하게 보이는 컴포넌트다.

Dialog 컴포넌트에는 open이라는 프롭 하나가 있으며 이 프롭의 값이 true이면 대화상자가 표시된다. open 프롭의 기본값은 false이며 대화상자가 표시되지 않는다. 모달 대화상자를 여는 버튼은 open 상태 값을 true로 설정해 대화상자를 연다. 입력한 값에 접근할 수 있게 input 요소의 변경 이벤트도 처리해야 한다. 모달 폼에 있는 버튼을 누르면 addItem 함수가 호출되고 여기서 open 상태 값을 false로 설정해 모달 폼을 닫는다. 함수는 입력 필드 값으로 객체를 생성하고 App 컴포넌트의 addItem 함수를 호출해 상태 배열에 새 항목을 추가하고 UI를 다시 렌더링한다.

다음은 모달 폼을 구현하는 과정이다.

01. 모달 폼에 필요한 Dialog, DialogActions, DialogContent, DialogTitle MUI 컴포넌트를 가져와야 한다. 모달 폼의 UI에는 Button과 TextField 컴포넌트가 필요하다. AddItem.js 파일에 다음과 같이 import 문을 추가한다.

```
import Button from '@mui/material/Button';
import TextField from '@mui/material/TextField';
import Dialog from '@mui/material/Dialog';
import DialogActions from '@mui/material/DialogActions';
import DialogContent from '@mui/material/DialogContent';
import DialogTitle from '@mui/material/DialogTitle';
```

02. 다음으로 open이라는 상태 하나와 모달 대화상자를 여는 함수와 닫는 함수를 선언한다. open 상태의 기본값은 false 다. handleOpen 함수는 open 상태를 true로 설정하고 handleClose 함수는 false로 설정한다. 코드는 다음과 같다.

```
// AddItem.js
const [open, setOpen] = React.useState(false);

const handleOpen = () => {
    setOpen(true);
}
const handleClose = () => {
    setOpen(false);
}
```

03. return 문 안에 Dialog와 Button 컴포넌트를 추가해야 한다. 대화상자 바깥에는 컴포넌트가 처음 렌더링될 때 표시 될 버튼 하나가 있다. 버튼을 누르면 handleOpen 함수가 호출되고 여기서 대화상자를 연다. 대화상자 안에는 항목을 취소하는 버튼과 새 항목을 추가하는 버튼이 있다. **Add** 버튼은 addItem 함수를 호출하는데, 이 함수는 나중에 구현 한다. 코드는 다음과 같다.

```
return(
    <div>
        <Button onClick={handleOpen}>
            Add Item
        </Button>
        <Dialog open={open} onClose={handleClose}>
            <DialogTitle>New Item</DialogTitle>
            <DialogContent>
            </DialogContent>
            <DialogActions>
                <Button onClick={handleClose}>
                    Cancel
                </Button>
                <Button onClick={addItem}>
                    Add
                </Button>
            </DialogActions>
        </Dialog>
    </div>
);
```

04. 사용자에게서 데이터를 수집할 상태를 하나 더 선언해야 한다. 이 상태는 각각 제품과 수량을 나타내는 product 및 amount의 두 특성을 갖는 객체다. open 상태를 선언하는 행 뒤에 다음 코드 행을 추가한다.

```
const [item, setItem] = React.useState({
    product: '',
    amount: ''
});
```

05. DialogContent 컴포넌트 안에는 사용자로부터 데이터를 얻기 위한 입력 요소 두 개를 추가한다. 이를 위해 미리 가져온 TextField MUI 컴포넌트를 이용한다. margin 프롭은 텍스트 필드의 세로 간격을 설정하고 fullwidth 프롭은 입력 요소가 컨테이너의 전체 너비와 같게 한다. 머티리얼 디자인 설명서에서 전체 프롭을 확인할 수 있다. 텍스트 필드의 value 프롭은 입력된 값을 저장할 상태와 같아야 한다. product 필드의 경우 item.product이고 amount 필드의 경우 item.amount다. 또한 폼을 처리할 때처럼 name 프롭을 이용한다. 코드는 다음과 같다.

```
<DialogContent>
    <TextField value={item.product} margin="dense"
        onChange={handleChange} name="product"
        label="Product" fullWidth />
```

```
    <TextField value={item.amount} margin="dense"
        onChange={handleChange} name="amount"
        label="Amount" fullWidth />
</DialogContent>
```

06. 다음으로 입력 필드에 입력했을 때 호출되는 handleChange 함수를 구현해야 한다. 7장, '리액트 시작하기'에서 배웠듯이 해당 함수가 입력 필드의 값을 item 상태에 저장한다.

```
const handleChange = (e) => {
    setItem({...item, [e.target.name]: e.target.value})
}
```

07. 마지막으로 props 필드를 통해 접근하는 addItem 함수에 새 항목을 전달하고 호출하는 함수를 추가해야 한다. 이제 새 항목은 사용자가 입력한 쇼핑 항목을 포함하는 item 상태에 저장돼 있다. addItem 함수는 props 키워드를 이용해 호출할 수 있다. 모달 대화상자를 닫는 handleClose 함수도 호출해야 한다. 코드는 다음과 같다.

```
// props를 통해 addItem 함수를 호출하고 항목 상태를 전달
const addItem = () => {
    props.addItem(item);
    setItem({product: '', amount: ''}); // 텍스트 필드를 비움
    handleClose();
}
```

08. AddItem 컴포넌트가 이제 준비됐고 App.js 파일에서 이를 가져와서 렌더링해야 한다. App.js 파일에 다음 import 문을 추가한다.

```
import AddItem from './AddItem';
```

09. App.js 파일의 return 문에 AddItem 컴포넌트를 추가한다. 다음과 같이 AddItem 컴포넌트의 프롭에 addItem 함수를 전달한다.

```
// App.js
return (
    <Container>
        <AppBar position="static">
            <Toolbar>
                <Typography variant="h6">
                    Shopping List
                </Typography>
```

```
            </Toolbar>
        </AppBar>
        <AddItem addItem={addItem}/>
    </Container>
);
```

10. 항목을 추가하는 ADD ITEM 버튼을 가운데 배치하려면 MUI Stack 레이아웃 컴포넌트를 이용하면 된다. 이 컴포넌트로 모든 하위 컴포넌트의 레이아웃을 정의할 수 있다. 기본 방향은 column이고 direction 프롭으로 변경할 수 있다. alignItems 프롭으로 수평 정렬을 정의할 수 있다. 코드는 다음과 같다.

```
// App.js
// Stack 컴포넌트 가져오기
import Stack from '@mui/material/Stack';

// Stack 컴포넌트 렌더링
return (
    <Container>
        <AppBar position="static">
            <Toolbar>
                <Typography variant="h6">
                    Shopping List
                </Typography>
            </Toolbar>
        </AppBar>
        <Stack alignItems="center">
            <AddItem addItem={addItem} />
        </Stack>
    </Container>
);
```

11. 이제 브라우저에서 앱을 열고 ADD ITEM 버튼을 누르면 다음 그림에 나오는 것처럼 새 항목을 입력할 수 있는 모달 폼이 열린다. ADD 버튼을 누르면 모달 폼이 닫힌다.

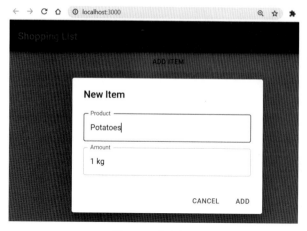

그림 9.10 모달 대화상자

12. 다음은 쇼핑 항목을 보여주는 App 컴포넌트에 목록을 추가할 차례다. 이를 위해 MUI의 List, ListItem, ListItemText 컴포넌트가 필요하며, App.js 파일에 가져와야 한다. 필요한 코드는 다음과 같다.

```
// App.js
import List from '@mui/material/List';
import ListItem from '@mui/material/ListItem';
import ListItemText from '@mui/material/ListItemText';
```

13. 그러고 나서 List 컴포넌트를 렌더링하고 그 안에서 map 함수로 ListItem 컴포넌트를 생성한다. 각 ListItem 컴포넌트에는 고유한 key 프롭이 있어야 한다. 각 목록 항목 끝에 분리자를 추가하기 위해 divider 프롭을 이용한다. 제품 이름은 ListItemText 컴포넌트의 주 텍스트에 표시하고 수량은 보조 텍스트에 표시한다. 코드는 다음과 같다.

```
// App.js
return (
    <Container>
        <AppBar position="static">
            <Toolbar>
                <Typography variant="h6">
                    Shopping List
                </Typography>
            </Toolbar>
        </AppBar>
        <Stack alignItems="center">
            <AddItem addItem={addItem} />
            <List>
```

```
        {
            items.map((item, index) =>
                <ListItem key={index} divider>
                    <ListItemText
                        primary={item.product}
                        secondary={item.amount}/>
                </ListItem>
            )
        }
        </List>
    </Stack>
</Container>
);
```

이제 UI는 다음과 같다.

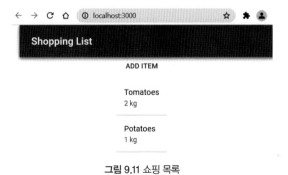

그림 9.11 쇼핑 목록

MUI의 Button 컴포넌트에는 text, contained, outlined의 세 변형이 있다. 변형은 variant 프롭으로 바꿀 수 있고 기본은 text다. 예를 들어, **ADD ITEM** 버튼에 외곽선을 표시하려면 다음과 같이 AddItem.js 파일에서 버튼의 variant 프롭을 수정한다.

```
<Button variant="outlined" onClick={handleOpen}>
    Add Item
</Button>
```

다음 절에서는 많이 이용되는 라우팅 라이브러리인 리액트 라우터를 살펴보겠다.

리액트에서 라우팅 관리

리액트에서 라우팅 기능을 구현하는 여러 솔루션이 있다. 그중 가장 많이 이용되는 솔루션은 이 책에서 다룰 **리액트 라우터**(https://github.com/ReactTraining/react-router)다. 리액트 라우터는 웹 애플리케이션을 위해 reactrouter-dom 패키지를 제공한다.

리액트 라우터를 이용하려면 먼저 다음 명령으로 의존성을 설치해야 한다. 이 책에서는 리액트 라우터 버전 6을 이용한다.

```
npm install react-router-dom@6 history@5
```

react-router-dom 라이브러리를 설치하면 네 개의 각기 다른 컴포넌트가 설치된다. 이 네 컴포넌트는 라우팅을 구현하는 데 필요하다. BrowserRouter는 웹 기반 애플리케이션용 라우터다. Route 컴포넌트는 지정한 위치가 일치하면 컴포넌트를 렌더링한다.

다음 코드에 Route 컴포넌트를 이용하는 예가 나온다 element 프롭은 사용자가 path 프롭에 정의된 접촉 엔드포인트로 이동할 때 렌더링된 컴포넌트를 정의한다. 경로는 이를 렌더링한 상위 경로에 대한 상대 경로다.

```
<Route path="contact" element={<Contact />} />
```

다음과 같이 path 프롭 끝에 * 와일드카드를 사용할 수도 있다.

```
<Route path="/contact/*" element={<Contact />} />
```

그러면 해당 연락처 엔드포인트 아래의 모든 엔드포인트(예: contact/mike, contact/john)와 일치하게 된다.

Routes 컴포넌트는 여러 Route 컴포넌트를 포함한다. Link 컴포넌트는 애플리케이션에 대한 탐색을 제공한다. 다음 예의 Contact 링크를 클릭하면 /contact 엔드포인트로 이동한다.

```
<Link to="/contact">Contact</Link>
```

이제 라우터 컴포넌트를 어떻게 이용하는지 예제로 확인해보자. 먼저 create-react-app을 이용해 routerapp이라는 리액트 앱을 생성한다.

01. VS Code로 src 폴더를 열고 편집기 뷰에서 App.js 파일을 연다. react-router-dom 패키지에서 컴포넌트를 가져오고 return 문에서 추가 코드를 제거한다. 이렇게 수정한 App.js 소스코드는 다음과 같을 것이다.

```
import React from 'react';
import {BrowserRouter, Routes, Route, Link} from 'react-router-dom';
import './App.css';


function App() {
    return (
        <div className="App">
        </div>
    );
}


export default App;
```

02. 라우팅에 이용할 간단한 컴포넌트 두 개를 만들어보자. 애플리케이션의 src 폴더에 Home.js와 Contact.js 파일을 새로 만든다. return 문에 컴포넌트의 이름을 표시하는 헤더를 추가한다. 두 컴포넌트의 코드는 다음과 같다.

```
// Home.js
function Home() {
    return <h1>Home.js</h1>;
}
export default Home;

// Contact.js
function Contact() {
    return <h1>Contact.js</h1>;
}

export default Contact;
```

03. App.js 파일을 열고 다음과 같이 컴포넌트 사이를 이동할 수 있게 하는 라우터를 추가한다.

```
import React from 'react';
import { BrowserRouter, Routes, Route, Link } from 'react-router-dom';
import Home from './Home';
import Contact from './Contact';
import './App.css';
```

```
function App() {
    return (
        <div className="App">
            <BrowserRouter>
                <nav>
                    <Link to="/">Home</Link>{' '}
                    <Link to="/contact">Contact</Link>{' '}
                </nav>

                <Routes>
                    <Route path="/" element={<Home />} />
                    <Route path="contact" element={<Contact />} />
                </Routes>
            </BrowserRouter>
        </div>
    );
}

export default App;
```

04. 앱을 시작하면 첫 번째 Route 컴포넌트에 정의한 대로 두 링크와 루트 엔드포인트(localhost:3000)의 Home 컴포넌트가 표시된다. 다음 그림에 결과가 나온다.

그림 9.12 리액트 라우터

05. Contact 링크를 클릭하면 다음과 같이 Contact 컴포넌트가 렌더링된다.

그림 9.13 리액트 라우터(계속)

path 프롭에 * 와일드카드를 이용해 PageNotFound 경로를 지정할 수 있다. 다음 예제에서는 모든 경로가 일치하지 않으면 마지막 항목이 사용된다.

```
<Routes>
    <Route path="/" element={<Home />} />
    <Route path="contact" element={<Contact />} />
    <Route path="*" element={<PageNotFound />} />
</Routes>
```

다음 예제와 같이 경로를 중첩하는 것도 가능하다.

```
<Routes>
    <Route path="contact" element={<Contact />}>
        <Route path="london" element={<ContactLondon />} />
        <Route path="paris" element={<ContactParis />} />
    </Route>
</Routes>
```

useRoutes() 후크를 이용하면 리액트 요소 대신 자바스크립트 객체로 경로를 선언할 수도 있지만 이 책에서는 다루지 않겠다.

지금까지 리액트로 서드파티 컴포넌트를 설치하고 이용하는 방법을 배웠다. 여기서 배운 기술은 이후 장에서 프런트엔드를 구축할 때 필요할 것이다.

요약

이번 장에서는 서드파티 리액트 컴포넌트를 이용하는 방법을 배웠다. 프런트엔드를 작성할 때 이용할 여러 컴포넌트를 소개했다. ag-grid는 표 컴포넌트이고 정렬, 페이지 매김, 필터링 등의 기능이 있다.

MUI는 구글의 머티리얼 디자인을 구현하는 여러 UI 컴포넌트를 포함하는 컴포넌트 라이브러리다. 또한 리액트 라우터로 리액트 애플리케이션에서 라우팅을 구현하는 방법을 알아봤다.

다음 장에서는 스프링 부트 RESTful 웹 서비스에 대한 프런트엔드 개발 환경을 구축한다.

문제

1. 리액트용 컴포넌트는 어떻게 찾을 수 있는가?

2. 컴포넌트는 어떻게 설치해야 하는가?

3. ag-grid 컴포넌트는 어떻게 이용할 수 있는가?

4. MUI 컴포넌트 라이브러리는 어떻게 이용할 수 있는가?

5. 리액트 애플리케이션에서 라우팅을 구현하려면 어떻게 해야 하는가?

3부

풀스택
개발

3부에서는 스프링 부트 백엔드와 리액트 프런트엔드를 결합한다. 백엔드에는 1부, '스프링 부트를 이용한 백엔드 프로그래밍'에서 작성한 스프링 부트 백엔드를 이용한다. 프런트엔드는 모든 CRUD 작업을 제공한다.

3부의 구성은 다음과 같다.

- 10장, 스프링 부트 RESTful 웹 서비스를 위한 프런트엔드 설정
- 11장, CRUD 기능 추가하기
- 12장, 리액트 MUI로 프런트엔드 꾸미기
- 13장, 프런트엔드 테스트하기
- 14장, 애플리케이션 보호하기
- 15장, 애플리케이션 배포하기
- 16장, 모범 사례

10

스프링 부트 RESTful 웹 서비스를 위한
프런트엔드 설정

이번 장에서는 프런트엔드 개발을 시작하는 데 필요한 단계를 설명한다. 먼저 우리가 개발하려는 기능이 무엇인지 정의하고 UI의 모형(mock-up)을 만든다. 백엔드에는 5장, '백엔드 보호 및 테스트'에서 작성한 스프링 부트 애플리케이션을 이용한다. 우선은 보호되지 않는 백엔드 버전으로 개발을 시작한다. 마지막으로 프런트엔드 개발에 이용할 리액트 앱을 만든다.

이번 장에서 다룰 주제는 다음과 같다.

- 모형이 필요한 이용한 이유와 제작하는 방법
- 프런트엔드 개발을 위한 스프링 부트 백엔드 준비
- 프런트엔드를 위한 리액트 앱 만들기

기술 요구 사항

5장, '백엔드 보호 및 테스트'에서 작성한 스프링 부트 애플리케이션이 필요하다.

Node.js도 설치해야 하며, 예제를 진행하려면 이번 장의 깃허브 리포지터리(https://github.com/wikibook/springboot-react/tree/main/Chapter10)에 있는 코드 예제가 필요하다.

이번 장의 실습 영상은 https://youtu.be/YFtUtMwvAM0에서 볼 수 있다.

UI 모형 제작

이 책의 1부에서는 RESTful API를 제공하는 자동차 데이터베이스 백엔드를 만들었다. 이제 애플리케이션의 프런트엔드를 만들 차례다. 데이터베이스에서 가져온 자동차를 나열하고 페이지 매김, 정렬, 필터링을 지원하는 프런트엔드를 작성한다. 데이터베이스에 자동차를 추가하기 위해 모달 폼을 여는 버튼 하나가 있다. 자동차 표의 각 행에는 데이터베이스에서 자동차를 삭제하거나 편집하는 버튼이 있다. 프런트엔드에는 표의 데이터를 CSV 파일로 내보내는 링크나 버튼이 있다.

UI 모형을 제작해보자. 모형을 제작할 수 있는 다양한 애플리케이션이 있으며 심지어 종이에 연필로 그려도 된다. 상호작용이 가능한 모형을 제작해서 여러 기능을 시연하는 것도 가능하다. 모형을 제작하면 실제 코드 작성을 시작하기 전에 고객과 요구사항을 논의하기가 한결 수월하다. 모형이 있으면 고객이 프런트엔드의 개념을 이해하고 수정 사항을 제안하기가 쉽다. 또한 실제 프런트엔드 소스코드를 수정하는 것보다 모형을 수정하는 편이 훨씬 쉽고 빠르다.

다음 그림은 자동차 목록 프런트엔드의 모형이다.

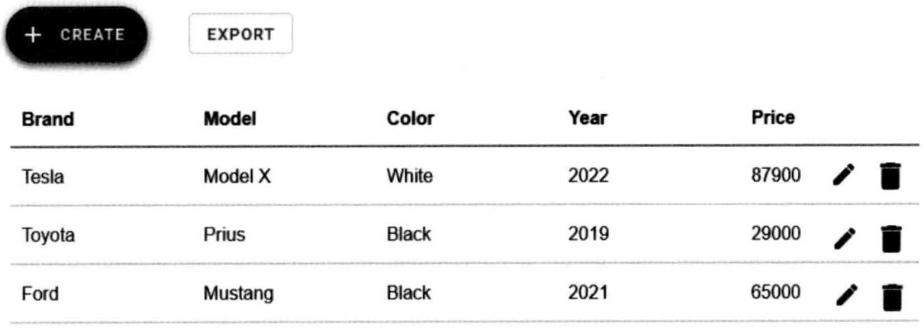

Brand	Model	Color	Year	Price		
Tesla	Model X	White	2022	87900	✏	🗑
Toyota	Prius	Black	2019	29000	✏	🗑
Ford	Mustang	Black	2021	65000	✏	🗑

그림 10.1 프런트엔드 모형

사용자가 자동차를 새로 등록하기 위해 **New Car** 버튼을 누르면 열릴 모달 폼은 다음과 같다.

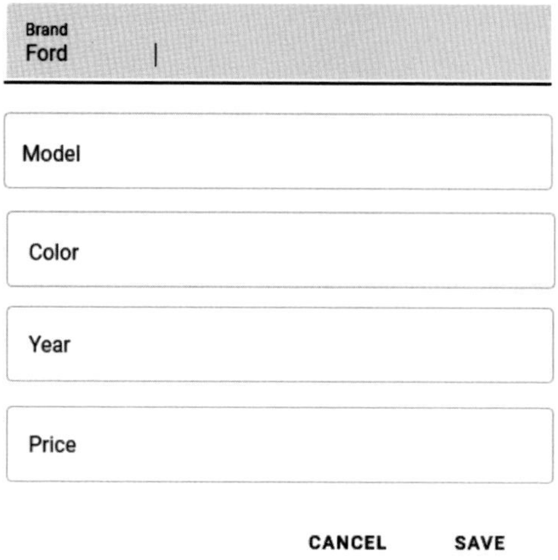

그림 10.2 프런트엔드 모형

UI 모형 제작을 완료했다면 이제 스프링 부트로 백엔드를 준비할 차례다.

스프링 부트 백엔드 준비

우선 보호되지 않는 백엔드 버전으로 프런트엔드 개발을 시작한다. 시작 단계에서는 모든 CRUD 기능을 구현한 다음, 기능이 올바르게 작동하는지 테스트한다. 두 번째 단계에서는 백엔드에서 보안을 활성화하고, 필요한 수정 사항을 적용하며, 최종적으로 인증을 구현한다.

5장, '백엔드 보호 및 테스트'에서 작성한 스프링 부트 애플리케이션을 이클립스에서 연다. 스프링 시큐리티 구성을 정의하는 SecurityConfig.java 파일을 연다. 현재 구성을 임시로 주석 처리하고 모든 사용자가 모든 엔드포인트에 접근할 수 있게 한다. 어떻게 수정해야 하는지는 다음 코드를 확인한다.

```
@Override
protected void configure(HttpSecurity http) throws Exception {
    // 추가할 행
    http.csrf().disable().cors().and()
        .authorizeRequests().anyRequest().permitAll();

    /* 주석 처리
```

```
    http.csrf().disable().cors().and()
    .sessionManagement()
    .sessionCreationPolicy(SessionCreationPolicy.STATELESS).and()
    .authorizeRequests()
    .antMatchers(HttpMethod.POST, "/login").permitAll()
    .anyRequest().authenticated().and().exceptionHandling()
    .authenticationEntryPoint(exceptionHandler).and()
    .addFilterBefore(authenticationFilter, UsernamePasswordAuthenticationFilter.class);
    */
}
```

이제 MariaDB 데이터베이스를 시작하고, 백엔드를 실행한 다음, 포스트맨으로 `http:/localhost:8080/api/cars` 엔드포인트에 GET 요청을 수행하면 다음 그림에 나오는 것처럼 모든 자동차를 응답으로 받는다.

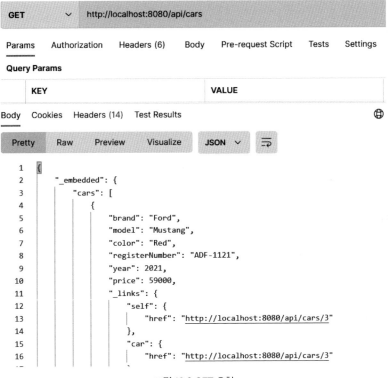

그림 10.3 GET 요청

다음은 프런트엔드를 위한 리액트 프로젝트를 만들 차례다.

프런트엔드를 위한 리액트 프로젝트 만들기

프런트엔드 코딩을 시작하기 전에 새 리액트 앱을 만들어야 한다.

01. PowerShell이나 다른 터미널을 연다. 다음 명령을 입력해 새 리액트 앱을 만든다.

```
npx create-react-app carfront
```

02. 프로젝트 폴더로 이동한 후 다음 명령을 실행해 머티리얼 UI 컴포넌트 라이브러리를 설치한다.

```
cd carfront
npm install @mui/material @emotion/react @emotion/styled
```

03. 프로젝트의 root 폴더에서 다음 명령을 실행해서 앱을 실행한다.

```
npm start
```

yarn을 이용하는 경우 다음 명령을 실행한다.

```
yarn start
```

04. VS Code에서 src 폴더를 열고 불필요한 코드를 모두 제거한다. 앱의 툴바를 위해 App.js 파일에 MUI AppBar 컴포넌트를 이용한다. 수정된 App.js 파일 소스코드는 다음과 같다.

```
import './App.css';
import AppBar from '@mui/material/AppBar';
import Toolbar from '@mui/material/Toolbar';
import Typography from '@mui/material/Typography';

function App() {
    return (
        <div className="App">
            <AppBar position="static">
                <Toolbar>
                    <Typography variant="h6">
                        Carshop
                    </Typography>
                </Toolbar>
            </AppBar>
```

```
        </div>
    );
}


export default App;
```

프런트엔드의 출발점은 다음 그림과 같다.

그림 10.4 Carshop 앱

지금까지 프런트엔드를 위한 프로젝트를 시작하는 과정을 알아봤다. 이제부터 추가 개발을 진행해보자.

요약

이번 장에서는 5장, '백엔드 보호 및 테스트'에서 만든 백엔드를 이용하는 프런트엔드의 개발을 시작했다. 프런트엔드의 기능을 정의하고 UI 모형을 만들었다. 보호되지 않는 백엔드 버전으로 프런트엔드 개발을 시작하므로 이에 맞게 스프링 시큐리티 구성 클래스를 수정했다. 또한 개발을 진행할 리액트 앱을 만들었다.

다음 장에서는 프런트엔드에 CRUD 기능을 추가하기 시작한다.

문제

1. UI 모형을 만들어야 하는 이유는 무엇인가?

2. 백엔드에서 스프링 시큐리티를 비활성화하려면 어떻게 하는가?

11

CRUD 기능
추가하기

이 단원에서는 프런트엔드에서 CRUD 기능을 구현하는 방법을 배운다. 9장, '유용한 리액트용 서드파티 컴포넌트'에서 배운 컴포넌트들을 이용할 것이다. 여기서는 백엔드에서 데이터를 가져와 표에 표시한다. 그런 다음 삭제, 편집, 추가 기능을 구현할 것이다. 이번 장의 마지막 부분에서는 데이터를 CSV 파일로 내보내는 기능도 추가한다.

이번 장에서 다룰 주제는 다음과 같다.

- 목록 페이지 작성

- REST API로 데이터 삭제, 추가, 업데이트

- 사용자에게 알림 메시지 표시

- 리액트 앱에서 CSV 파일로 데이터 내보내기

기술 요구 사항

10장, '스프링 부트 RESTful 웹 서비스를 위한 프런트엔드 설정'(**보호되지 않는 백엔드**)에서 만든 스프링 부트 애플리케이션이 필요하고 같은 장에서 만든 **carfront** 리액트 앱이 필요하다.

이번 장의 깃허브 리포지터리는 https://github.com/wikibook/springboot-react/tree/main/Chapter11이다.

이번 장의 실습 영상은 https://youtu.be/jxl3B7LKhuI에서 볼 수 있다.

목록 페이지 작성

첫 번째 단계에서는 페이지 매김, 필터링, 정렬 기능이 있는 자동차 목록 페이지를 만든다. 먼저 스프링 부트 백엔드를 실행한다. 4장, '스프링 부트로 RESTful 웹 서비스 만들기'에서 배웠듯이 http://localhost:8080/api/cars URL로 GET 요청을 수행하면 자동차 데이터를 가져올 수 있다.

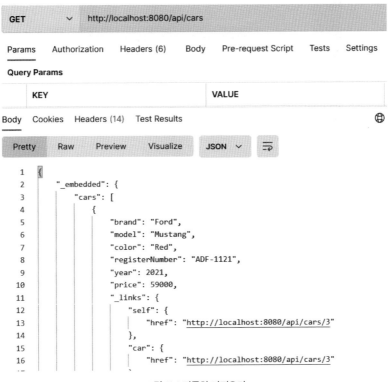

그림 11.1 자동차 가져오기

응답의 JSON 데이터를 확인해보자. 자동차 배열은 JSON 응답 데이터의 _embedded.cars 노드에 있다.

백엔드에서 자동차 데이터를 가져오는 방법은 알고 있다. 다음은 자동차를 보여줄 목록 페이지를 구현할 차례다. 다음 단계를 수행한다.

01. VS Code에서 carfront 리액트 앱을 연다(이전 장에서 만든 리액트 앱).

02. 앱에 여러 컴포넌트가 있을 때는 컴포넌트용 폴더를 만드는 것이 좋다. src 폴더에 components라는 새 폴더를 만든다. VS Code에서 파일 탐색기 세로 막대의 폴더를 마우스 오른쪽 버튼으로 클릭하고 메뉴에서 **새 폴더(New Folder)**를 선택하면 폴더를 만들 수 있다.

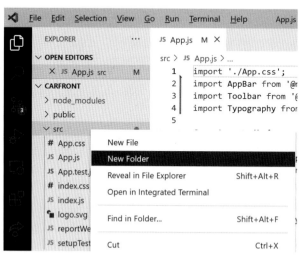

그림 11.2 새 폴더

03. 컴포넌트 폴더에 Carlist.js라는 새 파일을 만든다. 이제 프로젝트 구조는 다음과 같다.

그림 11.3 프로젝트 구조

04. 편집기 뷰에서 Carlist.js 파일을 열고 컴포넌트의 기본 코드를 다음과 같이 작성한다.

```
import React from 'react';
```

```
function Carlist() {
    return(
        <div></div>
    );
}


export default Carlist;
```

05. REST API에서 가져온 자동차 정보를 담을 상태 객체가 필요하다. 비어 있는 배열을 기본값으로 cars라는 상태를 선언한다.

```
import React, { useState } from 'react';

function Carlist() {
    const [cars, setCars] = useState([]);

    return(
        <div></div>
    );
}


export default Carlist;
```

06. useEffect 후크에서 fetch를 실행한다. 두 번째 인수로 비어 있는 배열을 전달하므로 fetch는 첫 번째 렌더링 후에 한 번만 실행된다. JSON 응답 데이터에 있는 자동차 데이터는 cars 상태에 저장된다.

```
import React, { useEffect, useState } from 'react';

function Carlist() {
    const [cars, setCars] = useState([]);

    useEffect(() => {
        fetch('http://localhost:8080/api/cars')
        .then(response => response.json())
        .then(data => setCars(data._embedded.cars))
        .catch(err => console.error(err));
    }, []);

    return(
```

```
            <div></div>
    );
}


export default Carlist;
```

07. return 문에서 map 함수로 자동차 객체를 표 행으로 변환하고 table 요소를 추가한다.

```
return(
    <div>
        <table>
            <tbody>
            {
                cars.map((car, index) =>
                    <tr key={index}>
                        <td>{car.brand}</td>
                        <td>{car.model}</td>
                        <td>{car.color}</td>
                        <td>{car.year}</td>
                        <td>{car.price}</td>
                    </tr>)
            }
            </tbody>
        </table>
    </div>
);
```

08. 마지막으로 App.js 파일에서 Carlist 컴포넌트를 가져오고 렌더링해야 한다. App.js 파일에 import 문을 추가하고 return 문에 Carlist 컴포넌트를 추가한다.

```
import './App.css';
import AppBar from '@mui/material/AppBar';
import Toolbar from '@mui/material/Toolbar';
import Typography from '@mui/material/Typography';
import Carlist from './components/Carlist';

function App() {
    return (
        <div className="App">
```

```
        <AppBar position="static">
            <Toolbar>
                <Typography variant="h6">
                    Carshop
                </Typography>
            </Toolbar>
        </AppBar>
        <Carlist />
    </div>
  );
}


export default App;
```

09. npm start 명령으로 리액트 앱을 시작하면 다음과 같이 목록 페이지가 표시된다. 백엔드도 실행 중이어야 한다.

그림 11.4 자동차 프런트엔드

서버 URL 주소는 CRUD 기능을 만들 때 여러 번 필요하며 백엔드를 로컬 호스트가 아닌 서버에 배포될 때는 달라진다. 따라서 상수로 정의하는 것이 좋다. 이렇게 하면 URL 값이 달라질 때 한 곳에서만 수정하면 된다. create-react-app을 이용할 때 프로젝트의 루트에 .env 파일을 만들고 이 파일에 환경 변수를 정의할 수 있다. 자세한 내용은 create-react-app 설명서를 참고하자.

constants.js라는 새 파일을 앱의 src 폴더에 만든다.

01. 편집기에서 파일을 열고 파일에 다음 행을 추가한다.

```
export const SERVER_URL='http://localhost:8080/';
```

02. 그런 다음 SERVER_URL을 Carlist.js 파일로 가져오고 fetch 메서드에서 이용한다.

```
// Carlist.js
// 서버 URL 가져오기(명명된 가져오기)
```

```
import { SERVER_URL } from '../constants.js'

// fetch 메서드에 가져온 상수를 이용
fetch(SERVER_URL + 'api/cars')
```

03. 이제 `Carlist.js` 파일의 내용은 다음과 같을 것이다.

```
import React, { useEffect, useState } from 'react';
import { SERVER_URL } from '../constants.js';

function Carlist() {
    const [cars, setCars] = useState([])

    useEffect(() => {
        fetch(SERVER_URL + 'api/cars')
        .then(response => response.json())
        .then(data => setCars(data._embedded.cars))
        .catch(err => console.error(err));
    }, []);

    return(
        <div>
            <table>
                <tbody>
                    {
                        cars.map((car, index) =>
                        <tr key={index}>
                            <td>{car.brand}</td>
                            <td>{car.model}</td>
                            <td>{car.color}</td>
                            <td>{car.year}</td>
                            <td>{car.price}</td>
                        </tr>)
                    }
                </tbody>,
            </table>
        </div>
    );
}
```

```
export default Carlist;
```

이전에 ag-grid 컴포넌트로 데이터 표를 구현해봤으므로 이번에도 이 컴포넌트를 이용할 수 있다. 하지만 이번에는 페이지 매김, 필터링, 정렬 기능이 기본으로 있는 새로운 MUI 데이터 표 컴포넌트를 이용해보자.

01. 터미널에서 Ctrl + C를 눌러 개발 서버를 중지하고 MUI 데이터 표 커뮤니티 버전을 설치한다. 현재 설치 명령은 다음과 같지만 동작하지 않는 경우 MUI 설명서에서 최신 설치 명령과 사용법을 확인해야 한다. 설치 후 앱을 재시작한다.

```
npm install @mui/x-data-grid
```

02. 그런 다음 DataGrid 컴포넌트를 Carlist.js 파일로 가져온다.

```
import { DataGrid } from '@mui/x-data-grid';
```

03. 데이터 표의 열도 정의해야 한다. 여기에는 field는 자동차 객체의 속성이다. 열의 제목은 headerName 속성으로 설정할 수 있다. 열의 너비도 설정했다.

```
const columns = [
    {field: 'brand', headerName: 'Brand', width: 200},
    {field: 'model', headerName: 'Model', width: 200},
    {field: 'color', headerName: 'Color', width: 200},
    {field: 'year', headerName: 'Year', width: 150},
    {field: 'price', headerName: 'Price', width: 150},
];
```

04. 다음은 컴포넌트의 return 문에서 table과 모든 하위 요소를 제거하고 DataGrid 컴포넌트를 추가한다. 데이터 표의 데이터 원본은 읽어 들인 자동차를 포함하는 cars 상태이며, 이는 rows 프롭으로 정의된다. 데이터 표 컴포넌트를 이용하려면 모든 행에 getRowId 프롭으로 고유한 ID 속성을 정의해야 한다. 이를 위해서는 자동차의 고유 ID(_links.self.href)가 있는 자동차 객체의 link 필드를 이용하면 된다. div 요소에 표의 너비와 높이도 정의해야 한다. 다음 return 문의 소스코드를 참고하자.

```
return(
    <div style={{ height: 500, width: '100%' }}>
        <DataGrid
            rows={cars}
            columns={columns}
```

```
            getRowId={row => row._links.self.href}/>
    </div>
);
```

05. MUI 데이터 표 컴포넌트를 이용하면 표에 필요한 모든 기능(예: 정렬, 필터링, 페이지 매김)을 아주 적은 코드로 구현할 수 있다. 이제 목록 페이지는 다음 그림과 같다.

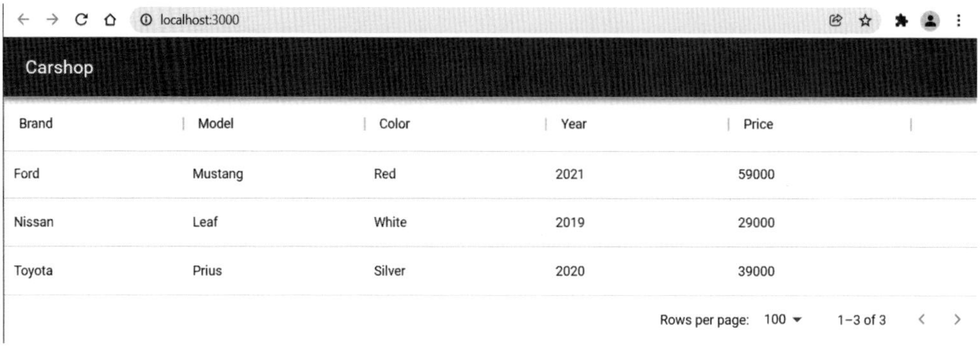

그림 11.5 자동차 프런트엔드

데이터 표 열을 필터링하려면 열 메뉴에서 **Filter** 메뉴 항목을 선택하면 된다. 열 메뉴에서 열의 표시 여부를 설정할 수도 있다.

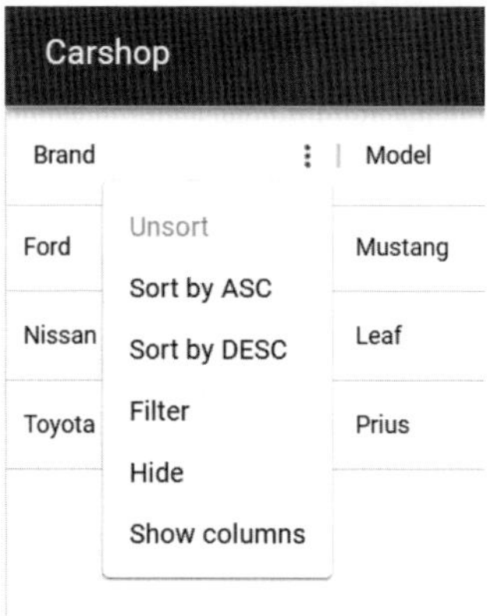

그림 11.6 열 메뉴

다음으로 자동차 삭제 기능을 구현해보자.

삭제 기능

데이터베이스에서 항목을 삭제하려면 http://localhost:8080/api/cars/{carId} 엔드포인트에 DELETE 방식 요청을 보내면 된다. 다음 그림에 나오듯이 JSON 응답 데이터를 보면 각 자동차에 자신에 대한 링크가 포함되어 있고 _links.self.href 노드로 여기에 액세스할 수 있다. link 필드는 표의 각 행에 고유 ID를 설정하는 데 이용했었다. 다음에 확인하겠지만 이 행 ID는 데이터 삭제에 이용된다.

그림 11.7 자동차 링크

다음은 자동차 삭제 기능을 구현하는 과정이다.

01. 먼저 표의 각 행에 버튼을 만들 것이다. 버튼의 필드는 자동차에 대한 링크인 _links.self.href가 된다. 셀에 더 복잡한 내용을 넣어야 할 때는 셀의 내용이 렌더링되는 방법을 정의하는 renderCell 프롭을 이용하면 된다.

renderCell로 button 요소를 렌더링해서 표에 새 열을 추가해보자. 함수에 전달되는 row 인수는 한 행의 모든 값이 들어 있는 행 단위 객체다. 이 예에서는 각 행에 삭제하는 데 필요한 자동차에 대한 링크가 포함된다. 링크는 행의 id 속성에 있으며, 이 값을 delete 함수에 전달한다. 다음 소스코드를 참고하자. button 열에는 정렬과 필터링이 필요 없으므로 filterable과 sortable 프롭은 false로 설정한다. 버튼을 누르면 onDelClick 함수를 호출하고 링크(row. id)를 인수로 전달한다.

```
const columns = [
    {field: 'brand', headerName: 'Brand', width: 200},
    {field: 'model', headerName: 'Model', width: 200},
    {field: 'color', headerName: 'Color', width: 200},
    {field: 'year', headerName: 'Year', width: 150},
    {field: 'price', headerName: 'Price', width: 150},
    {
        field: '_links.self.href',
        headerName: '',
        sortable: false,
        filterable: false,
        renderCell: row =>
            <button
                onClick={() => onDelClick(row.id)}>Delete
            </button>
    }
];
```

02. 다음으로 onDelClick 함수를 구현한다. 하지만 먼저 useEffect 후크에서 fetch 메서드를 가져와야 한다. 그 이유는 자동차를 삭제한 후 업데이트된 자동차 목록을 사용자에게 보여주려면 fetch를 호출해야 하기 때문이다. fetchCars 라는 새 함수를 만들고 useEffect 후크에서 새 함수로 코드를 복사한다. 그런 다음 useEffect 후크에서 fetchCars 함수를 호출해 자동차를 가져온다.

```
useEffect(() => {
    fetchCars();
}, []);

const fetchCars = () => {
    fetch(SERVER_URL + 'api/cars')
    .then(response => response.json())
    .then(data => setCars(data._embedded.cars))
    .catch(err => console.error(err));
}
```

03. 다음은 onDelClick 함수를 구현한다. 여기서는 DELETE 요청을 자동차 링크로 전달하고 DELETE 요청이 성공하면 fetchCars 함수를 호출해 목록 페이지를 새로고침한다.

```
const onDelClick = (url) => {
    fetch(url, {method: 'DELETE'})
    .then(response => fetchCars())
    .catch(err => console.error(err))
}
```

앱을 시작하면 다음 그림과 같은 프런트엔드를 볼 수 있다. **Delete** 버튼을 누르면 해당 자동차가 목록에서 삭제된다. 삭제한 후 백엔드를 재시작하면 데이터베이스를 재설정할 수 있다.

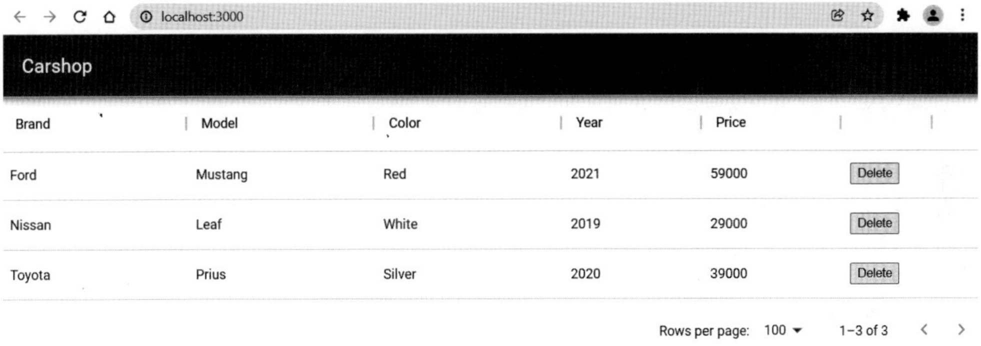

그림 11.8 자동차 프런트엔드

표에서 아무 행이나 클릭하면 그 행이 선택된다. 다음과 같이 표의 disableSelectionOnClick 프롭을 true로 설정하면 이 동작을 비활성화할 수 있다.

```
<DataGrid
    rows={cars}
    columns={columns}
    disableSelectionOnClick={true}
    getRowId={row => row._links.self.href} />
```

정상적으로 삭제되거나 오류가 발생하면 피드백을 보여주는 것이 좋을 것이다.

04. 이제 삭제 결과를 보여주는 알림 메시지를 구현해보자. 이를 위해 MUI Snackbar 컴포넌트를 이용할 것이다. 우선 Carlist.js 파일에 다음 import 문을 추가해서 Snackbar 컴포넌트를 가져와야 한다.

```
import Snackbar from '@mui/material/Snackbar';
```

Snackbar 컴포넌트의 open 프롭 값은 부울이며, 이 값이 true면 컴포넌트가 표시된다. Snackbar 컴포넌트의 표시 여부를 처리하기 위해 open이라는 상태를 선언한다. 메시지는 삭제 후에 표시되므로 이 상태의 초기값은 false여야 한다.

```
// Carlist.js
const [open, setOpen] = useState(false);
```

05. 다음으로, return 문에서 MUI 데이터 표 컴포넌트 다음에 Snackbar 컴포넌트를 추가한다. autoHideDuration 프롭은 onClose 함수가 자동으로 호출되고 메시지가 사라지는 시간을 밀리초 단위로 정의한다. message 프롭은 표시될 메시지를 정의한다.

```
<Snackbar
    open={open}
    autoHideDuration={2000}
    onClose={() => setOpen(false)}
    message="Car deleted"
/>
```

06. 마지막으로, 자동차를 삭제한 후 open 상태를 true로 설정해 알림 메시지를 연다.

```
const onDelClick = (url) => {
    fetch(url, {method: 'DELETE'})
    .then(response => {
        fetchCars();
        setOpen(true);
    })
    .catch(err => console.error(err))
}
```

이제 다음 그림과 같이 자동차가 삭제되면 알림 메시지가 표시된다.

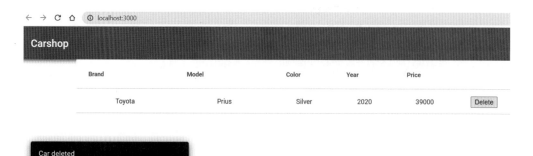

그림 11.9 알림 메시지

07. Delete 버튼을 눌렀을 때 확인 대화상자를 표시하는 기능이 있으면 자동차를 실수로 삭제하는 일이 없어 좋을 것이다. window 객체의 confirm 메서드로 이 기능을 구현할 수 있다. 다음과 같이 onDelClick 메서드에 confirm을 추가한다.

```
const onDelClick = (url) => {
    if (window.confirm("Are you sure to delete?")) {
        fetch(url, {method: 'DELETE'})
        .then(response => {
            fetchCars()
            setOpen(true);
        })
        .catch(err => console.error(err))
    }
}
```

이제 Delete 버튼을 누르면 확인 대화상자가 열리고 여기서 OK 버튼을 누르면 자동차에 대한 정보가 삭제된다.

그림 11.10 확인 대화상자

마지막으로 삭제 작업이 정상적으로 진행됐는지 알아보기 위해 응답 상태를 확인한다. 앞서 배웠듯이 response 객체에는 응답이 성공했는지 확인하기 위한 ok 속성이 있다.

```
const onDelClick = (url) => {
    if (window.confirm("Are you sure to delete?")) {
        fetch(url, {method: 'DELETE'})
        .then(response => {
            if (response.ok) {
                fetchCars();
                setOpen(true);
            }
```

```
        else {
            alert('Something went wrong!');
        }
    })
    .catch(err => console.error(err))
  }
}
```

다음으로 자동차 데이터를 추가하는 기능을 구현해보자.

추가 기능

다음은 프런트엔드에 자동차 데이터를 추가하는 기능을 만들 차례다. MUI 모달 대화상자를 이용해 이 기능을 구현해보자. MUI 모달 폼을 활용하는 방법은 9장, '유용한 리액트용 서드파티 컴포넌트'에서 이미 다뤘다. 사용자 인터페이스에 누르면 모달 폼을 여는 **New Car** 버튼을 추가할 것이다. 이 모달 폼에는 새 자동차를 추가하는 데 필요한 모든 필드와 저장하고 취소하는 버튼이 포함된다.

MUI 컴포넌트 라이브러리는 10장, '스프링 부트 RESTful 웹 서비스를 위한 프런트엔드 설정'에서 이미 프런트엔드 앱에 설치했다.

다음은 모달 대화상자 컴포넌트를 이용해 자동차 추가 기능을 구현하는 과정이다.

01. components 폴더에 AddCar.js 파일을 새로 만들고 다음과 같이 약간의 컴포넌트 기본 코드를 작성한다. MUI Dialog 컴포넌트에 필요한 import 문을 추가한다.

```
import React from 'react';
import Dialog from '@mui/material/Dialog';
import DialogActions from '@mui/material/DialogActions';
import DialogContent from '@mui/material/DialogContent';
import DialogTitle from '@mui/material/DialogTitle';

function AddCar(props) {
    return(
        <div></div>
    );
}
```

```
export default AddCar;
```

02. useState 후크를 이용해 모든 자동차 필드를 포함하는 상태를 선언한다. 이 대화상자에도 대화상자 폼의 표시 여부를 정의하는 부울 상태인 open이 필요하다.

```
import React, { useState } from 'react';
import Dialog from '@mui/material/Dialog';
import DialogActions from '@mui/material/DialogActions';
import DialogContent from '@mui/material/DialogContent';
import DialogTitle from '@mui/material/DialogTitle';

function AddCar(props) {
    const [open, setOpen] = useState(false);
    const [car, setCar] = useState({
        brand: '',
        model: '',
        color: '',
        year: '',
        fuel: '',
        price: ''
    });

    return(
        <div></div>
    );
}

export default AddCar;
```

03. 다음으로 대화상자 폼을 닫고 여는 두 함수를 추가해야 한다. handleClose 및 handleOpen 함수는 모달 폼의 표시 여부를 제어하는 open 상태의 값을 설정한다.

```
// AddCar.js
// 모달 폼 열기
const handleClickOpen = () => {
    setOpen(true);
};
```

```
// 모달 폼 닫기
const handleClose = () => {
    setOpen(false);
};
```

04. 다음으로 AddCar 컴포넌트의 return 문 안에 Dialog 컴포넌트를 추가한다. 폼에는 자동차 데이터를 수집하는 데 필요한 버튼과 입력 필드가 있는 MUI Dialog 컴포넌트가 포함된다. 자동차 목록 페이지에 표시될 모달 창을 여는 버튼은 Dialog 컴포넌트 밖에 있어야 한다. 모든 입력 필드에는 값이 저장될 상태의 이름과 같은 값을 가진 name 특성이 있어야 한다. 입력 필드에는 handleChange 함수를 호출해 값을 상태에 저장하는 onChange 프롭이 있다.

```
// AddCar.js
const handleChange = (event) => {
    setCar({...car, [event.target.name]: event.target.value});
}

return(
    <div>
        <button onClick={handleClickOpen}>New Car</button>
        <Dialog open={open} onClose={handleClose}>
            <DialogTitle>New car</DialogTitle>
            <DialogContent>
                <input placeholder="Brand" name="brand"
                    value={car.brand} onChange={handleChange}/>
                <br/>
                <input placeholder="Model" name="model"
                    value={car.model} onChange={handleChange}/>
                <br/>
                <input placeholder="Color" name="color"
                    value={car.color} onChange={handleChange}/>
                <br/>
                <input placeholder="Year" name="year"
                    value={car.year} onChange={handleChange}/>
                <br/>
                <input placeholder="Price" name="price"
                    value={car.price} onChange={handleChange}/>
                <br/>
            </DialogContent>
            <DialogActions>
```

```
                    <button onClick={handleClose}>Cancel</button>
                    <button onClick={handleClose}>Save</button>
                </DialogActions>
            </Dialog>
        </div>
    );
```

05. 백엔드 api/cars 엔드포인트에 POST 요청을 보낼 Carlist.js 파일에 addCar 함수를 구현한다. 요청은 본문에 새로운 자동차 객체와 'Content-Type':'application/json' 헤더를 포함한다. 자동차 객체는 JSON.stringify() 메서드를 이용해 JSON 문자열로 변환되므로 헤더가 필요하다.

```javascript
// Carlist.js

// 새로운 자동차 추가
const addCar = (car) => {
    fetch(SERVER_URL + 'api/cars',
    {
        method: 'POST',
        headers: { 'Content-Type':'application/json' },
        body: JSON.stringify(car)
    })
    .then(response => {
        if (response.ok) {
            fetchCars();
        }
        else {
            alert('Something went wrong!');
        }
    })
    .catch(err => console.error(err))
}
```

06. Carlist.js 파일에 AddCar 컴포넌트를 가져온다.

```javascript
import AddCar from './AddCar.js';
```

07. CarList.js 파일의 return 문에 AddCar 컴포넌트를 추가하고 addCar 함수를 프롭으로서 AddCar 컴포넌트에 전달한다. 그러면 AddCar 컴포넌트에서 이 함수를 호출할 수 있게 된다. 이제 CarList.js 파일의 return 문은 다음과 같다.

```
// CarList.js
return(
    <React.Fragment>
        <AddCar addCar={addCar} />
        <div style={{ height: 500, width: '100%' }}>
            <DataGrid
                rows={cars}
                columns={columns}
                disableSelectionOnClick={true}
                getRowId={row => row._links.self.href}
            />
            <Snackbar
                open={open}
                autoHideDuration={2000}
                onClose={() => setOpen(false)}
                message="Car deleted"
            />
        </div>
    </React.Fragment>
);
```

08. 이제 carshop 앱을 시작하면 다음 그림과 같은 결과를 볼 수 있다. New Car 버튼을 누르면 자동차를 추가할 수 있는 모달 폼이 열린다.

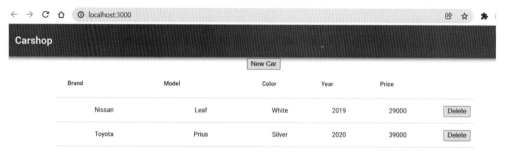

그림 11.11 Carshop 앱

09. AddCar.js 파일에 handleSave라는 함수를 만든다. handleSave 함수는 props에 car 상태 객체를 전달하면 접근할 수 있는 addCar 함수를 호출한다. 마지막으로 모달 폼을 닫고 자동차 목록을 업데이트한다.

```
// AddCar.js

// 자동차를 저장하고 모달 폼을 닫음
const handleSave = () => {
    props.addCar(car);
    handleClose();
}
```

10. 다음으로 AddCar 컴포넌트의 onClick 저장 버튼을 수정해서 handleSave 함수를 호출하도록 해야 한다.

```
// AddCar.js

<DialogActions>
    <button onClick={handleClose}>Cancel</button>
    <button onClick={handleSave}>Save</button>
</DialogActions>
```

11. 이제 New Car 버튼을 누르면 모달 폼을 열 수 있다. 폼을 데이터로 채우고 Save 버튼을 누르면 데이터가 저장된다. 지금은 폼의 모양이 그다지 세련되지 않았지만 다음 장에서 스타일을 적용할 것이다.

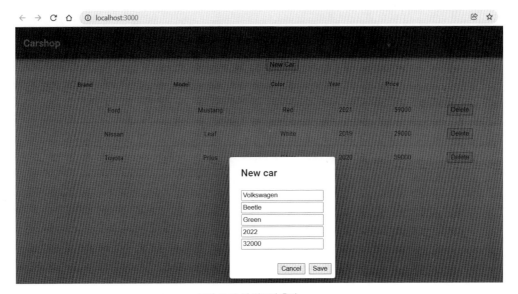

그림 11.12 새 자동차 추가

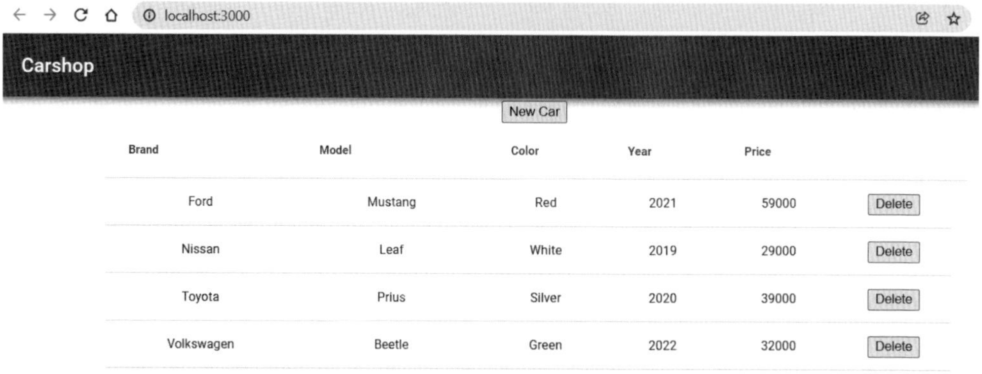

그림 11.13 Carshop 앱

다음은 프런트엔드에 자동차 편집 기능을 구현할 차례다.

편집 기능

표의 각 행에 편집을 시작하는 **Edit** 버튼을 추가한다. **Edit** 버튼을 누르면 기존 자동차를 편집하고 변경 내용을 저장할 수 있는 모달 폼이 열린다.

01. 먼저 기존 자동차를 편집할 폼인 EditCar 컴포넌트의 골격을 만들어야 한다. components 폴더에 EditCar.js라는 새 파일을 만든다. EditCar 컴포넌트의 코드는 AddCar 컴포넌트와 비슷하지만 이번에는 handleSave 함수에서 앞서 구현한 update 함수를 호출해야 한다.

```
import React, { useState } from 'react';
import Dialog from '@mui/material/Dialog';
import DialogActions from '@mui/material/DialogActions';
import DialogContent from '@mui/material/DialogContent';
import DialogTitle from '@mui/material/DialogTitle';

function EditCar(props) {
    const [open, setOpen] = useState(false);
    const [car, setCar] = useState({
        brand: '', model: '', color: '',
        year: '', fuel:'', price: ''
    });
```

```
    // 모달 폼 열기
    const handleClickOpen = () => {
        setOpen(true);
    };

    // 모달 폼 닫기
    const handleClose = () => {
        setOpen(false);
    };

    const handleChange = (event) => {
        setCar({...car,
            [event.target.name]: event.target.value});
    }

    // 자동차를 업데이트하고 모달 폼을 닫음
    const handleSave = () => {
    }

    return(
        <div></div>
    );
}

export default EditCar;
```

02. return 문에서 편집 대화상자 폼을 렌더링한다.

```
// EditCar.js
return(
    <div>
        <button onClick={handleClickOpen}>Edit</button>
        <Dialog open={open} onClose={handleClose}>
            <DialogTitle>Edit car</DialogTitle>
            <DialogContent>
                <input placeholder="Brand" name="brand"
                    value={car.brand}onChange={handleChange}/>
                <br/>
                <input placeholder="Model" name="model"
```

```
                    value={car.model}onChange={handleChange}/>
                <br/>
                <input placeholder="Color" name="color"
                    value={car.color}onChange={handleChange}/>
                <br/>
                <input placeholder="Year" name="year"
                    value={car.year} onChange={handleChange}/>
                <br/>
                <input placeholder="Price" name="price"
                    value={car.price}onChange={handleChange}/>
                <br/>
            </DialogContent>
            <DialogActions>
                <button onClick={handleClose}> Cancel
                </button>
                <button onClick={handleSave}>Save</button>
            </DialogActions>
        </Dialog>
    </div>
);
```

03. 자동차 데이터를 업데이트하려면 `http://localhost:8080/api/cars/[carid]` URL로 PUT 요청을 보내야 한다. 이 URL은 삭제 기능에 이용한 것과 같다. 요청에는 업데이트된 자동차 객체가 포함된 본문과 추가 기능에 이용한 것과 같은 `'Content-Type':'application/json'` 헤더가 포함된다. `Carlist.js` 파일에 `updateCar`라는 새 함수를 만든다. 이 함수의 코드는 다음과 같다.

이 함수는 업데이트된 car 객체와 요청 URL의 두 인수를 받는다. 데이터 업데이트가 성공하면 자동차 데이터를 읽고 목록을 업데이트한다.

```
// Carlist.js
// 자동차 업데이트
const updateCar = (car, link) => {
    fetch(link,
    {
        method: 'PUT',
        headers: { 'Content-Type': 'application/json' },
        body: JSON.stringify(car)
    })
    .then(response => {
```

```
        if (response.ok) {
            fetchCars();
        }
        else {
            alert('Something went wrong!');
        }
    })
    .catch(err => console.error(err))
}
```

04. 이제 EditCar 컴포넌트를 자동차 목록에서 볼 수 있게 Carlist 컴포넌트로 가지고 온다. Carlist.js 파일에 다음 import 문을 추가한다.

```
import EditCar from './EditCar.js';
```

05. 삭제 기능을 만들 때 했던 것과 마찬가지로 EditCar 컴포넌트를 표 열에 추가한다. EditCar 컴포넌트는 표 셀에 렌더링되며 **Edit** 버튼만 표시한다. 모달 폼은 버튼을 누르기 전까지는 표시되지 않는다. 사용자가 **Edit** 버튼을 누르면 EditCar 컴포넌트의 open 상태 값이 true로 업데이트되고 모달 폼이 표시된다. EditCar 컴포넌트에는 프롭 두 개를 전달한다. 첫 번째 프롭은 업데이트에 필요한 링크와 자동차 데이터를 포함하는 행 객체가 되는 row다. 두 번째 프롭은 EditCar 컴포넌트에서 변경 사항을 저장하기 위해 호출해야 하는 updateCar 함수다.

```
// Carlist.js
const columns = [
    {field: 'brand', headerName: 'Brand', width: 200},
    {field: 'model', headerName: 'Model', width: 200},
    {field: 'color', headerName: 'Color', width: 200},
    {field: 'year', headerName: 'Year', width: 150},
    {field: 'price', headerName: 'Price', width: 150},
    {
        field: '_links.car.href',
        headerName: '',
        sortable: false,
        filterable: false,
        renderCell: row =>
            <EditCar
                data={row}
                updateCar={updateCar} />
    },
    {
```

```
        field: '_links.self.href',
        headerName: '',
        sortable: false,
        filterable: false,
        renderCell: row =>
            <button
                onClick={() =>
                onDelClick(row.id)}>Delete
            </button>
    }
];
```

06. 이제 데이터 표에 Edit car 버튼을 추가했고 버튼을 누르면 편집 폼을 열 수 있게 됐다. 다음 목표는 Edit 버튼을 누르면 해당 행의 데이터로 편집 폼 필드를 채우는 것이다. EditCar 컴포넌트에는 data라는 프롭 하나를 전달했는데 이 프롭의 값이 무엇인지 알아보자. 브라우저에서 앱을 열고 리액트 개발자 툴의 Components 탭을 연다.

07. Edit 버튼을 클릭하고 아무 행의 편집 폼을 연 다음 개발자 툴 컴포넌트 트리에서 EditCar 항목을 찾는다. 전달된 props의 값을 개발자 툴에서 볼 수 있다. 이를 보면 자동차 데이터는 data.row에 있고 자동차로의 링크는 data.id에 있음을 알 수 있다. 이 두 가지 값은 다음 단계에서 이용한다.

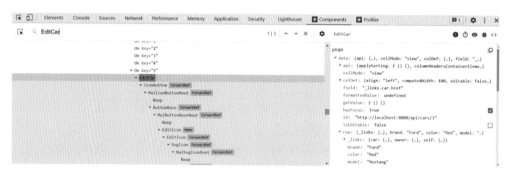

그림 11.14 리액트 개발자 툴

08. 마지막으로 EditCar.js 파일을 수정해야 한다. 편집할 자동차는 폼을 기존 자동차 데이터로 채우는 데 이용하는 data 프롭에서 가져온다. 이를 위해 EditCar.js 파일의 handleClickOpen 함수를 수정해야 한다. 이제 폼이 열리면 car 상태가 data 프롭의 값으로 업데이트된다. data 프롭에는 자동차 객체가 포함된 row 속성이 있다.

```
// EditCar.js
// 모달 폼을 열고 car 상태를 업데이트
const handleClickOpen = () => {
    setCar({
```

```
        brand: props.data.row.brand,
        model: props.data.row.model,
        color: props.data.row.color,
        year: props.data.row.year,
        fuel: props.data.row.fuel,
        price: props.data.row.price
    })
    setOpen(true);
}
```

09. 마지막으로 EditCar.js 파일의 handleSave 함수를 수정해서 props를 통해 updateCar 함수를 호출한다. 첫 번째 인수는 car 상태이며, 업데이트된 자동차 객체가 여기에 들어 있다. 두 번째 인수는 data 프롭의 id 속성이며 자동차에 대한 링크다.

```
// EditCar.js
// 자동차를 업데이트하고 모달 폼을 닫음
const handleSave = () => {
    props.updateCar(car, props.data.id);
    handleClose();
}
```

10. 표에서 Edit 버튼을 누르면 모달 편집 폼이 열리고 해당 행의 자동차가 표시된다. Save 버튼을 누르면 업데이트된 값이 데이터베이스에 저장된다.

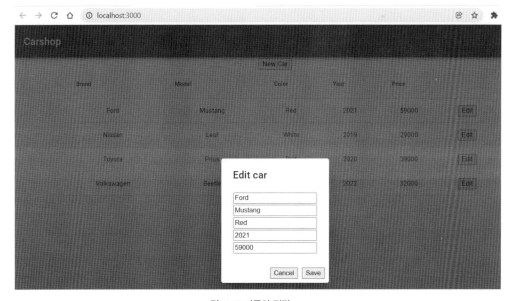

그림 11.15 자동차 편집

이제 프런트엔드에 필요한 CRUD 기능을 모두 구현했다.

다른 기능

데이터를 CSV_{Comma Separated Value}로 내보내는 기능도 구현해보자. 관련 기능은 MUI 데이터 표에 이미 있으므로 다른 추가 라이브러리는 필요가 없다.

01. 다음 컴포넌트를 Carlist.js 파일로 가지고 온다.

```
import { DataGrid, GridToolbarContainer, GridToolbarExport, gridClasses
} from '@mui/x-data-grid';
```

02. 다음은 MUI GridToolbarContainer 및 GridToolbarExport 컴포넌트로 Export 버튼을 렌더링하는 toolbar 컴포넌트를 만든다.

```
// Carlist.js
function CustomToolbar() {
    return (
        <GridToolbarContainer
            className={gridClasses.toolbarContainer}>
            <GridToolbarExport />
        </GridToolbarContainer>
    );
}
```

03. 마지막으로 Export 버튼을 포함하는 툴바를 활성화해야 한다. MUI 데이터 표의 툴바를 활성화하려면 components 프롭으로 값을 Toolbar: CustomToolbar로 설정해야 한다.

```
return(
    <React.Fragment>
        <AddCar addCar={addCar} />
        <div style={{ height: 500, width: '100%' }}>
            <DataGrid
                rows={cars}
                columns={columns}
                disableSelectionOnClick={true}
                getRowId={row => row._links.self.href}
```

```
              components={{ Toolbar: CustomToolbar }}
          />
          <Snackbar
              open={open}
              autoHideDuration={2000}
              onClose={() => setOpen(false)}
              message="Car deleted"
          />
      </div>
    </React.Fragment>
);
```

이제 표에서 Export 버튼이 표시된다. 이 버튼을 누르고 Download as CSV를 선택하면 데이터 표를 CSV 파일로 내보낸다. Export 버튼으로 표를 인쇄할 수도 있다.

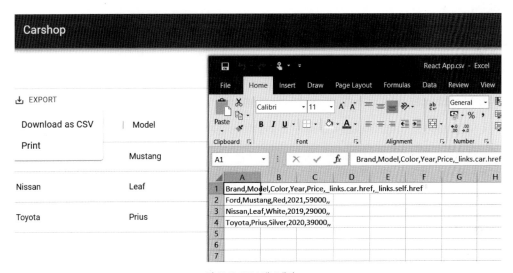

그림 11.16 CSV 내보내기

이제 모든 기능을 구현했다. 12장, '리액트 MUI로 프런트엔드 꾸미기'에서는 프런트엔드의 스타일링에 중점을 둔다.

요약

이번 장에서는 앱의 모든 기능을 구현했다. 먼저 백엔드에서 가져온 자동차 데이터를 페이지 매김, 정렬, 필터링 기능이 있는 MUI 데이터 표에 표시하는 것부터 시작했다. 그다음, 삭제 기능을 구현하고 toast 컴포넌트를 이용해 사용자에게 피드백 메시지를 제공했다.

추가 기능과 편집 기능은 MUI 모달 대화상자 컴포넌트를 이용해 구현했다. 마지막으로 데이터를 CSV 파일로 내보내는 기능을 구현했다.

다음 장에서는 리액트 MUI 컴포넌트 라이브러리로 프런트엔드의 나머지 부분에 스타일을 적용하는 방법을 배운다.

문제

1. 리액트와 REST API로 데이터를 가져오고 표시하려면 어떻게 해야 하는가?

2. 리액트와 REST API로 데이터를 삭제하려면 어떻게 해야 하는가?

3. 리액트와 REST API로 데이터를 추가하려면 어떻게 해야 하는가?

4. 리액트와 REST API로 데이터를 수정하려면 어떻게 해야 하는가?

5. 리액트로 알림 메시지를 표시하려면 어떻게 해야 하는가?

6. 리액트로 데이터를 CSV 파일로 내보내려면 어떻게 해야 하는가?

12

리액트 MUI로
프런트엔드 꾸미기

이번 장에서는 프런트엔드에서 MUI 컴포넌트를 이용하는 방법을 중점적으로 다룬다. 그리고 Button 컴포넌트로 스타일을 적용한 버튼을 표시하는 방법을 알아본다. 또한 MUI 아이콘과 IconButton 컴포넌트를 이용한다. 모달 폼 입력 필드는 TextField 컴포넌트로 대체한다.

이번 장에서 다룰 주제는 다음과 같다.

- 프런트엔드에 MUI Button 컴포넌트 이용
- 프런트엔드에 MUI Icon 및 IconButton 컴포넌트 이용
- 프런트엔드에 MUI TextField 컴포넌트 이용하기

기술 요구 사항

5장, '백엔드 보호 및 테스트'에서 작성하고 10장, '스프링 부트 RESTful 웹 서비스를 위한 프런트엔드 설정'에서 수정한 스프링 부트 애플리케이션(보호되지 않는 백엔드)이 필요하다.

또한 11장, 'CRUD 기능 추가하기'에서 이용한 리액트 앱도 필요하다.

이번 장의 예제 코드는 깃허브 리포지터리인 https://github.com/wikibook/springboot-react/tree/main/ Chapter12에서 내려받을 수 있다.

이번 장의 실습 영상은 https://youtu.be/_EX0Pzgg-cQ에서 볼 수 있다.

Button 컴포넌트

다음 단계에서는 Button 컴포넌트를 구현하는 과정을 알아본다.

01. 먼저 MUI Button 컴포넌트를 이용하도록 모든 버튼을 수정해보자. AddCar.js 파일로 Button을 가져온다.

```
// AddCar.js
import Button from '@mui/material/Button';
```

02. 버튼에 Button 컴포넌트를 이용해보자. 목록 페이지의 **New Car** 버튼에는 variant="contained"를 지정하고 모달 폼의 **Save** 및 **Cancel** 버튼은 기본 스타일로 둔다.

다음은 변경 사항을 적용한 AddCar 컴포넌트의 return 문에 대한 코드다.

```
// AddCar.js
return(
    <div>
        <Button variant="contained"
            onClick={handleClickOpen}>
            New Car
        </Button>
        <Dialog open={open} onClose={handleClose}>
            <DialogTitle>New car</DialogTitle>
            <DialogContent>
                <input placeholder="Brand" name="brand"
                    value={car.brand} onChange={handleChange}/><br/>
                <input placeholder="Model" name="model"
                    value={car.model} onChange={handleChange}/><br/>
                <input placeholder="Color" name="color"
                    value={car.color} onChange={handleChange}/><br/>
                <input placeholder="Year" name="year"
                    value={car.year} onChange={handleChange}/>
                    <br/>
```

```
            <input placeholder="Price" name="price"
                value={car.price} onChange={handleChange}/><br/>
        </DialogContent>
        <DialogActions>
            <Button onClick={handleClose}>Cancel</Button>
            <Button onClick={handleSave}>Save</Button>
        </DialogActions>
    </Dialog>
  </div>
);
```

이제 **New Car** 버튼이 MUI Button 컴포넌트로 렌더링됐다. 하지만 버튼이 툴바 바로 아래에 위치한 점은 보기 좋지 않다.

03. MUI Stack 레이아웃 컴포넌트로 버튼에 약간의 여백을 추가해보자. Carlist.js 파일에 MUI Stack 컴포넌트를 가져온다.

```
import Stack from '@mui/material/Stack';
```

04. Stack 컴포넌트 안에 AddCar 컴포넌트를 넣고 mt 및 mb 프롭으로 위쪽 및 아래쪽 여백을 추가한다.

```
// Carlist.js
<Stack mt={2} mb={2}>
    <AddCar addCar={addCar} />
</Stack>
```

이제 **New Car** 버튼이 다음 그림과 같이 표시된다.

Brand	Model	Color	Year	Price
Ford	Mustang	Red	2021	59000
Nissan	Leaf	White	2019	29000
Toyota	Prius	Silver	2020	39000

그림 12.1 New Car 버튼

모달 폼의 버튼은 다음과 같이 표시된다.

New car

| Brand |
| Model |
| Color |
| Year |
| Price |

CANCEL   SAVE

그림 12.2 Cancel과 Save 버튼

EditCar 컴포넌트에서도 버튼을 변경해야 한다. 모달 폼을 여는 버튼은 표 안에 표시되는 **Edit** 버튼이며 나중에 아이콘으로 표시되도록 변경할 것이다.

New Car 폼의 버튼을 변경한 것처럼 **Save**와 **Cancel** 버튼을 변경해보자.

01. Button 컴포넌트를 EditCar.js 파일로 가져온다.

```
// EditCar.js
import Button from '@mui/material/Button';
```

02. MUI Button 컴포넌트를 이용하도록 Save와 Cancel 버튼을 변경한다.

```
return(
    <div>
        <button onClick={handleClickOpen}>Edit</button>
        <Dialog open={open} onClose={handleClose}>
            <DialogTitle>Edit car</DialogTitle>
            <DialogContent>
                <input placeholder="Brand" name="brand"
                    value={car.brand} onChange={handleChange}/><br/>
                <input placeholder="Model" name="model"
                    value={car.model} onChange={handleChange}/><br/>
                <input placeholder="Color" name="color"
                    value={car.color} onChange={handleChange}/><br/>
                <input placeholder="Year" name="year"
                    value={car.year} onChange={handleChange}/><br/>
                <input placeholder="Price" name="price"
```

```
                    value={car.price} onChange={handleChange}/><br/>
            </DialogContent>
            <DialogActions>
                <Button onClick={handleClose}>Cancel</Button>
                <Button onClick={handleSave}>Save</Button>
            </DialogActions>
        </Dialog>
    </div>
);
```

이제 편집 폼의 버튼도 MUI Button 컴포넌트를 이용해 구현된다. 다음은 표의 **Edit**와 **Delete** 버튼에 IconButton 컴포넌트를 이용해보자.

IconButton 컴포넌트

MUI에는 미리 제작된 SVG 아이콘이 있으며 터미널에서 다음 명령을 실행하면 설치할 수 있다.

```
npm install @mui/icons-material
```

먼저 **Delete** 버튼에 이를 적용해보자. MUI IconButton 컴포넌트로 아이콘 버튼을 렌더링할 수 있다. 방금 설치한 @mui/icons-material 패키지에는 MUI에서 쓸 수 있는 아이콘이 많이 있다.

아이콘의 목록은 MUI 설명서에서 볼 수 있다. **Delete** 버튼에는 DeleteIcon이라는 아이콘을 이용해보자.

01. Carlist.js 파일을 열고 다음 import 문을 추가한다.

```
// Carlist.js
import IconButton from '@mui/material/IconButton';
import DeleteIcon from '@mui/icons-material/Delete';
```

02. 다음으로 표 안에 IconButton 컴포넌트를 렌더링해보자. 표 열을 정의하는 코드 위치에서 **Delete** 버튼을 수정해야 한다. 버튼 요소를 IconButton 컴포넌트로 변경하고, IconButton 컴포넌트 안에서 DeleteIcon을 렌더링한다. DeleteIcon의 color의 프롭으로 삭제 아이콘을 빨간색으로 표시한다.

```
// Carlist.js
const columns = [
    {field: 'brand', headerName: 'Brand', width: 200},
```

```
        {field: 'model', headerName: 'Model', width: 200},
        {field: 'color', headerName: 'Color', width: 200},
        {field: 'year', headerName: 'Year', width: 150},
        {field: 'price', headerName: 'Price', width: 150},
        {
            field: '_links.car.href',
            headerName: '',
            sortable: false,
            filterable: false,
            renderCell: row =>
                <EditCar
                    data={row}
                    updateCar={updateCar} />
        },
        {
            field: '_links.self.href',
            headerName: '',
            sortable: false,
            filterable: false,
            renderCell: row =>
                <IconButton onClick={() => onDelClick(row.id)}>
                    <DeleteIcon color="error" />
                </IconButton>
        }
];
```

이제 표의 Delete 버튼은 다음 그림과 같이 표시된다.

Carshop						
			NEW CAR			
⬇ EXPORT						
Brand	Model	Color	Year	Price		
Ford	Mustang	Red	2021	59000	Edit	🗑
Nissan	Leaf	White	2019	29000	Edit	🗑
Toyota	Prius	Silver	2020	39000	Edit	🗑

그림 12.3 삭제 아이콘 버튼

다음은 IconButton 컴포넌트로 **Edit** 버튼을 구현해보자.

03. EditCar.js 파일을 열고 다음과 같이 IconButton 컴포넌트와 EditIcon 아이콘을 가져온다.

```
// EditCar.js
import IconButton from '@mui/material/IconButton';
import EditIcon from '@mui/icons-material/Edit';
```

04. 그런 다음 return 문에서 IconButton을 렌더링한다. 아이콘 색상은 MUI 주 색상인 파란색이다.

```
// EditCar.js의 return 문
<IconButton onClick={handleClickOpen}>
    <EditIcon color="primary" />
</IconButton>
```

이제 다음 그림과 같이 두 버튼이 모두 아이콘으로 렌더링된다.

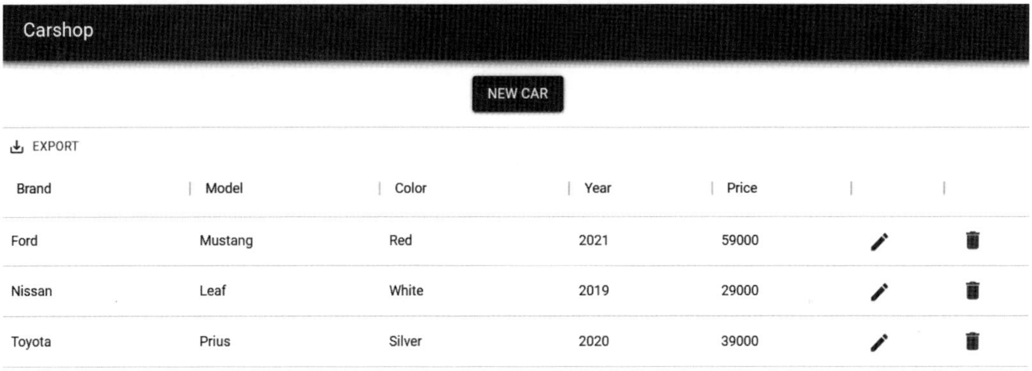

그림 12.4 아이콘 버튼

다음으로 MUI TextField 컴포넌트로 텍스트 필드를 구현해보자.

TextField 컴포넌트

이번 절에서는 MUI TextField 및 Stack 컴포넌트로 모달 폼의 텍스트 입력을 변경한다.

01. AddCar.js 및 EditCar.js 파일에 다음 import 문을 추가한다.

```
import TextField from '@mui/material/TextField';
import Stack from '@mui/material/Stack';
```

02. 다음은 추가 폼과 편집 폼에서 입력 요소를 TextField 컴포넌트로 변경한다. TextField 컴포넌트의 label 프롭으로 레이블을 설정한다. 첫 번째 TextField 컴포넌트에는 autoFocus 프롭이 있어 이 필드의 입력이 포커스를 받게 한다. 세 가지 다른 variant가 있으며 여기에서는 standard를 이용한다.

컴포넌트 간의 간격과 위쪽 여백을 지정하기 위해 Stack 컴포넌트 안에 텍스트 필드를 넣는다.

```
// AddCar.js에도 EditCar.js와 같은 수정 사항을 적용
return(
    <div>
        <Button variant="contained"
            onClick={handleClickOpen}>New Car</Button>
        <Dialog open={open} onClose={handleClose}>
            <DialogTitle>New car</DialogTitle>
            <DialogContent>
                <Stack spacing={2} mt={1}>
                    <TextField label="Brand" name="brand"
                        autoFocus
                        variant="standard" value={car.brand}
                        onChange={handleChange}/>
                    <TextField label="Model" name="model"
                        variant="standard" value={car.model}
                        onChange={handleChange}/>
                    <TextField label="Color" name="color"
                        variant="standard" value={car.color}
                        onChange={handleChange}/>
                    <TextField label="Year" name="year"
                        variant="standard" value={car.year}
                        onChange={handleChange}/>
                    <TextField label="Price" name="price"
                        variant="standard" value={car.price}
                        onChange={handleChange}/>
                </Stack>
            </DialogContent>
            <DialogActions>
                <Button onClick={handleClose}>Cancel</Button>
                <Button onClick={handleSave}>Save</Button>
            </DialogActions>
        </Dialog>
    </div>
);
```

다음 그림에 수정 사항이 반영된 모달 폼이 나온다.

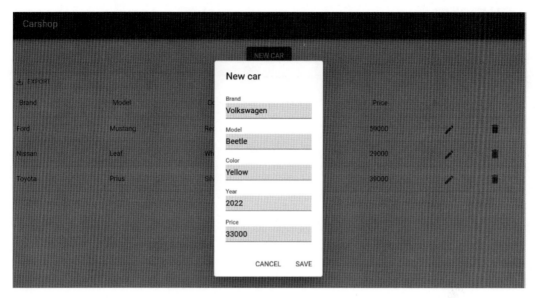

그림 12.5 수정된 텍스트 필드

이제 MUI 컴포넌트를 이용한 프런트엔드의 스타일링이 끝났다.

요약

이번 절에서는 구글의 머티리얼 디자인을 구현하는 리액트 컴포넌트 라이브러리인 MUI를 이용해 프런트엔드에 스타일링을 적용했다. 기존의 단순한 버튼 대신 MUI Button을 이용했고 IconButton 컴포넌트로 아이콘 버튼을 만들어봤다. 그리고 MUI TextField 컴포넌트로 모달 폼의 모양을 바꿨다. 이렇게 수정하고 나니 프런트엔드가 훨씬 세련되고 일관되게 바뀌었다.

다음 절에서는 프런트엔드를 테스트하는 데 초점을 맞춘다.

문제

1. MUI란 무엇인가?

2. 다양한 머티리얼 UI 컴포넌트를 이용하려면 어떻게 해야 하는가?

3. MUI 아이콘을 이용하려면 어떻게 해야 하는가?

13

프런트엔드
테스트하기

이번 절에서는 리액트 앱을 테스트하는 기본 방법을 다룬다. 이를 위해 페이스북이 개발한 자바스크립트 테스트 프레임워크인 Jest를 개략적으로 살펴본다. 새 테스트와 테스트 모음을 만드는 방법과 테스트를 실행하는 방법, 그리고 결과를 이용하는 방법을 알아본다. 단위 테스트를 활용하면 코드를 수월하게 리팩터링하고 관리할 수 있다. 또한 단위 테스트는 쉽게 자동화할 수 있으므로 테스트를 자주 실행할 수 있다.

이번 장에서 다룰 주제는 다음과 같다.

- Jest 사용법

- 테스트에서 이벤트 생성

- 스냅샷 테스트의 이해

기술 요구 사항

5장, '백엔드 보호 및 테스트'에서 작성한 스프링 부트 애플리케이션과 12장, '리액트 MUI로 프런트엔드 꾸미기'에서 작성한 리액트 앱이 필요하다.

이번 절의 깃허브 리포지터리인 https://github.com/wikibook/springboot-react/tree/main/Chapter13에서 내려받을 수 있는 코드 예제가 필요하다.

이번 장의 실습 영상은 https://youtu.be/SKvk-U6Z3oo에서 볼 수 있다.

Jest 사용하기

Jest(https://jestjs.io/)는 페이스북이 개발한 자바스크립트용 테스트 프레임워크다. Jest는 리액트를 활용한 개발에 많이 이용되며 테스트를 위한 여러 기능을 가지고 있다. 리액트 트리의 스냅샷을 생성한 후 상태가 어떻게 변하는지 조사하는 스냅샷 테스트를 만들 수 있다. Jest는 모형(mock) 기능을 제공하므로 비동기 REST API 호출을 테스트하는 등의 단위 테스트도 가능하다. 테스트 케이스의 어설션(assertion)에 필요한 기능도 제공한다.

먼저 몇 가지 간단한 계산을 수행하는 기본 자바스크립트 함수에 대한 간단한 테스트 케이스를 만드는 방법을 살펴보자. 다음 함수는 두 개의 수를 인수를 받고 곱한 결과를 반환한다.

```
// multi.js
export const calcMulti = (x, y) => {
    x * y;
}
```

다음 코드는 이 함수에 대한 Jest 테스트를 보여준다. 테스트 케이스는 테스트 케이스를 시작하는 test 메서드로 시작된다. test 메서드에는 it이라는 별칭이 있으며 이를 이용해도 된다. test 메서드에는 테스트의 이름과 테스트를 포함하는 함수의 두 개의 인수가 필요하다. 값을 테스트할 때는 expect를 이용하며 이를 통해 여러 선택기$_{matcher}$에 접근할 수 있다.

다음 코드에 나온 toBe는 함수의 결과가 선택기의 값과 일치하는지 확인하는 선택기다. Jest에는 여러 다양한 선택기가 있다. 전체 선택기의 목록은 Jest 설명서를 참고하자.

```
// multi.test.js
import { calcMulti } from './multi';

test('2 * 3 equals 6', () => {
    expect(calcMulti(2, 3)).toBe(6);
});
```

Jest는 create-react-app에 기본 제공되므로 별도의 설치나 구성 없이도 테스트를 시작할 수 있다. 테스트 파일을 저장할 __test__ 폴더를 따로 만드는 것이 좋다. 테스트 파일의 확장자는 .test.js로 지정해야 한다. **VS Code** 파일 탐색기에서 리액트 프런트엔드를 보면 src 폴더에 App.test.js라는 테스트 파일이 자동으로 생성된 것을 알 수 있다. 다음 그림은 위 테스트의 결과 파일이다.

그림 13.1 테스트 파일

이 테스트 파일의 소스코드는 다음과 같다.

```
import { render, screen } from '@testing-library/react';
import App from './App';

test('renders learn react link', () => {
    render(<App />);
    const linkElement = screen.getByText(/learn react/i);
    expect(linkElement).toBeInTheDocument();
});
```

이 테스트 파일은 App 컴포넌트를 렌더링하고 컴포넌트가 'learn react' 텍스트를 포함하는 링크 요소를 렌더링하는지 확인한다. 이 테스트는 create-reactapp에 기본적으로 제공되는 **리액트 테스팅 라이브러리**(https://testing-library.com/)를 사용한다. 리액트 테스팅 라이브러리에서 가져온 screen 객체에는 document.body에 연결되는 다른 쿼리가 있다. 예를 들어, getByText는 'learn react' 하위 문자열 텍스트를 찾는 데 이용되고 'i'는 대/소문자를 무시하는 데 이용된다.

참고

리액트 18에는 리액트 테스팅 라이브러리 버전 13 이상이 필요하다. 설치된 버전은 package.json 파일에서 확인할 수 있다.

테스트를 실행하려면 터미널에서 다음 명령을 입력하면 된다.

```
npm test
```

또는 yarn을 이용할 때는 다음 명령을 이용한다.

```
yarn test
```

App.js 파일이 수정되고 링크 요소가 없는 경우에는 테스트가 실패한다. 이때는 다음 그림에 나오는 것처럼 실패의 원인이 표시된다.

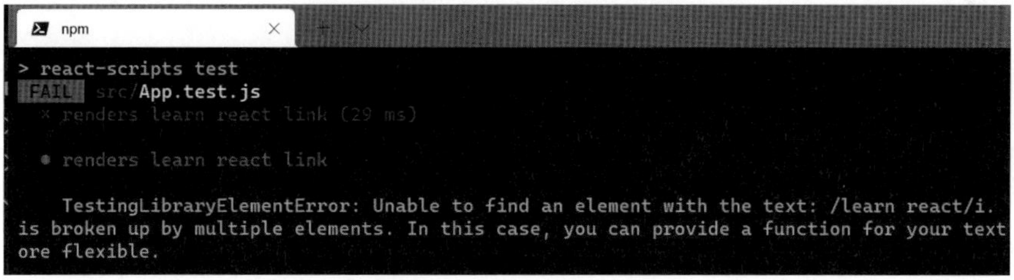

그림 13.2 실패한 테스트 결과

create-react-app으로 앱을 생성하고 링크를 제거하지 않고 테스트를 실행하면 다음 그림에 나오는 것처럼 테스트를 통과한다.

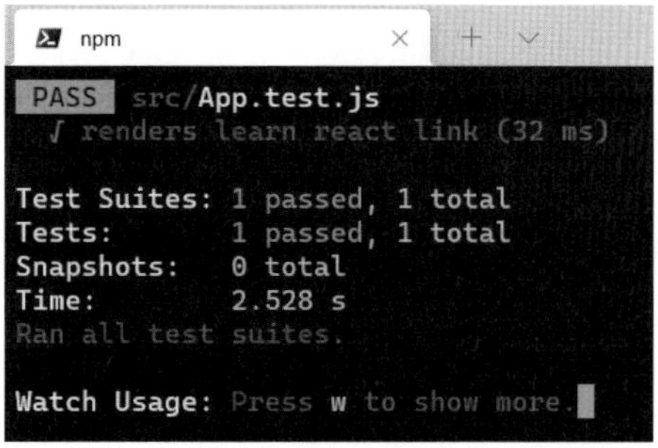

그림 13.3 통과한 테스트 결과

테스트는 감시 모드로 실행되며 자바스크립트 파일을 수정하고 저장할 때마다 자동으로 테스트가 실행된다. 터미널에서 Q를 누르면 감시 모드를 중단할 수 있다.

지금까지 Jest의 기초와 리액트 앱에서 테스트를 실행하는 방법을 배웠다.

테스트에서 이벤트 생성

리액트 테스팅 라이브러리에는 테스트 케이스에서 **DOM**_{Document Object Model} 이벤트를 생성하기 위한 fireEvent 메서드가 있다. 다음 예에서는 자동차 추가 모달 폼을 여는 테스트 케이스를 작성한다.

먼저 App.test.js 파일에 다음 import 문을 추가한다.

```
import { render, screen, fireEvent } from '@testing-library/react';
import App from './App';
```

App.test.js 파일에 다음과 같이 새 테스트 케이스를 작성한다.

```
test('open add car modal form', () => {
});
```

다음은 fireEvent.click을 이용해 특정 DOM 요소에 대해 클릭 이벤트를 생성한다. 이 예에서 DOM 요소는 모달 폼을 여는 버튼이며, 다음과 같이 getByText 쿼리로 찾을 수 있다.

```
test('open add car modal form', async () => {
    render(<App />);
    fireEvent.click(screen.getByText('New Car'));
});
```

마지막으로, 모달 대화상자가 열리고 모달 폼 헤더 텍스트인 'New Car' 텍스트가 렌더링됐는지 확인한다. 모달 대화상자는 getByRole 쿼리로 찾는다. 다음 코드에 나온 것처럼 이를 이용해 지정한 역할의 요소를 쿼리하고 모달 폼에 이용한 MUI 대화상자 컴포넌트에 dialog 역할이 있는지 확인할 수 있다.

```
test('open add car modal form', async () => {
    render(<App />);
```

```
    fireEvent.click(screen.getByText('New Car'));
    expect(screen.getByRole('dialog')).toHaveTextContent('New car');
});
```

이제 테스트를 실행하면 다음 그림과 같이 두 개의 테스트 케이스를 통과하는 것을 볼 수 있다.

```
PASS  src/App.test.js
  √ renders a snapshot (36 ms)
  √ open add car modal form (432 ms)

Test Suites: 1 passed, 1 total
Tests:       2 passed, 2 total
Snapshots:   1 passed, 1 total
Time:        4.449 s
Ran all test suites.

Watch Usage: Press w to show more.
```

그림 13.4 테스트 실행

또한 fireEvent보다 브라우저 상호 작용을 시뮬레이션하기 위한 더 많은 툴이 포함된 user-event 라이브러리도 있다.

스냅샷 테스트의 이해

스냅샷 테스트는 UI에 원치 않는 변경을 할 필요가 없는 유용한 테스트 방법이다. Jest는 스냅샷 테스트를 실행할 때 스냅샷을 생성한다. 다음 테스트가 실행되면 새 스냅샷을 이전 스냅샷과 비교한다. 파일 내용에 변경 사항이 있으면 테스트 케이스가 실패하고 터미널에 오류 메시지가 표시된다.

스냅샷 테스트를 시작하려면 다음 단계를 수행한다.

01. react-test-renderer 패키지를 설치한다. --save-dev 매개변수는 이 의존성이 package.json 파일의 devDependencies 부분에 저장되며, 개발 목적으로만 사용된다는 의미다. 설치 단계에 npm install --production 명령을 실행하면 devDependencies 부분에 있는 의존성은 설치되지 않는다. 따라서 개발 단계에만 필요한 모든 의존성은 다음과 같이 --save-dev 매개변수를 지정해 설치해야 한다.

```
npm install react-test-renderer --save-dev
```

02. 설치하면 package.json 파일에 다음과 같은 새로운 devDependencies 부분이 추가된다.

```
"devDependencies": {
    "react-test-renderer": "^17.0.2"
}
```

03. 이제 App.test.js 파일에 새로운 스냅샷 테스트 케이스를 추가해보자. 먼저 파일에서 기본 테스트 케이스를 제거한다. 테스트 케이스는 AddCar 컴포넌트의 스냅샷 테스트를 생성한다. 먼저 다음 import 문을 추가한다.

```
import TestRenderer from 'react-test-renderer';
import AddCar from './components/AddCar';
```

04. App.test.js 파일에 다음 테스트 케이스를 추가한다. 테스트 케이스는 AddCar 컴포넌트의 스냅샷을 생성하고 이전 스냅샷과 비교한다.

```
test('renders a snapshot', () => {
    const tree = TestRenderer.create(<AddCar/>).toJSON();
    expect(tree).toMatchSnapshot();
});
```

05. 터미널에 다음 명령을 입력해 테스트 케이스를 다시 실행한다.

```
npm test
```

06. 이제 터미널에서 다음과 같은 메시지를 볼 수 있다. 테스트 모음Test Suites은 테스트 파일의 수를 나타내고, 테스트Tests는 테스트 케이스의 수를 나타낸다. 또한 스냅샷 파일 한 개가 기록된 것을 볼 수 있다.

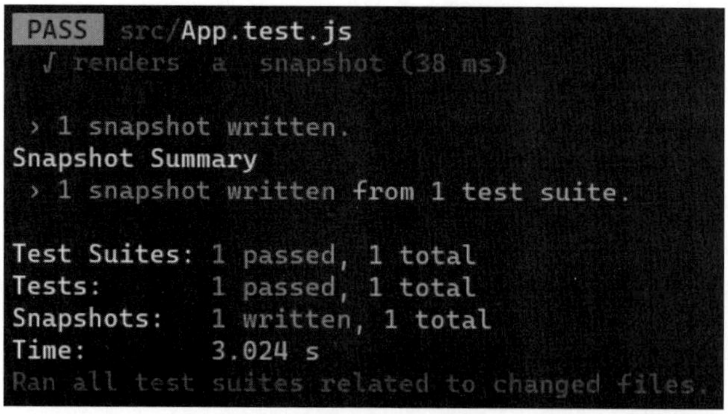

그림 13.5 스냅샷 테스트

테스트가 처음 실행되면 _snapshots_ 폴더가 생성된다. 이 폴더에는 테스트 케이스에서 생성된 모든 스냅샷 파일이 포함된다. 다음 그림에서 스냅샷 파일 한 개가 생성된 것을 볼 수 있다.

그림 13.6 스냅샷 폴더

스냅샷 파일에는 AddCar 컴포넌트의 리액트 트리가 들어 있다. 다음 코드 블록에 스냅샷 파일의 일부가 나온다.

```
// Jest Snapshot v1, https://goo.gl/fbAQLP
exports['renders a snapshot 1'] = '
<div>
    <button
        className="MuiButton-root MuiButton-contained MuiButton
            -containedPrimary MuiButton-sizeMedium MuiButton
            -containedSizeMedium MuiButtonBase-root
            css-sghohy-MuiButtonBase-root-MuiButton-root"
        disabled={false}
        onBlur={[Function]}
        onClick={[Function]}
        onContextMenu={[Function]}
        onDragLeave={[Function]}
        ... 계속
```

지금까지 리액트 테스트의 기초를 배웠다.

요약

이번 장에서는 리액트 앱을 테스트하기 위한 기본 내용을 배웠다. Jest는 페이스북이 개발한 테스트 프레임워크이며, create-react-app에 기본 제공되므로 우리가 만든 프런트엔드를 테스트하는 데 곧바로 이용할 수 있다.

Jest로 몇 가지 테스트를 작성해서 실행하고 테스트 결과를 확인하는 방법을 알아봤다. 또한 스냅샷 테스트의 원칙도 배웠다.

다음 장에서는 애플리케이션을 보호하고 프런트엔드에 로그인 기능을 추가한다.

문제

1. Jest란 무엇인가?

2. Jest로 테스트 케이스를 만들려면 어떻게 하는가?

3. 테스트 케이스에서 이벤트를 생성하려면 어떻게 하는가?

4. Jest로 스냅샷 테스트를 만들려면 어떻게 하는가?

애플리케이션
보호하기

이번 장에서는 백엔드에 $\mathbf{JWT}_{\text{JSON Web Token}}$ 를 이용할 때 프런트엔드에서 인증을 구현하는 방법을 설명한다. 먼저 JWT 인증을 활성화하기 위해 백엔드에 보안을 적용한다. 다음으로 로그인 기능을 위한 컴포넌트를 만든다. 마지막으로 백엔드에 요청을 보낼 때 Authorization 헤더에 토큰을 포함하도록 CRUD 기능을 수정한다. 즉, 이번 장에서는 애플리케이션을 보호하는 방법을 배운다.

이번 장에서 다룰 주제는 다음과 같다.

- 백엔드 보호
- 프런트엔드 보호

기술 요구 사항

5장, '백엔드 보호 및 테스트'에서 작성한 스프링 부트 애플리케이션(https://github.com/wikibook/springboot-react/tree/main/Chapter05)과 12장, '리액트 MUI로 프런트엔드 꾸미기'에서 작성한 리액트 앱(https://github.com/wikibook/springboot-react/tree/main/Chapter12)이 필요하다.

이번 장의 깃허브 리포지터리는 https://github.com/wikibook/springboot-react/tree/main/Chapter14다.

이번 장의 실습 영상은 https://youtu.be/-LoFfy6FQ9k에서 볼 수 있다.

백엔드 보호

이전 장에서는 프런트엔드에서 CRUD 기능을 구현하면서 보호되지 않은 백엔드를 이용했다. 이제 백엔 드에 보안을 활성화하고 5장, '백엔드 보호 및 테스트'에서 작성한 버전으로 돌아갈 차례다.

01. 이클립스 IDE로 백엔드 프로젝트를 열고 편집기 뷰에서 SecurityConfig.java 파일을 연다. 이전에 보안을 처리하는 부분을 주석으로 지정하고 모든 사용자가 모든 엔드포인트에 접근할 수 있게 했다. 이제 원래 버전에서 주석 처리했던 부분을 제거할 수 있다. 이제 SecurityConfig.java 파일의 configure 메서드는 다음과 같을 것이다.

```java
@Override
protected void configure(HttpSecurity http) throws Exception {
    http.csrf().disable().cors().and()
    .sessionManagement()
    .sessionCreationPolicy(SessionCreationPolicy.STATELESS).and()
    .authorizeRequests()
    .antMatchers(HttpMethod.POST, "/login").permitAll()
    .anyRequest().authenticated().and()
    .exceptionHandling()
    .authenticationEntryPoint(exceptionHandler).and()
    .addFilterBefore(authenticationFilter,
        UsernamePasswordAuthenticationFilter.class);
}
```

백엔드에 다시 보안을 적용하면 어떻게 되는지 테스트해보자.

02. 이클립스에서 Run 버튼을 눌러 백엔드를 실행하고 애플리케이션이 올바르게 시작되는지 콘솔 뷰를 확인한다. 터미널 에서 npm start 명령을 입력해 프런트엔드를 실행하고 브라우저에서 localhost:3000 주소를 연다.

03. 빈 자동차 목록 페이지를 볼 수 있다. 개발자 툴을 열고 **Network** 탭을 보면 응답 상태가 401 Unauthorized임을 알 수 있다. 아직 프런트엔드에서 인증을 실행하지 않았기 때문에 이 상태가 우리가 원하는 결과다.

그림 14.1 401 Unauthorized

이제 프런트엔드를 작업할 준비가 됐다.

프런트엔드 보호

이 책에서는 백엔드에서 JWT를 이용해 인증을 구현했다. 5장, '백엔드 보호 및 테스트'에서 JWT 인증을 구현했으며, 모든 사용자는 인증 없이 /login 엔드포인트에 접근할 수 있다. 우선 프런트엔드의 로그인 페이지에서 사용자 자격 증명을 이용해 /login 엔드포인트를 호출하고 토큰을 얻어야 한다. 그다음에는 5장, '백엔드 보호 및 테스트'에서 배운 것처럼 백엔드로 보내는 모든 요청에 이 토큰을 포함한다.

먼저 백엔드에서 토큰을 얻기 위해 사용자에게 자격 증명을 요청하는 로그인 컴포넌트를 만들어보자.

01. components 폴더에 Login.js라는 파일을 새로 만든다. 이제 프런트엔드의 파일 구조는 다음과 같다.

그림 14.2 프로젝트 구조

02. VS Code 편집기 뷰에서 이 파일을 열고 Login 컴포넌트에 다음 기본 코드를 추가한다. 로그인 요청에 필요한 SERVER_URL도 가져온다.

```
import React, { useState } from 'react';
import { SERVER_URL } from '../constants.js';

function Login() {
    return(
        <div></div>
    );
}

export default Login;
```

03. 인증에 필요한 상태 값은 세 개이며, 자격 증명에 두 개(사용자 이름과 암호)가 필요하고 인증의 상태를 나타내는 부울 값 하나가 필요하다. 인증 상태의 초기 값은 false다.

```
const [user, setUser] = useState({
    username: '',
    password: ''
});
const [isAuthenticated, setAuth] = useState(false);
```

04. 사용자 인터페이스에는 나머지 사용자 인터페이스와 마찬가지로 MUI_{Material UI} 컴포넌트 라이브러리를 이용할 것이다. 자격 증명을 입력하기 위한 TextField 컴포넌트와 로그인 함수를 호출하기 위한 Button 컴포넌트, 그리고 레이아웃을 위한 Stack 컴포넌트가 필요하다. Login.js 파일에 이러한 컴포넌트를 가져오는 import 문을 추가한다.

```
import Button from '@mui/material/Button';
import TextField from '@mui/material/TextField';
import Stack from '@mui/material/Stack';
```

05. 가져온 컴포넌트를 다음과 같이 return 문에 추가하여 사용자 인터페이스에 추가한다. TextField 컴포넌트 두 개는 사용자 이름과 암호를 입력받는 데 필요하다. Button 컴포넌트 하나는 이번 절에서 나중에 구현할 로그인 함수를 호출하는 데 필요하다.

```
return(
    <div>
        <Stack spacing={2} alignItems='center' mt={2}>
            <TextField
                name="username"
                label="Username"
                onChange={handleChange} />
            <TextField
                type="password"
                name="password"
                label="Password"
                onChange={handleChange}/>
            <Button
                variant="outlined"
                color="primary"
                onClick={login}>
                Login
            </Button>
        </Stack>
    </div>
);
```

06. 입력한 값을 상태에 저장하기 위해 TextField 컴포넌트의 변경 처리기 함수를 구현한다.

```
const handleChange = (event) => {
    setUser({...user, [event.target.name] : event.target.value});
}
```

07. 5장, '백엔드 보호 및 테스트'에서 배운 것처럼 로그인을 위해서는 본문에 사용자 객체를 포함하고 POST 방식으로 / login 엔드포인트를 호출해야 한다. 인증이 성공하면 응답 Authorization 헤더에 토큰을 받는다. 그런 다음, 토큰을 세션 저장소에 저장하고 isAuthenticated 상태를 true로 설정한다. 세션 저장소는 로컬 저장소와 비슷하지만 페이지 세션이 끝나면 삭제된다. isAuthenticated 상태 값이 변경되면 사용자 인터페이스가 다시 렌더링된다.

```
const login = () => {
    fetch(SERVER_URL + 'login', {
        method: 'POST',
        headers: { 'Content-Type':'application/json' },
        body: JSON.stringify(user)
    })
    .then(res => {
        const jwtToken = res.headers.get('Authorization');
        if (jwtToken !== null) {
            sessionStorage.setItem("jwt", jwtToken);
            setAuth(true);
        }
    })
    .catch(err => console.error(err))
}
```

08. 조건부 렌더링을 구현할 경우 isAuthenticated 상태가 false이면 Login 컴포넌트를 렌더링하고, true이면 Carlist 컴포넌트를 렌더링할 수 있다. 먼저 Carlist 컴포넌트를 Login.js 파일로 가져온다.

```
import Carlist from './Carlist';
```

09. 그리고 return 문을 다음과 같이 수정해야 한다.

```
if (isAuthenticated) {
    return <Carlist />;
}
else {
    return(
        <div>
            <Stack spacing={2} alignItems='center' mt={2} >
                <TextField
                    name="username"
                    label="Username"
                    onChange={handleChange} />
```

```
                    <TextField
                        type="password"
                        name="password"
                        label="Password"
                        onChange={handleChange}/>
                    <Button
                        variant="outlined"
                        color="primary"
                        onClick={login}>
                            Login
                    </Button>
                </Stack>
            </div>
    );
}
```

10. 로그인 폼을 표시하려면 App.js 파일에서 Carlist 컴포넌트 대신 Login 컴포넌트를 렌더링해야 한다.

```
import './App.css';
import AppBar from '@mui/material/AppBar';
import Toolbar from '@mui/material/Toolbar';
import Typography from '@mui/material/Typography';
import Login from './components/Login';

function App() {
    return (
        <div className="App">
            <AppBar position="static">
                <Toolbar>
                    <Typography variant="h6">
                        Carshop
                    </Typography>
                </Toolbar>
            </AppBar>
            <Login />
        </div>
    );
}

export default App;
```

이제 프런트엔드와 백엔드를 실행하면 다음 그림과 같은 프런트엔드를 볼 수 있다.

그림 14.3 로그인 페이지

user/user 또는 admin/admin 자격 증명으로 로그인하면 자동차 목록 페이지를 볼 수 있다. 개발자 툴에서 **Application** 탭을 열면 세션 저장소에 토큰이 저장된 것을 볼 수 있다.

그림 14.4 세션 저장소

자동차 목록이 비어 있는 것을 볼 수 있는데, GET 요청에 토큰을 포함하지 않았기 때문이다. 다음 단계에서 JWT 인증을 구현하려면 이 토큰이 필요하다.

01. VS Code 편집기 뷰에서 `Carlist.js` 파일을 연다. 자동차를 읽으려면 먼저 세션 저장소에서 토큰을 읽고 토큰 값이 포함된 Authorization 헤더를 GET 요청에 추가해야 한다. `fetchCars` 함수의 코드는 다음과 같다.

```
const fetchCars = () => {
    // 세션 저장소에서 토큰을 읽고
    // Authorization 헤더에 이를 포함한다.
    const token = sessionStorage.getItem("jwt");

    fetch(SERVER_URL + 'api/cars', {
        headers: { 'Authorization' : token }
    })
    .then(response => response.json())
    .then(data => setCars(data._embedded.cars))
    .catch(err => console.error(err));
}
```

02. 프런트엔드에 로그인하면 데이터베이스에서 읽어온 데이터가 자동차 목록으로 출력된다.

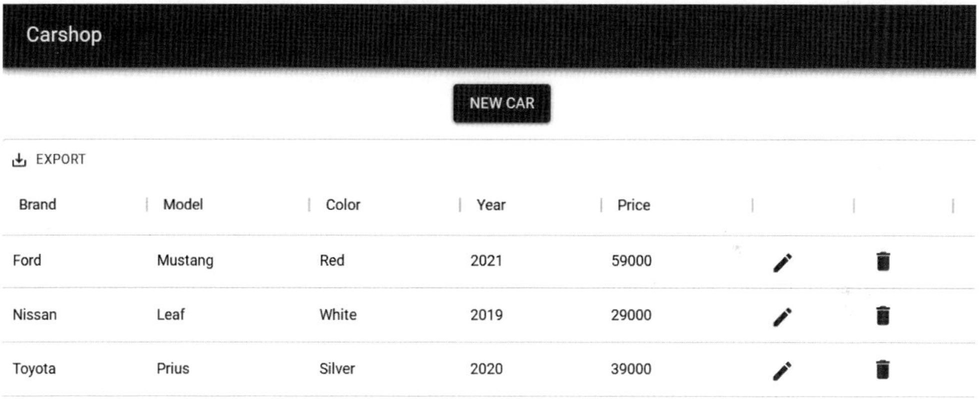

Brand	Model	Color	Year	Price			
Ford	Mustang	Red	2021	59000	✏	🗑	
Nissan	Leaf	White	2019	29000	✏	🗑	
Toyota	Prius	Silver	2020	39000	✏	🗑	

Carshop

NEW CAR

⬇ EXPORT

그림 14.5 자동차 목록

03. 개발자 툴에서 요청 내용을 보면 Authorization 헤더에 토큰의 값이 포함된 것을 알 수 있다.

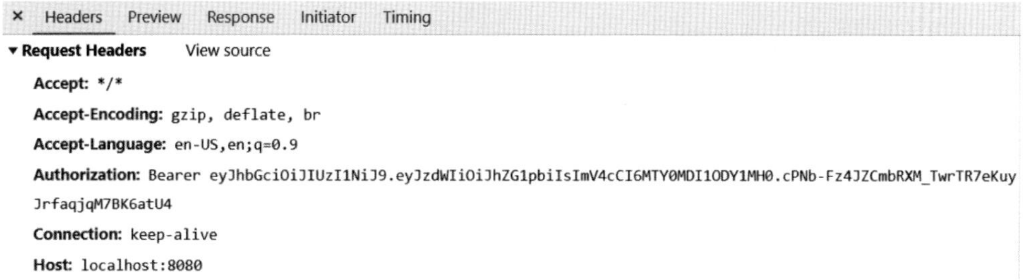

```
✕  Headers   Preview   Response   Initiator   Timing
▼ Request Headers      View source
   Accept: */*
   Accept-Encoding: gzip, deflate, br
   Accept-Language: en-US,en;q=0.9
   Authorization: Bearer eyJhbGciOiJIUzI1NiJ9.eyJzdWIiOiJhZG1pbiIsImV4cCI6MTY0MDI1ODY1MH0.cPNb-Fz4JZCmbRXM_TwrTR7eKuy
   JrfaqjqM7BK6atU4
   Connection: keep-alive
   Host: localhost:8080
```

그림 14.6 요청 헤더

다른 모든 CRUD 기능도 이와 같이 수정해야 올바르게 작동한다. 올바르게 작동하도록 수정된 onDelClick 함수의 코드는 다음과 같다.

```javascript
// Carlist.js
const onDelClick = (url) => {
    if (window.confirm("Are you sure to delete?")) {
        const token = sessionStorage.getItem("jwt");

        fetch(url, {
            method: 'DELETE',
            headers: { 'Authorization' : token }
        })
        .then(response => {
            if (response.ok) {
                fetchCars();
                setOpen(true);
            }
            else {
                alert('Something went wrong!');
            }
        })
        .catch(err => console.error(err))
    }
}
```

수정된 addCar 함수의 코드는 다음과 같다.

```javascript
// Carlist.js
// 새 자동차 추가
const addCar = (car) => {
    const token = sessionStorage.getItem("jwt");

    fetch(SERVER_URL + 'api/cars',
        {
            method: 'POST',
            headers: {
                'Content-Type':'application/json',
```

```
                'Authorization' : token
        },
        body: JSON.stringify(car)
    })
    .then(response => {
        if (response.ok) {
            fetchCars()
        }
        else {
            alert('Something went wrong!');
        }
    })
    .catch(err => console.error(err))
}
```

마지막으로, 수정된 updateCar 함수의 코드는 다음과 같다.

```
// Carlist.js
// 자동차 업데이트
const updateCar = (car, link) => {
    const token = sessionStorage.getItem("jwt");

    fetch(link,
        {
            method: 'PUT',
            headers: {
                'Content-Type':'application/json',
                'Authorization' : token
        },
        body: JSON.stringify(car)
    })
    .then(response => {
        if (response.ok) {
            fetchCars();
        }
        else {
            alert('Something went wrong!');
        }
```

```
    })
    .catch(err => console.error(err))
}
```

이제 애플리케이션에 로그인하면 모든 CRUD 기능이 작동하는 것을 확인할 수 있다.

마지막 단계에서는 인증이 실패하면 사용자에게 표시될 오류 메시지를 구현해보자. 메시지를 표시하는
데는 Snackbar MUI 컴포넌트를 이용한다.

01. Login.js 파일에 다음 import 문을 추가한다.

```
import Snackbar from '@mui/material/Snackbar';
```

02. Snackbar 표시 여부를 제어할 open이라는 상태를 추가한다.

```
const [open, setOpen] = useState(false);
```

03. return 문에 Snackbar 컴포넌트를 추가한다.

```
<Snackbar
    open={open}
    autoHideDuration={3000}
    onClose={() => setOpen(false)}
    message="Login failed: Check your username and password"
/>
```

04. 인증이 실패하면 open 상태 값을 true로 설정해 Snackbar 컴포넌트를 표시한다.

```
const login = () => {
    fetch(SERVER_URL + 'login', {
        method: 'POST',
        headers: { 'Content-Type':'application/json' },
        body: JSON.stringify(user)
    })
    .then(res => {
        const jwtToken = res.headers.get('Authorization');
        if (jwtToken !== null) {
            sessionStorage.setItem("jwt", jwtToken);
            setAuth(true);
```

```
        }
        else {
            setOpen(true);
        }
    })
    .catch(err => console.error(err))
}
```

이제 잘못된 자격 증명으로 로그인을 시도하면 다음과 같은 메시지가 표시된다.

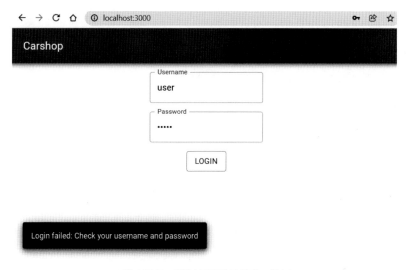

그림 14.7 로그인이 실패하면 표시되는 메시지

로그아웃 기능은 아주 쉽게 구현할 수 있다. 다음 코드에 나오는 것처럼 세션 저장소에서 토큰을 제거하고 isAuthenticated 상태 값을 false로 변경하면 된다.

```
const logout = () => {
    sessionStorage.removeItem("jwt");
    setAuth(false);
}
```

이제 자동차 애플리케이션이 모두 준비됐다.

요약

이번 장에서는 JWT 인증을 이용해 프런트엔드의 로그인 기능을 구현하는 방법을 배웠다. 인증이 성공한 후에는 백엔드에서 받은 토큰을 세션 저장소에 저장했다. 그런 다음 백엔드로 요청을 보낼 때마다 토큰을 함께 보냈다. 즉, 인증이 올바르게 작동하려면 모든 CRUD 기능을 수정해야 했다.

다음 장에서는 도커 컨테이너를 만드는 방법을 알아보고 애플리케이션을 헤로쿠에 배포한다.

문제

1. 로그인 폼을 만들려면 어떻게 하는가?

2. JWT로 백엔드에 로그인하려면 어떻게 하는가?

3. 세션 저장소에 토큰을 저장하려면 어떻게 하는가?

4. CRUD 기능에서 백엔드에 토큰을 보내려면 어떻게 하는가?

애플리케이션 배포하기

이번 장에서는 백엔드와 프런트엔드를 서버로 배포하는 방법을 알아본다. 성공적인 배포는 소프트웨어 개발 프로세스의 중요한 부분이며, 현대 배포 프로세스가 작동하는 방식을 이해하는 것 역시 중요하다. 배포를 위해서는 다양한 클라우드 서버와 AWS_{Amazon Web Services}, DigitalOcean, Microsoft Azure 등의 PaaS_{Platform-as-a-Service}를 이용할 수 있다. 이 책에서는 웹 개발에 쓰는 여러 프로그래밍 언어를 지원하는 헤로쿠와 AWS를 이용한다. 또한 배포에 도커 컨테이너를 이용하는 방법도 배운다.

이번 장에서 다룰 주제는 다음과 같다.

- 백엔드 배포

- 프런트엔드 배포

- 도커 컨테이너 이용

기술 요구 사항

5장, '백엔드 보호 및 테스트'에서 작성한 스프링 부트 애플리케이션(https://github.com/wikibook/springboot-react/tree/main/Chapter05)과 13장, '프런트엔드 테스트하기'에서 이용한 리액트 앱(https://github.com/wikibook/springboot-react/tree/main/Chapter13)이 필요하다.

또한 도커도 설치할 필요가 있다. 이번 장의 깃허브 리포지터리는 https://github.com/wikibook/springboot-react/tree/main/Chapter15다.

백엔드 배포

자체 서버를 이용할 때 스프링 부트 애플리케이션을 배포하는 가장 쉬운 방법은 **JAR**_{Java ARchive} 파일을 이용하는 것이다. 메이븐 사용자는 스프링 부트 메이븐 플러그인을 이용하고 pom.xml 파일에 다음 코드 행을 추가하면 실행 가능한 JAR 파일을 생성할 수 있다.

```
<plugin>
    <groupId>org.springframework.boot</groupId>
    <artifactId>spring-boot-maven-plugin</artifactId>
    <configuration>
        <executable>true</executable>
    </configuration>
</plugin>
```

다음으로 mvn clean install 명령을 실행해 프로젝트를 빌드해야 한다. 이클립스 IDE에서 맞춤형 maven 명령을 실행하려면 프로젝트 탐색기에서 **Project**를 마우스 오른쪽 버튼으로 클릭하고 **Run as | Maven Build…**를 선택한 다음 **Goals** 필드에 clean install을 입력하면 된다. 이 명령은 다음 그림과 같이 target 폴더에 JAR 파일 하나를 생성한다.

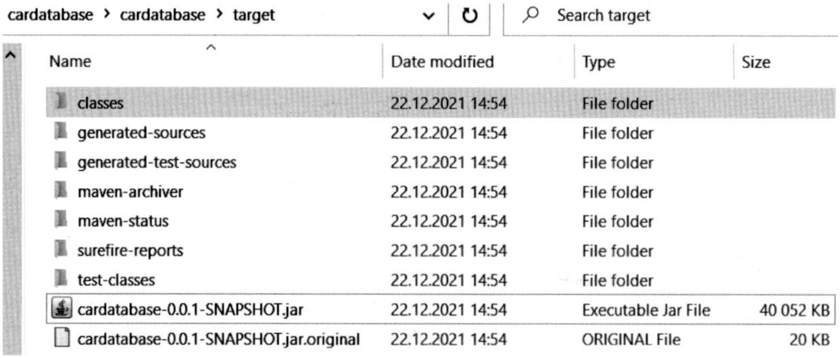

그림 15.1 실행 가능한 JAR 파일

이 경우에는 JAR 파일에 애플리케이션 서버가 포함되므로 별도의 애플리케이션 서버를 설치할 필요가 없다. 따라서 다음 그림에 나오는 것처럼 java -jar your_appfile.jar 자바 명령으로 JAR 파일을 실행하기만 하면 된다.

```
PS C:\work\tmp\Chapter05\cardatabase\cardatabase\target> java -jar .\cardatabase-0.0.1-SNAPSHOT.jar

  .   ____          _            __ _ _
 /\\ / ___'_ __ _ _(_)_ __  __ _ \ \ \ \
( ( )\___ | '_ | '_| | '_ \/ _` | \ \ \ \
 \\/  ___)| |_)| | | | | || (_| |  ) ) ) )
  '  |____| .__|_| |_|_| |_\__, | / / / /
 =========|_|==============|___/=/_/_/_/
 :: Spring Boot ::                (v2.6.2)

2021-12-22 14:59:04.363  INFO 21772 --- [           main] c.p.cardatabase.CardatabaseApplication   : Starting Cardatabas
eApplication v0.0.1-SNAPSHOT using Java 15.0.1 on HHMX4717A with PID 21772 (C:\work\tmp\Chapter05\cardatabase\cardatabas
e\target\cardatabase-0.0.1-SNAPSHOT.jar started by h01270 in C:\work\tmp\Chapter05\cardatabase\cardatabase\target)
2021-12-22 14:59:04.365  INFO 21772 --- [           main] c.p.cardatabase.CardatabaseApplication   : No active profile s
```

그림 15.2 실행 가능한 JAR 파일 실행

최근에는 애플리케이션을 최종 사용자에게 제공하는 주요 수단으로 클라우드 서버를 사용하는 경우가 많아졌다. 이 책에서도 **헤로쿠** 클라우드 서버(https://www.heroku.com/)를 이용해 백엔드를 배포해보자. 헤로쿠는 애플리케이션을 배포할 수 있는 무료 계정을 제공한다. 무료 계정에서는 30분 동안 활동이 없으면 애플리케이션이 대기 모드로 전환되며 애플리케이션을 재시작하는 데 시간이 약간 걸린다. 물론 테스트와 취미 목적의 개발에는 무료 계정으로 충분하다.

배포 작업에는 헤로쿠의 웹 기반 UI를 이용한다. 직접 배포하는 과정을 알아보자.

01. 헤로쿠에서 계정을 만든 후 헤로쿠 웹사이트에 로그인한다. 애플리케이션 목록을 보여주는 대시보드로 이동한다. 대시보드에 있는 New 버튼을 클릭하면 메뉴가 펼쳐진다. 다음 그림과 같이 메뉴에서 Create new app 옵션을 선택한다.

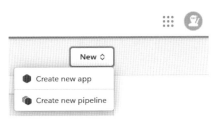

그림 15.3 Create new app 옵션

02. 다음 그림과 같이 앱의 이름을 지정하고, 지역을 선택한 다음, **Create app** 버튼을 누른다.

Create New App

App name

mycarcackend ✓

mycarcackend is available

Choose a region

🇪🇺 Europe ⬍

Add to pipeline...

Create app

그림 15.4 Create app 버튼

03. 배포 방법을 선택한다. 배포 방법에는 몇 가지 옵션이 있다. 이 예에서는 **GitHub** 옵션을 이용한다. 이 방법을 이용하려면 먼저 애플리케이션을 깃허브로 푸시하고 깃허브 리포지터리를 헤로쿠와 연결해야 한다.

그림 15.5 배포 방법

04. 다음 그림과 같이 배포하려는 리포지터리를 찾은 후 해당하는 Connect 버튼을 누른다. 이 예에서는 Connect to GitHub 옵션을 이용한다.

Deployment method

🔷 Heroku Git
Use Heroku CLI

🐙 **GitHub**
Connect to GitHub

⣿ Container Registry
Use Heroku CLI

Connect to GitHub

Connect this app to GitHub to enable code diffs and deploys.

Search for a repository to connect to

🐙 juhahinkula ⬍   carback   **Search**

Missing a GitHub organization? Ensure Heroku Dashboard has team access.

🐙 juhahinkula/carBackEnd   Connect

그림 15.6 Connect to GitHub 옵션

05. 자동 배포와 수동 배포 중에서 선택한다. 자동 배포 옵션을 선택하면 연결된 GitHub 리포지터리로 앱의 새 버전을 푸시하면 자동으로 앱을 배포한다. 배포할 브랜치도 선택해야 한다. 여기서는 Deploy Branch 버튼을 눌러야 앱을 배포하는 수동 옵션을 이동한다. 다음 그림에 옵션에 관한 설명이 나온다.

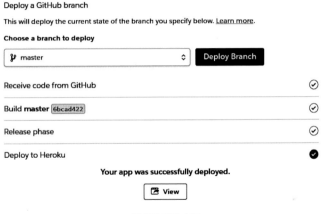

Manual deploy

Deploy the current state of a branch to this app.

Deploy a GitHub branch

This will deploy the current state of the branch you specify below. Learn more.

Choose a branch to deploy

master

Deploy Branch

그림 15.7 수동 배포

06. 배포가 시작되고 빌드 로그가 표시된다. 다음 그림과 같이 배포가 성공했음을 알리는 Your app was successfully deployed라는 메시지가 표시된다.

Deploy a GitHub branch

This will deploy the current state of the branch you specify below. Learn more.

Choose a branch to deploy

master

Deploy Branch

Receive code from GitHub ✓

Build **master** 6bcad422 ✓

Release phase ✓

Deploy to Heroku ●

Your app was successfully deployed.

View

그림 15.8 배포 성공

참고

> 헤로쿠는 자바 컴파일러는 1.8 버전을 사용하는데 로컬 자바 컴파일러가 1.5 버전으로 인식되는 경우 컴파일 오류가 발생할 수 있다. 이 경우 pom.xml의 〈plugins〉 섹션에 아래 내용을 추가해서 각 컴파일러의 버전을 맞춰준다.

```
<plugin>
    <artifactId>maven-compiler-plugin</artifactId>
    <configuration>
        <source>1.8</source>
        <target>1.8</target>
    </configuration>
</plugin>
```

이제 애플리케이션이 헤로쿠 클라우드 서버에 배포되었다. **H2** 인메모리 데이터베이스를 이용하는 경우이것으로 충분하며 애플리케이션이 올바르게 작동한다. 이 책에서는 MariaDB를 이용하므로 데이터베이스를 설치해야 한다.

헤로쿠에서는 **JawsDB**를 애드온으로 이용할 수 있다. JawsDB는 헤로쿠에서 이용 가능한 MariaDB 데이터베이스를 제공하는 **DBaaS**Database as a Service 공급자다. 다음 단계에 데이터베이스를 이용하는 방법이 나온다.

01. 다음 그림과 같이 헤로쿠 앱 페이지에서 Resources 탭을 열고 Add-ons 검색 필드에 jawsdb를 입력한다.

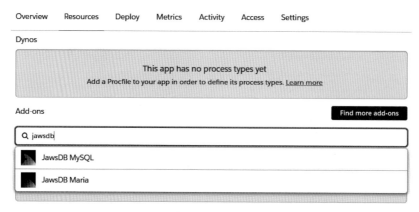

그림 15.9 JawsDB 검색

02. 드롭다운 목록에서 JawsDB Maria를 선택한다. 무료 요금제를 선택하고 Submit Order Form 버튼을 누른다. 이 단계를 진행하려면 Heroku에 과금 정보를 입력해야 한다. 헤로쿠가 JawsDB에 연결하면 다음 그림과 같이 데이터베이스의 연결 정보를 보여주는 Connection Info 페이지가 나온다.

Connection Info

Connection String

mysql://azimtify6c7r28vz:pkuefryjukzwfxtr@j5zntocs2dn6c3fj.chr7pe7iynqr.eu-west-1.rds.amazonaws.com:3306/nin80h0ispaw4sc8

You can use your connection information to connect manually through a client such as HeidiSQL to administer your database.

Property	Value		Action
Host	j5zntocs2dn6c3fj.chr7pe7iynqr.eu-west-1.rds.amazonaws.com		
Username	azimtify6c7r28vz		
Password	pkuefryjukzwfxtr		Reset
Port	3306		
Database	nin80h0ispaw4sc8		

그림 15.10 연결 정보 페이지

03. `application.properties` 파일에 있는 데이터베이스 연결 정의를 JawsDB의 **Connection Info** 페이지에 나오는 값으로 변경한다. 이 예에서는 일반 암호를 이용하지만 실제 앱에서는 **JASYPT**Java Simplified Encryption 라이브러리 등으로 암호화를 적용하는 것이 좋다.

```
spring.datasource.url=jdbc:mariadb://j5zntocs2dnc3fj.chr7pe6iynr.eu-west-1.rds.amazonaws.com:
3306/nik920iia4sc7
spring.datasource.username=arimtyfj6cag78vz
spring.datasource.password=zkjeftjukktfxtor
spring.datasource.driver-class-name=org.mariadb.jdbc.Driver
```

04. 무료 계정에서는 동시 데이터베이스 연결을 최대 10회까지 지원하므로 `application.properties` 파일에 다음 행을 추가해야 한다.

```
spring.datasource.max-active=10
```

05. 변경 내용을 깃허브에 푸시하고 앱을 헤로쿠에 배포한다. 이제 애플리케이션이 준비됐고 포스트맨으로 테스트할 수 있다. 앱의 URL은 `https://mycarbackend.herokuapp.com/`이지만 여러분의 도메인을 이용해야 한다. `/login` 엔드포인트에 자격 증명과 함께 `POST` 요청을 보내면 응답 헤더로 토큰을 받을 수 있다. 다음 그림에 나오는 것처럼 모두 정상적으로 작동하는 것을 볼 수 있다.

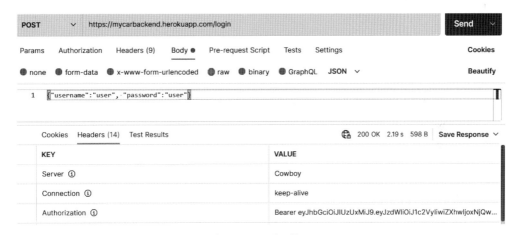

그림 15.11 포스트맨 요청

참고

헤로쿠에서 현재(2022년 12월 기준) 사용 중인 JawsDB의 mariadb-java-client 버전은 스프링부트 2.7.4가 제공하는 mariadb-java-client 버전인 3.0.8 버전보다 낮아 pom.xml의 <dependencies>에 다음과 같이 의존성을 추가할 필요가 있다.

```
<dependencies>
  <dependency>
    <groupId>org.mariadb.jdbc</groupId>
    <artifactId>mariadb-java-client</artifactId>
    <version>2.2.1</version>
  </dependency>

  <dependency>
    <groupId>org.hibernate</groupId>
    <artifactId>hibernate-core</artifactId>
  </dependency>

  <dependency>
    <groupId>org.hibernate</groupId>
    <artifactId>hibernate-entitymanager</artifactId>
  </dependency>
</dependencies>
```

HeidiSQL을 이용해 JawsDB에 연결할 수도 있다.[1]

다음 그림과 같이 헤로쿠 **More** 메뉴에서 **View logs**를 선택하면 애플리케이션 로그를 볼 수 있다.

그림 15.12 More 메뉴

---

1 (옮긴이) 데이터베이스에서 한글을 사용할 수 있으려면 HeidiSQL로 JawsDB에 연결하여 데이터베이스를 선택한 후 마우스 오른쪽 버튼을 눌러 **편집** 메뉴를 선택한 후 **조합** 메뉴에서 데이터베이스의 기본 인코딩 조합을 utfmb4_unicode_ci로 변경하면 된다.

다음 그림은 애플리케이션 로그 뷰의 예를 보여준다.

Application Logs   ALL PROCESSES ◇

```
2021-12-23T10:54:49.769451+00:00 app[web.1]: Hibernate: update hibernate_sequence set next_val= ? where next_val=?
2021-12-23T10:54:49.773781+00:00 app[web.1]: Hibernate: insert into car (brand, color, model, owner, price, register_number, year, id) values (?, ?, ?, ?, ?, ?, ?)
2021-12-23T10:54:49.781354+00:00 app[web.1]: Hibernate: insert into user (password, role, username) values (?, ?, ?)
2021-12-23T10:54:49.789597+00:00 app[web.1]: Hibernate: insert into user (password, role, username) values (?, ?, ?)
2021-12-23T10:56:07.300042+00:00 app[web.1]: 2021-12-23 10:56:07.299  INFO 4 --- [io-37459-exec-3] o.a.c.c.C.[Tomcat].[localhost].[/]       : Initializing Spring
FrameworkServlet 'dispatcherServlet'
2021-12-23T10:56:07.300162+00:00 app[web.1]: 2021-12-23 10:56:07.300  INFO 4 --- [io-37459-exec-3] o.s.web.servlet.DispatcherServlet        : FrameworkServlet
'dispatcherServlet': initialization started
2021-12-23T10:56:07.319174+00:00 app[web.1]: 2021-12-23 10:56:07.318  INFO 4 --- [io-37459-exec-3] o.s.web.servlet.DispatcherServlet        : FrameworkServlet
'dispatcherServlet': initialization completed in 18 ms
2021-12-23T10:56:08.614814+00:00 app[web.1]: 2021-12-23 10:56:08.614  INFO 4 --- [io-37459-exec-3] o.h.h.i.QueryTranslatorFactoryInitiator  : HHH000397: Using
ASTQueryTranslatorFactory
```

그림 15.13 로그 뷰

이제 프런트엔드를 배포할 준비가 끝났다.

프런트엔드 배포

프런트엔드도 헤로쿠에 배포해도 되지만 **AWS Amplify**를 이용해보자.

먼저 REST API URL을 변경해야 한다. VS Code에서 프런트엔드 프로젝트를 열고 편집기에서 constants.js 파일을 연다. 백엔드의 URL과 일치하도록 다음과 같이 SERVER_URL 상수를 수정하고 변경 내용을 저장한다.

```
export const SERVER_URL = 'https://carbackend.herokuapp.com/';
```

다음으로 코드를 깃허브로 푸시하고 이후 단계를 수행한다.

01. AWS 계정을 만들고 가입한 후 Amplify 콘솔(https://console.aws.amazon.com/amplify/home)에 접속한다.

02. 스크롤바를 내려 다음 그림과 같이 Amplify Hosting 아래의 **시작하기**(Get started) 버튼을 누른다.

시작하기

Amplify Studio

앱 구축

인증, 데이터 및 스토리지를 사용하여 앱 백엔드를 구축하고 사용자 지정 UI 구성 요소를 생성한 다음 몇 단계만으로 앱에 통합합니다.

시작하기

Amplify Hosting

웹 앱 호스팅

Git 리포지토리를 연결하여 프런트엔드와 백엔드를 지속적으로 배포하고 전역에서 사용 가능한 CDN에서 호스팅합니다.

시작하기

기존 Cognito, S3 또는 기타 AWS 리소스가 이미 있습니까? Amplify 라이브러리를 사용하여 앱에서 리소스에 연결하세요. 문서로 이동 ↗

그림 15.14 Amplify Hosting 페이지

03. 먼저 깃허브 계정을 Amplify에 연결해야 한다. 그러고 나서 다음 그림과 같이 **GitHub**를 선택하고 **계속** 버튼을 누른다.

그림 15.15 깃허브 리포지터리

04. 다음 그림과 같이 프런트엔드가 있는 리포지토리와 브랜치를 선택하고 **다음** 버튼을 누른다.

그림 15.16 리포지터리 선택

05. 빌드 설정을 구성한다. 다음 그림과 같이 기본 설정을 유지하고 **다음** 버튼을 누르면 된다.

그림 15.17 빌드 설정

06. 이제 다음 그림과 같이 설정을 검토하고 **저장 및 배포** 버튼을 누르면 배포를 시작할 수 있다.

1단계	검토
리포지토리 브랜치 추가	
2단계	**리포지토리 세부 정보**
빌드 설정	
3단계	리포지토리 서비스 브랜치 환경
검토	**GitHub**
	애플리케이션 루트
	리포지토리
	juhahinkula/cargrid
	브랜치
	master
	앱 설정 편집
	앱 이름 프레임워크
	carfront React
	빌드 이미지 빌드 설정
	기본 이미지 사용 중 자동 감지된 설정이 사용됩니다.
	환경 변수
	None
	취소 이전 **저장 및 배포**

그림 15.18 설정 검토

07. 배포가 시작되면 다음 그림과 같이 현재 페이지에 진행 그래프가 표시된다.

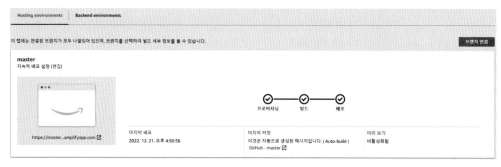

그림 15.19 배포

배포가 완료되면 현재 열어둔 페이지 혹은 다음 그림과 같이 **앱 설정** 메뉴에서 **도메인 관리**를 선택하여 프런트엔드 앱의 URL을 얻을 수 있다.

모든 앱 > carfront > 앱 설정: 도메인 관리		
도메인 관리		도메인 추가
사용자 지정 도메인과 무료 HTTPS를 사용하여 안전하고 알기 쉬운 앱 URL을 제공합니다. Amazon Route53에서 원클릭 설정으로 도메인을 등록하거나 타사 공급자에 등록된 도메인에 연결합니다.		
amplifyapp.com		
Domain	Status	
amplifyapp.com	✓ 사용 가능	
URL	브랜치	다음으로 리디렉션
https://master.d3f393tmnndq1nf.amplifyapp.com	master	-

그림 15.20 도메인 관리

프런트엔드 URL로 이동하면 다음과 같이 로그인 페이지가 열린다.

그림 15.21 로그인 화면

이제 프런트엔드 배포가 끝났다.[2] 다음 절에서는 컨테이너를 이용하여 애플리케이션을 배포해보자.

도커 컨테이너 이용

도커$_{Docker}$는 소프트웨어 개발, 배포 및 제공을 쉽게 만들어주는 컨테이너 플랫폼이다. 컨테이너는 소프트웨어를 실행하는 데 필요한 모든 것을 포함하는 경량의 실행 가능한 소프트웨어 패키지다. 이번 절에서는 스프링 부트 백엔드를 이용해 컨테이너를 만든다.

01. 사용 중인 컴퓨터에 도커를 설치한다. 설치 패키지는 https://www.docker.com/get-docker에서 내려받을 수 있다. 여러 플랫폼의 설치 패키지가 있으며, 윈도우 사용자는 설치 마법사를 기본 설정으로 진행하면 된다. 설치가 끝나면 터미널에서 다음 명령을 입력해 현재 버전을 확인할 수 있다.

```
docker --version
```

02. 먼저 이번 장의 도입부에서 했던 것처럼 스프링 부트 애플리케이션의 실행 가능한 JAR 파일을 만들어야 한다. 프로젝트 탐색기에서 해당 프로젝트를 마우스 오른쪽 버튼으로 클릭하고 메뉴에서 **Run as | Maven build...**를 선택한다. **Workspace…** 버튼을 이용해 **Base directory** 필드에 프로젝트를 선택한다. **Goals** 필드에 `clean install`을 입력하고 **Run** 버튼을 누른다. 다음 그림에 과정이 나온다.

---

2 (옮긴이) 현재 상태로 AWS amplify 경로에서 로그인하려고 하면 에러가 날 것이다. 스프링 부트 백엔드의 `SecureityConfig.java` 파일에 `config.setAllowedOrigins(Arrays.asList("https://AWS주소.amplifyapp.com/"));`을 허용하여 다시 배포해야 CORS policy 문제를 해결할 수 있다.

그림 15.22 구성 편집 및 실행

03. 빌드가 끝나면 다음과 같이 /target 폴더에서 실행 가능 JAR 파일을 볼 수 있다.

classes	22.12.2021 15:06	File folder		
generated-sources	22.12.2021 14:54	File folder		
generated-test-sources	22.12.2021 14:54	File folder		
maven-archiver	22.12.2021 14:54	File folder		
maven-status	22.12.2021 14:54	File folder		
surefire-reports	22.12.2021 14:54	File folder		
test-classes	22.12.2021 14:54	File folder		
cardatabase-0.0.1-SNAPSHOT.jar	22.12.2021 14:54	Executable Jar File	40 052 KB	

그림 15.23 실행 가능한 JAR 파일

04. 다음 명령으로 JAR 파일을 실행해서 빌드가 올바르게 실행됐는지 테스트할 수 있다.

```
java -jar .\cardatabase-0.0.1-SNAPSHOT.jar
```

05. 애플리케이션의 시작 메시지가 표시되고 마지막으로 다음 그림과 같이 애플리케이션이 실행된다.

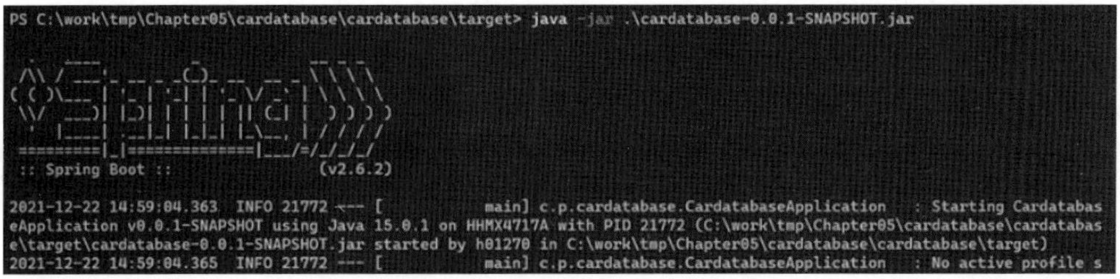

그림 15.24 JAR 파일 실행

06. 컨테이너는 Dockerfile로 정의한다. 프로젝트의 root 폴더에 새 Dockerfile을 만들고 이름을 Dockerfile로 지정한다. 다음 코드 행에 Dockerfile의 내용이 나온다. FROM은 JDK 버전을 정의하며 JAR 파일을 빌드하는 데 이용한 것과 같은 버전을 이용해야 한다. EXPOSE는 컨테이너 외부로 게시해야 하는 포트를 정의한다. COPY는 JAR 파일을 컨테이너의 파일 시스템으로 복사하고 이름을 app.jar로 변경한다. ENTRYPOINT는 도커 컨테이너가 실행하는 명령줄 인수를 정의한다.

```
FROM adoptopenjdk/openjdk11:latest
VOLUME /tmp
EXPOSE 8080
ARG JAR_FILE
COPY target/cardatabase-0.0.1-SNAPSHOT.jar app.jar
ENTRYPOINT ["java","-jar","/app.jar"]
```

07. 도커 데스크톱 등 앞의 1번 항목에서 설치한 도커를 실행한 상태에서 다음 명령으로 컨테이너를 만든다. -t 인수를 이용하면 컨테이너에 알아보기 쉬운 이름을 지정할 수 있다.

```
docker build -t carbackend .
```

빌드가 끝나면 다음 그림에 나온 것처럼 Building FINISHED라는 메시지가 표시된다.

그림 15.25 도커 빌드

08. 다음과 같이 `docker image ls` 명령으로 컨테이너의 목록을 확인한다.

```
PS C:\work\cardatabase> docker image ls
REPOSITORY     TAG       IMAGE ID       CREATED         SIZE
carbackend     latest    cc38e3bab5ab   5 minutes ago   478MB
PS C:\work\cardatabase>
```

그림 15.26 도커 이미지

09. 다음 명령으로 컨테이너를 실행한다.

```
docker run -p 4000:8080 carbackend
```

스프링 부트 애플리케이션이 시작되지만 로컬 호스트 데이터베이스에 접근하려고 하므로 오류가 발생한다. 지금 로컬 호스트는 컨테이너 자체를 가리키지만 아직 MariaDB 데이터베이스를 설치하지 않았다.

10. 이제 MariaDB를 위한 컨테이너를 만들어보자. 다음 명령으로 도커 허브에서 최신 MariaDB 데이터베이스를 가져올 수 있다.

```
docker pull mariadb:latest
```

pull 명령을 실행한 후 `docker image ls` 명령으로 다음과 같이 새로운 mariadb 컨테이너가 만들어졌는지 확인할 수 있다.

```
PS C:\work\tmp\Chapter05\cardatabase\cardatabase> docker image ls
REPOSITORY     TAG       IMAGE ID       CREATED         SIZE
carbackend     latest    5e0f78efc3d2   18 minutes ago  146MB
mariadb        latest    e2278f24ac88   6 weeks ago     410MB
PS C:\work\tmp\Chapter05\cardatabase\cardatabase>
```

그림 15.27 도커 이미지

11. 다음으로, mariadb 컨테이너를 실행한다. 다음 명령은 루트 사용자 암호를 설정하고 스프링 부트 애플리케이션에 필요한 cardb라는 새로운 데이터베이스를 만든다.

```
docker run --name cardb -e MYSQL_ROOT_PASSWORD= your_pwd -e MYSQL_DATABASE=cardb mariadb
```

12. 이제 스프링 부트 애플리케이션의 데이터 원본 URL을 변경해야 한다. `application.properties` 파일을 열고 `spring.datasource.url` 값을 찾아 다음과 같이 변경한다.

```
spring.datasource.url=jdbc:mariadb://mariadb:3306/cardb
```

이와 같이 변경한 다음에는 이전에 했던 것처럼 JAR 파일과 스프링 부트 컨테이너를 다시 만들어야 한다.[3] 컨테이너를 다시 만들기 전에 다음 명령으로 이전 컨테이너를 삭제해야 한다.

```
docker image rm carbackend --force
```

13. carbackend 컨테이너를 새로 만든 후에는 다음 명령으로 스프링 부트 컨테이너를 실행하고 MariaDB 컨테이너를 연결할 수 있다. 이 명령은 스프링 부트 컨테이너가 mariadb라는 이름으로 MariaDB 컨테이너에 접근할 수 있게 해준다.

```
docker run -p 8080:8080 --name carapp --link cardb:mariadb -d carbackend
```

14. 이제 애플리케이션과 데이터베이스가 실행되면 다음 명령으로 스프링 부트 애플리케이션 로그에 접근할 수 있다.

```
docker logs carapp
```

15. 이제 애플리케이션이 작동하는 것을 볼 수 있다.

```
Hibernate: select nextval(hibernate_sequence)
Hibernate: select nextval(hibernate_sequence)
Hibernate: insert into owner (firstname, lastname, ownerid) values (?, ?, ?)
Hibernate: insert into owner (firstname, lastname, ownerid) values (?, ?, ?)
Hibernate: select nextval(hibernate_sequence)
Hibernate: select nextval(hibernate_sequence)
Hibernate: select nextval(hibernate_sequence)
Hibernate: insert into car (brand, color, model, owner, price, register_number, year, id) values (?, ?, ?, ?, ?, ?, ?, ?
)
Hibernate: insert into car (brand, color, model, owner, price, register_number, year, id) values (?, ?, ?, ?, ?, ?, ?, ?
)
Hibernate: insert into car (brand, color, model, owner, price, register_number, year, id) values (?, ?, ?, ?, ?, ?, ?, ?
)
Hibernate: select car0_.id as id1_0_, car0_.brand as brand2_0_, car0_.color as color3_0_, car0_.model as model4_0_, car0
_.owner as owner8_0_, car0_.price as price5_0_, car0_.register_number as register6_0_, car0_.year as year7_0_ from car c
ar0_
2021-12-25 18:15:27.794  INFO 1 --- [          main] c.p.cardatabase.CardatabaseApplication   : Ford Mustang
2021-12-25 18:15:27.795  INFO 1 --- [          main] c.p.cardatabase.CardatabaseApplication   : Nissan Leaf
2021-12-25 18:15:27.795  INFO 1 --- [          main] c.p.cardatabase.CardatabaseApplication   : Toyota Prius
Hibernate: insert into user (password, role, username) values (?, ?, ?)
Hibernate: insert into user (password, role, username) values (?, ?, ?)
```

그림 15.28 애플리케이션 로그

애플리케이션이 정상적으로 시작되고 데모 데이터가 MariaDB 컨테이너에 있는 데이터베이스로 삽입된 것을 볼 수 있다.

---

3 (옮긴이) Run as | Maven build...를 이용하여 JAR 파일을 만드는 과정에서 빌드에 실패하는 경우 5장에서 src/test/java 경로 아래에 만들었던 CarRestTest.java와 OwnerRepositoryTest.java 파일의 내용을 잠시 주석으로 처리한 후 다시 빌드하기 바란다.

요약

이번 장에서는 스프링 부트 애플리케이션을 배포하는 방법을 배웠다. 스프링 부트 애플리케이션을 배포하기 위한 여러 옵션을 소개했고 헤로쿠에 직접 애플리케이션을 배포했다. 그다음에는 AWS Amplify를 이용해 리액트 프런트엔드를 배포했다. 마지막으로 도커를 이용해 스프링 부트 애플리케이션과 MariaDB 데이터베이스로 컨테이너를 만들었다.

다음 장에서는 알아둘 필요가 있는 몇 가지 추가 기술과 모범 사례를 소개한다.

문제

1. 실행 가능한 스프링 부트 JAR 파일을 만들려면 어떻게 하는가?

2. 스프링 부트 애플리케이션을 헤로쿠에 배포하려면 어떻게 하는가?

3. AWS Amplify로 리액트 앱을 배포하려면 어떻게 하는가?

4. 도커란 무엇인가?

5. 스프링 부트 애플리케이션 컨테이너를 만들려면 어떻게 하는가?

6. MariaDB 컨테이너를 만들려면 어떻게 하는가?

이번 장에서는 풀스택 개발자가 되고 싶거나 소프트웨어 개발 경력을 더 발전시키기 위해 알아야 할 몇 가지 사항을 다룬다. 또한 소프트웨어 개발 분야에서 일할 때 알아두면 좋을 몇 가지 모범 사례를 살펴본다.

이번 장에서는 다음과 같은 질문의 답을 알아본다.

- 어떤 기술을 알아야 하는가?
- 중요한 모범 사례에는 어떤 것이 있는가?

다음으로 배울 내용

풀스택 개발자가 되기 위해서는 백엔드와 프런트엔드를 모두 다룰 수 있어야 한다. 꽤 어려운 일처럼 들리지만 올바른 방향에 집중하고, 모든 것을 완벽하게 알아야 한다는 강박을 떨친다면 가능하다. 요즘에는 이용 가능한 기술 스택이 방대하여 다음에 무엇을 배워야 할지 궁금할 수 있다. 다음에 어디로 향해야 하는지에 대한 힌트를 줄 수 있는 요소는 여러 가지가 있다. 한 가지 방법은 취업 기회를 살펴보고 기업이 찾는 기술을 확인하는 것이다.

새로운 기술을 배우기 시작하는 데는 여러 가지 접근 방식이 있으며, 올바른 한 가지 방법이란 없다. 웹 프로그래밍 과정을 공부하는 것은 아주 인기 있는 출발점이며 학습을 시작하는 데 필요한 기본 지식을 얻을 수 있다. 기술은 항상 발전하고 변화하므로 이 과정은 끝이 없다.

풀스택 개발자가 되려면 다음 기술을 이해하고 있어야 한다. 전체 기술 목록은 아니지만 좋은 출발점이 될 것이다.

HTML

HTML은 웹 개발을 한다면 꼭 배워야 할 가장 기본적인 기술이다. HTML의 모든 세부 사항을 통달할 필요는 없지만 기본 지식이 있어야 한다. HTML5에서는 알아둘 만한 새로운 기능이 많이 도입됐다.

CSS

CSS도 HTML과 마찬가지로 아주 기본적인 기술이다. 다행스러운 점은 HTML과 CSS 모두 훌륭한 자습서가 많이 있다는 것이다. 널리 이용되는 부트스트랩과 같은 일부 CSS 라이브러리의 이용법을 알아두면 도움이 된다. SASS나 Less 같은 CSS 전처리기에 관해 배우는 것도 좋다.

HTTP

HTTP 프로토콜은 웹 애플리케이션과 RESTful 웹 서비스 개발의 핵심이다. HTTP의 기본 사항과 한계를 잘 이해하고 있어야 한다. 또한 어떤 종류의 HTTP 방식이 있는지, 다른 프로그래밍 언어에서 이러한 방식을 이용하려면 어떻게 하는지도 알아야 한다.

자바스크립트

자바스크립트는 반드시 통달해야 하는 프로그래밍 언어다. 자바스크립트에 능숙하지 않으면 최신 프런트엔드 개발을 수행하기가 정말 어렵다. 또한 ES6은 더 깨끗하고 효율적으로 코딩할 수 있게 해주므로 익숙해질수록 좋다.

백엔드 프로그래밍 언어

이제는 여러 프로그래밍 언어를 배우지 않고는 살아남기 힘들어졌다. 자바스크립트는 프런트엔드를 개발하는 데에도 쓰고 Node.js로 백엔드에도 이용할 수 있다. 이것이 Node.js의 장점이다. 프런트엔드와 백엔드 모두에서 하나의 프로그래밍 언어를 쓸 수 있다. 백엔드 개발에 이용되는 다른 인기 있는 언어로는 자바, C#, 파이썬, PHP가 있다. 각 언어에는 개발을 도와주는 훌륭한 백엔드 프레임워크도 있다.

프런트엔드 라이브러리와 프레임워크

이 책에서는 현재 많이 이용되는 기술인 리액트를 이용했지만 이 밖에도 앵귤러나 Vue.js 같은 다른 훌륭한 선택지도 많다.

데이터베이스

백엔드 프로그래밍 언어와 함께 사용할 데이터베이스를 이용하는 방법도 알아야 한다. 데이터베이스로는 SQL 데이터베이스나 NoSQL 데이터베이스를 이용할 수 있지만 두 선택지를 모두 다룰 수 있다면 좋다. 또한 사용 중인 데이터베이스와 실행 중인 쿼리로 성능을 최적화할 수 있는 방법을 알고 있어야 한다.

버전 관리

버전 관리는 이제 없어서는 안 될 기술이다. 깃(Git)은 최근 정말 인기 있는 버전 관리 시스템이며, 이를 어떻게 쓰는지 아는 것이 정말 중요하다. 깃허브 및 깃랩과 같은 리포지터리 관리 서비스를 능숙하게 이용하는 기술이 필요하다.

유용한 툴

개발 프로세스를 더 효율적으로 만들어주는 다른 유용한 툴이 많이 있다. 여기서는 유용할 만한 몇 가지 툴을 소개한다. Gulp.js는 개발 프로세스에서 작업을 자동화하는 오픈소스 자바스크립트 툴킷이다. 그런트$_{Grunt}$는 자바스크립트 작업 실행기와 비슷하며 프로세스를 자동화하는 데 이용할 수 있다. 웹팩$_{Webpack}$은 의존성으로부터 정적 애셋을 생성하는 자바스크립트 모듈 번들러다. 지금까지 여러 장에 걸쳐 이용한 create-react-app도 내부적으로 웹팩을 이용한다.

보안

웹 보안의 기초를 알고 웹 개발에서 이러한 문제를 해결할 수 있어야 한다. 보안에 관한 공부를 시작하기 좋은 출발점으로 OWASP Top 10 프로젝트(https://owasp.org/www-project-top-ten/)가 있다. 그런 다음, 자신이 이용하는 프레임워크로 이러한 문제를 해결하면 된다.

모범 사례

소프트웨어 개발은 항상 팀워크로 이루어지므로 팀의 모든 구성원이 공통 모범 사례를 따르는 것이 매우 중요하다. 여기서는 고려해야 할 몇 가지 기본 사항을 소개한다. 전체 목록은 아니지만 반드시 알아야 할 몇 가지 기본 사항을 소개한다.

코딩 규칙

코딩 규칙은 특정 프로그래밍 언어로 코드를 작성하는 방법을 설명하는 지침이다. 이를 따르면 코드를 더 읽기 쉽고 유지 관리하기 쉽게 만들 수 있다. 명명 규칙은 변수와 메서드 등의 이름을 지정하는 방법을 정의한다. 명명 규칙은 개발자가 프로그램의 특정 단위를 이해하기 쉽게 만드는 데 매우 중요하다.

레이아웃 규칙은 소스코드의 구조를 어떻게 지정할지 정의한다(예: 들여쓰기 및 공백 이용). 주석 규칙은 소스코드에 포함할 주석을 작성하는 방법을 정의한다. Javadoc과 같은 표준화된 주석 처리 방법을 이용하는 것이 좋을 때가 많다.

대부분의 소프트웨어 개발 환경과 편집기는 코드 규칙에 도움이 되는 툴을 제공한다. 자바스크립트용 프리티어$_{Prettier}$와 같은 코드 포맷터를 이용하는 것도 좋다.

올바른 툴의 선택

소프트웨어 개발 프로세스마다 가장 적합한 올바른 툴을 선택해야 한다. 이를 통해 프로세스를 더 효율적으로 만들고 개발 수명 주기를 개선할 수 있다. 개발 과정에서 작업을 자동화하는 툴이 많이 있으며 이러한 툴을 쓰면 반복 작업에서 발생하는 실수를 예방할 수 있다. 물론 어떤 툴이 적합한지는 여러분이 이용하는 프로세스와 기술에 따라 다르다.

올바른 기술의 선택

애플리케이션 개발을 시작할 때는 가장 먼저 어떤 기술(프로그래밍 언어, 프레임워크, 데이터베이스 등)을 이용할지를 결정해야 한다. 항상 이용하던 기술을 선택하는 것이 안전하게 느껴지지만 항상 익숙한 것이 최선책은 아니다. 어떤 애플리케이션을 개발하느냐가 개발에 쓸 수 있는 기술에 제약을 주기 때문이다.

예를 들어, 모바일 애플리케이션을 개발해야 하는 경우 이용할 수 있는 기술은 여러 가지가 있다. 하지만 이미 비슷한 애플리케이션을 여러 번 개발했다면 익숙한 기술을 이용하는 것도 현명한 선택일 수 있다.

코딩의 양 줄이기

코딩의 양을 최소화하는 것은 바람직한 모범 사례다. 코딩의 양을 줄이면 코드 유지 관리와 테스트가 훨씬 쉬워지므로 아주 합리적이다. 코드를 반복하지 말라는 DRY_{Don't Repeat Yourself}는 소프트웨어 개발의 일반적인 원칙이다. DRY의 기본 개념은 불필요한 반복을 없애서 코드의 양을 줄이는 것이다.

소스코드를 더 작은 컴포넌트로 나누면 관리하기 쉬워진다. 물론 최적의 구조는 이용하는 프로그래밍 언어에 따라 다르다. 간단하고 이해하기 쉽게 하라는 KISS_{Keep it Simple, Stupid}라는 말도 프로그래밍에 있어 올바른 방향을 안내하는 이정표와 같은 말이다.

요약

이 책에서는 풀스택 개발자가 되고 싶다면 익숙해져야 할 기술을 다뤘다. 먼저 스프링 부트 프레임워크를 이용한 백엔드 개발을 시작했다. 또한 REST API를 작성하고 백엔드를 보호하는 방법을 배웠다. 다음으로 리액트 프런트엔드 라이브러리의 기초를 알아보았다. 그런 다음, 리액트를 이용해 기존 백엔드를 위한 프런트엔드를 개발했다. 또한 단위 테스트의 기초를 배웠고 프런트엔드와 백엔드를 배포하는 방법을 배웠다.

문제

1. 코딩 규칙이 중요한 이유는 무엇인가?
2. 코딩의 양이 과도하지 않아야 하는 이유는 무엇인가?
3. 명명 규칙이 중요한 이유는 무엇인가?

모범 답안

1장

01. 스프링 부트는 스프링 기반의 자바 웹 애플리케이션 프레임워크다. 스프링 부트를 이용하면 임베디드 애플리케이션 서버가 있는 독립형 웹 애플리케이션을 개발할 수 있다.

02. 이클립스는 오픈소스 IDE_{Integrated Development Environment}이며 자바 개발에 많이 이용되지만 다른 프로그래밍 언어도 다양하게 지원한다.

03. 메이븐은 오픈소스 소프트웨어 프로젝트 관리 툴이다. 메이븐으로 소프트웨어 개발 프로젝트의 빌드, 문서화, 테스트 등을 관리할 수 있다.

04. 스프링 부트 프로젝트를 새로 시작하는 가장 쉬운 방법은 스프링 부트 웹 페이지에서 생성하는 것이다. 그러면 필요한 모듈을 포함한 프로젝트의 기본 골격이 생성된다.

05. 이클립스 IDE를 이용하는 경우 주 클래스를 활성화하고 **Run** 버튼을 누르기만 하면 된다. 메이븐의 `mvn spring-boot:run` 명령으로 애플리케이션을 실행할 수도 있다.

06. 스프링 부트 스타터 패키지는 로깅 기능을 제공한다. 로깅 수준은 `application.properties` 설정 파일로 정의할 수 있다.

07. 오류와 로그 메시지는 애플리케이션을 실행한 후 이클립스 IDE에서 볼 수 있다.

2장

01. 의존성 주입Depenency Injection, DI은 클래스 간의 상호 작용을 돕는 동시에 클래스를 독립적으로 유지하는 소프트웨어 개발 기술이다.

02. 스프링 부트에서 의존성 주입을 활용하는 가장 쉬운 방법은 @Autowired 어노테이션을 이용하는 것이다.

3장

01. ORM은 객체지향 패러다임으로 데이터베이스의 데이터를 검색하고 조작하는 기술이다. JPA는 자바 개발자를 위한 객체-관계형 매핑을 제공한다. 하이버네이트는 자바 기반의 JPA 구현이다.

02. 엔티티 클래스는 @Entity 어노테이션을 지정한 표준 자바 클래스다. 클래스 내부에 생성자, 필드, getter 및 setter를 구현해야 한다. 고유 ID 필드에는 @Id 어노테이션을 지정한다.

03. 스프링 데이터의 CrudRepository 인터페이스를 확장하는 새 인터페이스를 만들어야 한다. 형식 인수에서 ID 필드의 엔티티와 형식(예: <Car, Long>)을 정의해야 한다.

04. CrudRepository는 엔티티에 모든 CRUD 작업을 제공한다. CrudRepository를 이용해 엔티티를 생성, 읽기, 업데이트, 삭제할 수 있다.

05. 엔티티 클래스를 작성하고 @OneToMany와 @ManyToOne 어노테이션으로 엔티티를 연결해야 한다.

06. CommandLineRunner를 이용하면 주 애플리케이션 클래스에 데모 데이터를 추가할 수 있다.

07. application.properties 파일에서 H2 콘솔의 엔드포인트를 정의하고 활성화한다. 그러면 웹 브라우저에서 정의된 엔드포인트로 이용해 H2 콘솔을 이용할 수 있다.

08. pom.xml 파일에 MariaDB 의존성을 추가하고 application.properties 파일에서 데이터베이스 연결 설정을 정의해야 한다. 이용한 경우 pom.xml 파일에서 H2 데이터베이스 의존성을 제거해야 한다.

4장

01. REST는 웹 서비스를 만들기 위한 아키텍처 스타일이며 제약 조건을 정의한다.

02. 스프링 부트로 RESTful 웹 서비스를 만드는 가장 쉬운 방법은 스프링 데이터 REST 스타터 패키지를 이용하는 것이다. 스프링 데이터 REST 패키지는 기본적으로 모든 공개 리포지터리를 찾고 엔티티를 위한 RESTful 웹 서비스를 자동으로 생성한다.

03. 엔티티의 엔드포인트에 GET 요청을 보낼 수 있다. 예를 들어, Car라는 엔티티 클래스가 있다면 스프링 데이터 REST 패키지는 모든 자동차를 가져오는 데 이용할 수 있는 /cars라는 엔드포인트를 생성한다.

04. 개별 엔티티 항목의 엔드포인트에 DELETE 요청을 보낼 수 있다. 예를 들어, /cars/1은 ID가 1인 자동차 하나를 삭제한다.

05. 엔티티의 엔드포인트에 POST 요청을 보낼 수 있다. 헤더에는 값이 application/json인 Content-Type 필드가 있어야 한다. 새 항목은 요청 본문에 포함된다.

06. 엔티티의 엔드포인트에 PATCH 요청을 보낼 수 있다. 헤더에는 값이 application/json인 Content-Type 필드가 있어야 한다. 업데이트된 항목은 요청 본문에 포함된다.

07. @RepositoryRestResource 어노테이션으로 리포지터리를 지정해야 한다. 쿼리 매개변수에는 @Param 어노테이션을 지정한다.

5장

01. 스프링 시큐리티는 자바 기반 웹 애플리케이션을 위한 보안 서비스를 제공한다.

02. pom.xml 파일에 스프링 시큐리티 스타터 패키지 의존성을 추가해야 한다. 보안 구성 클래스를 만들어 스프링 시큐리티를 구성할 수 있다.

03. JWT_{JSON Web Token}는 최신 웹 애플리케이션에서 간단하게 인증을 구현할 수 있는 방법이다. 토큰은 크기가 작으므로 POST 매개변수나 헤더 안에 URL로 전송할 수 있다.

04. 자바용 JSON 웹 토큰 라이브러리인 JWT 라이브러리를 이용할 수 있다. 인증 서비스 클래스는 토큰을 추가하고 읽는다. 필터 클래스는 로그인과 인증 프로세스를 처리한다.

05. pom.xml 파일에 스프링 부트 테스트 스타터 패키지를 추가해야 한다. 스프링 부트 테스트 스타터 패키지는 여러 훌륭한 테스트 유틸리티(예: JUnit, AssertJ, Mockito)를 제공한다. JUnit을 이용하려면 기본 테스트 클래스에 @SpringBootTest 어노테이션을 지정하고 테스트 메서드에 @Test 어노테이션을 지정해야 한다.

06. 이클립스 IDE에서 테스트 클래스를 실행하면 손쉽게 테스트 케이스를 실행할 수 있다(Run | JUnit test). 테스트 결과는 JUnit 탭에서 볼 수 있다.

6장

01. Node.js는 자바스크립트 기반의 오픈소스 서버 환경이다. npm은 자바스크립트용 패키지 관리자다.

02. https://nodejs.org/en/download에서 여러 운영체제에 맞는 설치 패키지와 설치법을 확인할 수 있다.

03. VS Code_{Visual Studio Code}는 여러 프로그래밍 언어를 지원하는 오픈소스 코드 편집기다.

04. https://code.visualstudio.com에서 여러 운영체제에 맞는 설치 패키지와 설치법을 확인할 수 있다.

05. npx create-react-app projectname 명령으로 리액트 앱을 만들 수 있다.

06. npm start 또는 yarn start 명령으로 리액트 앱을 실행할 수 있다.

07. App.js 파일을 수정하는 것으로 리액트 앱 작성을 시작할 수 있으며 수정 사항을 저장하면 웹 브라우저에서 즉시 변경 사항을 확인할 수 있다.

7장

01. 컴포넌트는 리액트 앱의 기본 요소다. 리액트 컴포넌트는 자바스크립트 함수나 ES6 클래스로 만들 수 있다.

02. 프롭과 상태는 컴포넌트를 렌더링하기 위한 입력 데이터다. 이들은 자바스크립트 객체이며 프롭이나 상태가 변경되면 컴포넌트가 다시 렌더링된다.

03. 데이터 흐름은 상위 컴포넌트에서 하위 컴포넌트로 진행된다.

04. 프롭만 있는 컴포넌트를 **상태 비저장 컴포넌트**라고 한다. 프롭과 상태가 모두 있는 컴포넌트를 상태 저장 컴포넌트라고 한다.

05. JSX는 자바스크립트를 위한 구문 확장이며 리액트와 함께 이용하는 것이 좋다.

06. 리액트로 이벤트를 처리하는 것은 DOM 요소 이벤트를 처리하는 것과 비슷하다. 리액트와 이벤트 명명 규칙의 차이점은 카멜 표기법(예: onClick 또는 onSubmit)을 이용한다는 것이다.

07. 폼 제출 후 폼 데이터에 접근할 수 있는 자바스크립트 함수를 호출하려는 경우가 많다. 따라서 preventDefault() 함수를 이용해 기본 동작을 비활성화해야 한다. 입력 필드의 onChange 이벤트 핸들러를 이용해 입력 필드의 값을 상태에 저장할 수 있다.

8장

01. 프로미스는 비동기 작업의 결과를 나타내는 객체다. 프로미스를 이용하면 비동기 호출을 수행하는 코드를 간소화할 수 있다.

02. fetch API는 자바스크립트로 비동기 네트워크 호출을 수행하는 데 이용할 수 있는 fetch() 메서드를 제공한다.

03. REST API를 이용할 때 첫 번째 렌더링 이후에 요청이 전송되면 useEffect 후크 함수를 이용하는 것이 좋다.

04. fetch() 메서드와 함께 프로미스를 이용해 응답 데이터에 액세스할 수 있다. 응답의 데이터는 상태에 저장되고 상태가 변경되면 컴포넌트가 다시 렌더링된다.

9장

01. 리액트 컴포넌트는 https://js.coach/ 또는 https://github.com/brillout/awesome-reactcomponents에서 찾을 수 있다.

02. npm 또는 yarn 패키지 관리자로 리액트 컴포넌트를 설치할 수 있다. npm을 이용하려면 npm install <package_name> 명령을 실행한다.

03. 먼저 Ag-grid 컴포넌트를 설치해야 한다. 컴포넌트를 설치하고 나면 자신의 컴포넌트에서 AgGridReact 컴포넌트를 이용할 수 있다. AgGridReact 컴포넌트 프롭으로 데이터와 열을 정의해야 한다. 데이터는 객체의 배열일 수 있다.

04. 먼저 MUI 컴포넌트 라이브러리를 설치해야 한다. 라이브러리를 설치한 후 라이브러리 이용을 시작할 수 있다. 다른 컴포넌트의 설명서는 https://mui.com에서 볼 수 있다.

05. 리액트 라우터 컴포넌트(https://github.com/ReactTraining/react-router)로 라우팅을 구현할 수 있다.

10장

01. UI 모형을 이용하면 실제 코드 작성을 시작하기 전에 고객과 요구 사항을 논의하기가 한결 수월하다. 또한 실제 프런트엔드 소스코드를 수정하는 것보다 모형을 수정하는 편이 훨씬 쉽고 빠르다.

02. 보안 구성 클래스를 수정하면 인증 없이 모든 엔드포인트에 대한 접근을 허용하도록 서비스를 변경할 수 있다.

11장

01. 먼저 fetch() 메서드로 REST API를 호출해야 한다. 그다음은 fetch() 메서드와 함께 프로미스를 이용해 응답 데이터에 액세스할 수 있다. 응답의 데이터는 상태에 저장되고 상태가 변경되면 컴포넌트가 다시 렌더링된다.

02. fetch() 메서드로 DELETE 방식 요청을 보내야 한다. 호출의 엔드포인트는 삭제하려는 항목에 대한 링크다.

03. fetch() 메서드로 POST 방식 요청을 엔티티 엔드포인트로 보내야 한다. 추가된 항목은 본문에 포함된다. 값이 application/json인 Content-Type 헤더를 추가해야 한다.

04. fetch() 메서드로 PATCH 방식 요청을 보내야 한다. 호출의 엔드포인트는 업데이트하려는 항목에 대한 링크다. 업데이트된 항목은 본문에 포함된다. 값이 application/json인 Content-Type 헤더를 추가해야 한다.

05. MUI SnackBar 같은 서드파티 리액트 컴포넌트로 알림 메시지를 표시할 수 있다.

06. Ag-grid의 내보내기 기능과 같은 서드파티 컴포넌트를 이용해 데이터를 CSV 파일로 내보낼 수 있다.

12장

01. MUI는 구글의 머티리얼 디자인을 구현하는 리액트용 컴포넌트 라이브러리다.

02. 먼저 npm으로 MUI 라이브러리를 설치해야 한다. 그러고 나면 라이브러리의 컴포넌트를 이용할 수 있다. 다른 컴포넌트에 대한 설명서는 https://mui.com/에서 찾을 수 있다.

03. 아이콘을 이용하려면 npm으로 @mui/icons-material 패키지를 설치해야 한다. 그런 다음, 예를 들어 IconButton 컴포넌트로 아이콘을 이용할 수 있다.

13장

01. Jest는 페이스북이 개발한 자바스크립트용 테스트 라이브러리다.

02. 테스트 파일에는 .test.js 확장자를 붙이고 파일 안에서 테스트 케이스를 구현한다. 테스트를 실행하려면 npm run test 명령을 이용한다.

03. 리액트 테스팅 라이브러리의 fireEvent 메서드를 이용할 수 있다.

04. 스냅샷 테스트를 위해서는 react-test-render 패키지를 설치하고 테스트 파일에 대한 renderer를 가져와야 한다. 파일 안에서 스냅샷 테스트 케이스를 구현하고 npm run test 명령으로 테스트를 실행한다.

14장

01. 사용자 이름과 암호를 입력할 입력 필드를 렌더링하는 새로운 컴포넌트를 만들어야 한다. 컴포넌트에는 눌렀을 때 / login 엔드포인트를 호출하는 버튼도 있다.

02. 로그인 컴포넌트에서 호출은 POST 방식으로 수행되며 사용자 객체는 본문에 포함된다. 인증이 성공하면 백엔드가 Authorization 헤더에 토큰을 보낸다.

03. 토큰은 sessionStorage.setItem() 메서드로 세션 저장소에 저장할 수 있다.

04. 토큰은 요청의 Authorization 헤더에 포함해야 한다.

15장

01. 메이븐 mvn clean install 명령으로 실행 가능한 JAR 파일을 만들 수 있다.

02. 스프링 부트 애플리케이션을 배포하는 가장 쉬운 방법은 애플리케이션 소스코드를 깃허브로 푸시하고 헤로쿠에서 앱의 깃허브 리포지터리를 연결하는 것이다.

03. 스프링 부트 애플리케이션을 배포하는 또다른 쉬운 방법은 애플리케이션 소스코드를 깃허브로 푸시하고 AWS Amplify에서 앱의 깃허브 리포지터리를 연결하는 것이다.

04. 도커Docker는 소프트웨어 개발, 배포 및 제공을 쉽게 만들어주는 컨테이너 플랫폼이다. 컨테이너는 소프트웨어를 실행하는 데 필요한 모든 것을 포함해 경량화한 실행 가능한 소프트웨어 패키지다.

05. 스프링 부트 애플리케이션은 자바로 실행 가능한 JAR 파일이다. 이 파일을 이용하면 자바 JAR 애플리케이션을 만들 때와 비슷한 방법으로 스프링 부트 애플리케이션의 도커 컨테이너를 만들 수 있다.

06. 도커 `docker pull mariadb:latest` 명령을 이용하면 도커 허브에서 최신 MariaDB 컨테이너를 끌어올 수 있다.

16장

01. 개발 시 이번 장에 적힌 조언을 따르면 코드를 더 읽기 쉽고 유지 관리하기 쉽게 만들 수 있다. 또한 모든 개발자가 코딩에서 같은 구조를 사용하므로 팀 협업이 수월해진다.

02. 개발 시 이번 장에 적힌 조언을 따르면 코드를 더 읽기 쉽고 유지 관리하기 쉽게 만들 수 있다. 코드를 더 쉽게 테스트할 수 있게 된다.

03. 개발 시 이번 장에 적힌 조언을 따르면 코드를 더 읽기 쉽고 유지 관리하기 쉽게 만들 수 있다. 또한 모든 개발자가 코딩에서 같은 명명 규칙을 사용하므로 팀 협업이 수월해진다.